쿠바

Cuba

이 저서는 2008년도 정부(교육부)의 재원으로 한국연구재단의 지원을 받아 연구되었음(NRF-2008-362-B00015).

이 도서의 국립중앙도서관 출판시도서목록(CIP)은 서지정보유통지원시스템 홈페이지(http://seoji.nl.go.kr)와 국가자료공동목록시스템(http://www.nl.go.kr/kolisnet)에서 이용하실 수 있습니다(CIP제어번호: CIP2014007793)

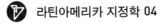

라틴아메리카 지정학 04

쿠바

—

경제적·사회적 변화와 사회주의의 미래

서울대학교 라틴아메리카연구소 기획 ┃ 김기현 역저

한울
아카데미

쿠바 사회주의 어디로 갈 것인가

우리는 크게 세 가지 시각에서 쿠바에 주목한다. 하나는 라틴아메리카의 마지막 남은 미개척 시장으로서 카스트로(Fidel Castro) 체제의 변화와 함께 우리의 진출 가능성을 엿보는 것이다. 둘째는 북한과 함께 몇 남지 않은 공산주의 체제 국가로서 쿠바의 변화와 미국의 대쿠바정책 변화 등을 통해 북한의 변화 가능성을 어느 정도 가늠해보고자 하는 시각이다. 마지막은 일본의 요시다 타로[1] 등이 소개한 신자유주의 대안 모델로서 '반(反)성장 복지국가'를 이룩한 쿠바에 대한 관심이다. 그에 말에 따르면 "지구 환경을 훼손하지 않고 검소한 생활을 하면서 동시에 의료, 교육 등 인간개발지표를 충족시키는, 분명 이율배반적으로 보이는 이 두 기준을 충족시키는 나라는 지금 지구 상에 단 한 나라", 쿠바밖에 없다는 것이다.

그러나 우리가 어떤 시각에서 쿠바를 바라보든 모두가 공통적으로 주목하는 것은 쿠바 변화의 미래이다. 쿠바에서 이제 변화는 불가피한

---

1) 요시다 타로, 『몰락 선진국 쿠바가 옳았다』(서해문집, 2011).

4

것으로 보인다. 1990년대 위기 시의 개혁정책들이 주로 임시적 처방이었다면 최근 라울 카스트로(Raúl Castro) 이후 진행되고 있는 변화는 더욱 장기적 비전을 가진다고 할 수 있다. 쿠바가 처한 상황이 변화를 불가피한 것으로 만들고 있기 때문이다. 그러한 변화는 2000년대 초반의 '이데올로기 전쟁' 때와 같이 뒤로 물러설 수 있는 상황도 아니다.

그렇다고 쿠바의 변화가 급격히 일어날 것 같지도 않다. 사회적 평등 붕괴에 대한 불만의 목소리가 개방화와 자율화 도입을 주장하는 목소리보다 훨씬 더 크기 때문이다. 쿠바 변화의 딜레마가 바로 여기에 있다. 사회주의 체제를 유지하면서, 즉 사회적 평등에 대한 근본적 변화없이 생산성 증대와 같은 개혁을 이루어내야 하는 데 바로 쿠바의 고민이 있다. 이 글은 쿠바의 바로 이러한 고민들을 다각적 측면에서 살펴보는 데 그 목적이 있다.

여기에 실린 글들은 주로 쿠바를 특집으로 다룬 ≪누에바 소시에다드(Nueva Sociedad)≫ 216호(2008년 7-8월)와 242호(2012년 11-12월)에서 발췌했다. ≪누에바 소시에다드≫는 중도적 입장에서 라틴아메리카의 정치적·경제적·사회적 흐름을 가장 체계적으로 잘 보여주는 잡지이다. 이 잡지는 매호 라틴아메리카 사회과학의 가장 뜨거운 이슈들을 특집으로 다룬다. 따라서 특집 제목만 봐도 라틴아메리카의 흐름을 잘 알 수 있다. 그런데 ≪누에바 소시에다드≫가 라틴아메리카의 수많은 정치·경제·사회 관련 이슈 중에서 최근 쿠바를 2008년에 이어 다시 특집으로 다루었다는 사실은 쿠바 변화에 대한 관심이 라틴아메리카에서도 그만큼 크다는 것을 말해준다.

그와 함께 라틴아메리카 비판적 사회과학을 다루는 중요 저널들인 ≪오살(OSAL)≫(12권 30호, 2011년 11월)과 ≪크리티카 이 에만시파시온(Crítica y Emancipación)≫(3권 6호, 2011년 하반기)에서도 각각 하나씩의 글을 뽑았다. 쿠바 민주주의의 미래와 쿠바 사회운동의 변화 가능성에 대한 글로서 이 부분에서 쿠바의 변화 방향에 대한 라틴아메리카 진보 진영의 가능한 제안을 담고 있어 매우 흥미롭다.

더불어 필자가 쿠바와 관련해서 쓴 두 편의 논문(≪이베로아메리카≫ 19권 1호, 2007년 6월; ≪라틴아메리카연구≫ 17권 2호, 2004년 6월)도 함께 담았다. 둘 다 최근 상황을 포함한 것은 아니지만, 미국과 쿠바의 관계 그리고 쿠바 사회운동 전반에 대한 기반지식을 가진다는 점에서 유용할 것이라 생각한다.

이 글은 크게 두 부분으로 나누어진다. 제1부는 쿠바의 경제사회적 조건에 대한 내용이고, 제2부는 최근의 변화 방향과 관련된 것들이다. 제1부에서는 주로 쿠바 경제의 주요 측면들(성장, 농축산업, 통화 이중성, 대외교역, 의료외교)과 사회적 측면들(불평등, 쿠바 사회 불만의 목소리)을 살펴보고, 제2부에서는 이러한 경제사회적 조건에 따른 변화의 필요성과 방향에 대한 다양한 목소리들을 각 부문별(민주주의, 경제개혁, 미국과의 관계, 디아스포라정책, 사회운동 등)로 알아본다.

제1부의 제1장은 쿠바 경제의 전반적 상황에 대해 언급하고 있다. 특히 가장 큰 성과로서 대외적으로 베네수엘라에 전문직(의료) 서비스 수출 확대를 통한 경상수지 흑자 달성을 강조한다. 그러나 국내적으로 농산물 생산 감소와 실질임금의 하락, 그리고 통화의 이중성 등은 문제점으로 지적된다. 이러한 문제점들을 개선하기 위해서 저자는 탈중앙집중화를 기반으로 하는 근본적 경제개혁을 요구한다.

제2장은 쿠바 경제의 아킬레스건인 농축산업에 대해 구체적으로 분석하고 있다. 농축산업은 한때 쿠바 경제의 근간이었다. 수출도 대부분 사탕수수 중심의 농축산업에 의존했다. 그러나 쿠바 농축산업의 이러한 위상이 최근 크게 손상되었다. 심지어 농축산물을 대량으로 수입하게

됨으로써 경상수지에 큰 부담을 안겨주고 있다. 이러한 문제의 해결을 위해 저자는 농축산업에 더 많은 자율권과 시장 접근을 보장하는 개혁을 요구한다.

제3장은 쿠바 경제의 또 다른 주요 왜곡 현상 중 하나인 통화 이중성에 대한 것이다. 1990년대 경제위기 극복을 위해 도입된 달러 통용화로 인해 발생한 통화의 이중성은 쿠바페소의 과대평가 등을 야기함으로써 수출 등에 부정적 영향을 미치고 있다. 또한 달러에 접근할 수 있는 사람과 그렇지 못한 사람 사이에 새로운 사회적 불평들을 야기하기도 했다. 이 글은 쿠바의 통화 이중성 문제를 해결하기 위해 가능한 길들을 제시한다.

제4장은 쿠바 교역의 최근 상황 변화에 대해 언급하고 있다. 우선 농산물 위주의 수출구조에서 니켈과 같은 광산물과 전문직 서비스 수출로의 전환이 두드러진다. 교역 상대국에도 변화가 있었다. 어쨌든 쿠바는 재화를 대부분 수입에 의존하고 있기 때문에 무역수지는 여전히 적자를 기록하고 있다. 만성적 무역수지 적자구조의 해소는 앞으로 쿠바가 해결해야 할 또 다른 주요 과제이다.

제5장은 최근 쿠바 교역에서 가장 두드러지는 의료외교와 관련된 것이다. 특히 베네수엘라에 대한 의료서비스의 수출은 쿠바 서비스 교역의 가장 유망한 부문으로 부각되고 있다. 그러나 이런 모든 장점에도 불구하고 베네수엘라에 대한 지나친 의존이라는 문제점도 없지 않다. 이 글은 의료외교의 혜택과 문제점들을 분석한다.

제6장은 사회적 측면에 대한 글로서 경제개혁 이후 쿠바 사회에서 발생한 새로운 불평등 현상에 대해 분석한다. 그리고 그를 완화하기 위한 정책으로서 과거와 같은 보편적 평등정책이 아닌 선택적 복지와 보편적 복지의 절충적 실현이라는 해결책을 제시한다.

제7장은 쿠바 사회와 문화의 단편적 모습들을 이야기처럼 서술한 흥미로운 글이다. 저자는 결론적으로 쿠바인들이 더 나은 미래를 가질 만한 충분한 자격이 있기 때문에 쿠바의 미래는 좋아질 것이라고 희망적으로 전망한다.

제8장은 쿠바의 현 상황에 대한 쿠바인들의 목소리를 직접적으로 들려준다. 구술역사라는 방법론에 근거해 작성되었다. 우리는 이 글을 통해 쿠바인들의 사회주의 시절에 좋았던 기억들과 오늘날 사회적 불평등에 대한 불만들을 자세히 들을 수 있다. 이 글은 쿠바 국민들의 바람이 단순히 시장경제로의 개혁만이 아니라는 점을 명확히 보여준다. 쿠바 정부가 시장개혁을 과감하게 밀어붙이지 못하는 이유도 바로 여기에 있다. 한편 쿠바 사회는 구소련이나 동구권 혹은 북한 등 다른 공산주의 국가들과는 성격이 다르기 때문에 국민들이 두려움으로 인해 자신의 감정을 감추지 않는다는 것도 이 글을 통해 알 수 있다. 이는 가부장주의에 기반을 둔 정치 시스템하에서 쿠바 국민들이 정부에 대해 불만을 털어놓는다고 그 일로 인해 보복을 받지는 않을 것이라는 어떤 선의에 대한 믿음을 가지고 있다는 증거이다. 쿠바의 이러한 자유로움이야말로 쿠바 사회주의를 다른 국가 사회주의와 구별하는 쿠바만의 예외성이라 할 수 있다. 따라서 쿠바 사회주의의 미래도 바로 이런 예외성을 고려하여 판단되어야 할 것이다.

제2부는 쿠바의 변화 방향과 관련된 내용이다. 우선 제9장에서는 쿠바 민주주의의 미래에 대해 다룬다. 저자는 쿠바 민주주의가 혁명 초기의 이상인 국민 참여와 평등주의를 상실하고 혁명적 단일화, 과도한 관료주의, 국가이데올로기의 강화라는 문제에 직면하게 되었다고 한다. 따라서 정책 결정을 국가가 독점하고, 민주주의의 의미는 제한되었으며, 사회적 이해관계의 자율적 표현도 통제되었다는 것이다. 따라서

저자는 단일화를 극복하기 위해 쿠바 혁명 정부가 다양한 정책 제의를 수용하는 등 혁명적 다양성의 가치를 회복해야 하며(사회적 다양성), 관료주의 극복을 위해서는 시민이 정치적 참여권을 확보해야 하며(권력의 사회화), 국가이데올로기 극복을 위해서는 국가가 유일한 주체가 되어서는 안 되고 대신 다양성에 기반을 둔 혁명이데올로기를 발전시켜나가야 한다(탈국가이데올로기)고 주장한다. 저자의 제안대로 쿠바 민주주의 미래가 그런 방향으로 나아갈지는 의문이다. 그러나 모든 것을 국가가 주도하는 현재의 시스템에는 어떤 식으로든 개혁이 필요할 것이다.

제10장은 경제개혁과 관련된 글이다. 1990년대 경제위기 이후 쿠바는 3기에 걸쳐 정책에 변화를 가져왔다. 제1기는 위기 직후 임시적 성격의 개방과 개혁정책을 실시한 시기였으며, 제2기는 2000년대 초 경제가 어느 정도 안정되자 다시 국가체제로 복귀하던 때이며, 제3기는 2006년 라울이 임시 대통령직을 맡으면서 다시 새로운 변화를 시도하는 시기이다. 저자는 제3기 라울의 개혁이 사회주의 붕괴 직후 1990년대 임시적 처방으로 실시된 개혁과는 본질적으로 다르다고 주장한다. 제3기의 개혁은 장기적 비전을 가지고 신개념 발전과 신개념 사회주의를 제시한다고 한다. 즉, 사회주의를 공고화하면서 동시에 세계 경제에 성공적으로 가입하는 방법을 탐구한다는 것이다. 이를 위해 소유형태의 변화, 국영기업의 경제적 독립, 민간기업 투자의 확대와 같은 방향들이 논의되고 있다. 생산성을 증대하는 필연적 과업을 달성하기 위해서 이러한 방향으로의 변화는 불가피할 것으로 보인다.

제11장은 미국의 대쿠바정책 변화와 전망에 관련된 필자의 글이다. 2004년에 발표된 논문으로서 최근의 상황을 담고 있지는 않다. 하지만 쿠바와 미국과의 관계에서 핵심적인 다양한 변수들을 자세히 분석하고 있기 때문에 미국과 쿠바와의 관계를 이해하기 위해서 꼭 한 번 읽어

볼 필요가 있다.

제12장은 쿠바와 미국과의 관계에 관한 최근의 글이다. 저자는 오바마(Barack Obama) 정부가 쿠바와의 관계를 정상화하겠다고 언급했음에도 불구하고 양국 관계의 본질에는 근본적 변화는 없을 것이라고 단정한다. 미국 정부는 쿠바 혁명이 50년이 지난 시점에도 여전히 쿠바 정부의 정당성을 인정하지 않고 있으며, 쿠바 체제를 변화시키겠다는 의도를 포기하지 않았으며, 쿠바의 외교적 고립정책을 유지하고 있고, 경제봉쇄정책을 풀 생각이 전혀 없으며, 미국 시민의 쿠바 방문을 여전히 제한하고 있다는 것이다. 물론 실용적 차원에서 상호이익을 위한 경제적 협력의 확대와 쿠바계 미국인들의 쿠바 방문과 해외송금 등에서 약간의 완화 조치가 있었지만, 그것이 정치적 관계 개선으로 발전하지는 않았다. 따라서 저자는 미국의 대쿠바정책이 본질적으로 변화가 없고 앞으로도 계속 그럴 것으로 보인다고 전망한다. 미국의 정책 변화로 인한 쿠바의 변화를 기대하기 어려운 이유이다.

제13장은 쿠바 국민의 10% 이상을 차지하는 디아스포라와 관련된 쿠바 정부의 정책 변화 가능성을 다룬다. 과거에 이들은 조국을 등진 반역자로 인식되었다. 그러나 1990년대 경제 위기 이후 쿠바를 떠난 이주자들이 모두 반체제적 성격을 가진 것은 아니다. 그들이 쿠바를 떠난 것은 경제적 이유 때문이었지 정치적 이유 때문은 아니었다. 한편 이들이 보내오는 해외송금은 쿠바 경제에 큰 도움이 되고 있다. 따라서 이들을 이제 쿠바국민, 즉 해외동포로서 인정하고 선거권과 같은 정치적 권리까지도 부여하자는 논의가 진행되고 있다. 이 글은 이주자들에 대한 쿠바 정부의 정책 변화 전망과 함께 이들 이주자가 쿠바 사회의 변화에 미칠 영향도 동시에 분석하고 있다.

제14장은 쿠바 변화를 이끌 내부적 요인으로 사회운동을 다룬다. 저

자는 쿠바 사회운동의 전반적 흐름을 분석하면서 1965년 쿠바공산당 설립 이전에는 쿠바 사회운동에 인종주의 운동, 노동운동, 학생운동 등 다양한 요소들이 잘 반영되었지만, 그 후로는 그런 다양성이 상실되었음을 지적한다. 대신 쿠바공산당 최고 지도부에 모든 권력이 집중됨에 따라 모든 사회운동 조직들은 자율성을 상실하고 공산당의 하부조직으로 통합되었다. 따라서 저자는 쿠바의 바람직한 변화를 이루기 위해서는 먼저 다양한 사회운동과 대중의 참여 확대를 통해 체제의 민주화를 우선적으로 이루어야 한다고 주장한다.

제15장은 필자의 논문으로서 쿠바 사회의 다양한 사회운동조직들이 변화에 미칠 수 있는 영향력을 분석한 글이다. 여기에는 정부에 종속된 조직에서부터 어느 정도 자율성을 가지는 조직들까지 다양한 사회운동 조직들이 다루어지고 있다. 체제 변화의 내부적 요인으로 사회운동의 중요성을 인정한다면 이런 다양한 사회운동에 대해서도 관심을 가질 만하다.

마지막으로 제16장은 쿠바 사회 전반의 변화 필요성과 변화 방향에 대한 전반적 상황을 보여주는 글이다. 저자는 쿠바 사회는 변화가 필요하며 실제 변화가 이루어지고 있음을 지적한다. 그런데 변화의 형태와 방향에는 많은 문제점이 있다는 것도 동시에 언급한다. 쿠바 변화의 딜레마는 사회주의 체제를 유지하면서 생산성 증대와 같은 개혁을 이루어내야 한다는 점이다. 쿠바 사회에는 생산성 증대의 필요성과 함께 사회적 평등 붕괴에 대한 불만도 그만큼 크기 때문이다. 따라서 지금까지 쿠바에서 근본적 변화는 이루어지지 않았다. 그러므로 현재 쿠바에서는 변화의 혜택을 입은 사람이나 전혀 그렇지 못한 사람 모두가 어려움을 호소하고 있는 것이다. 쿠바는 과연 이런 딜레마를 극복하고 성공적인 변화를 이룩할 수 있을 것인가?

이 책에 실린 모든 글의 공통된 관심사는 결국 쿠바가 앞으로 어떻게 변화해갈 것인가 하는 점이다. 쿠바의 변화는 필연적이지만, 그것이 어떤 방향으로 나아갈지는 사실 아무도 정확히 예측하기가 쉽지 않다. 그러나 여기에 실린 글들을 통해 우리는 쿠바 사회가 해결해야 할 문제점과 지금까지 변화 흐름을 살펴보고, 또 앞으로 올 변화에 대한 다양한 제안이나 전망 등을 분석해봄으로써 각자 나름대로 변화 방향을 예상해볼 수는 있을 것이다. 모쪼록 이 책이 관계, 업계, 학계 등의 관심 있는 독자들에게 쿠바를 이해하는 좋은 길잡이가 되기를 바라마지 않는다.

마지막으로 여기 소개된 글 중에는 고 이성형 선생이 생전에 번역을 도와준 두 편의 글이 포함되어 있다. 그가 떠난 지 1주년이 지난 시점에 이 자리를 빌려 다시 한 번 삼가 고인의 명복을 빈다.

차 례

〈표/그림 차례〉

제 1 부
쿠바의 경제사회적 조건

제1장

쿠바 경제

필요한 결산과 변화에 대한 제안

오마르 에브레니 페레스 비야누에바 _김기현 옮김

1990년대 초의 위기와 그 후의 경제개혁을 거쳐 쿠바는 성장을 이룩했다. 그것은 재정 균형, 낮은 실업률, 그리고 오래간만에 처음으로 국제수지 흑자와 함께 달성되었다. 그러한 성과는 국제적으로 좋은 시기의 결과이기도 하지만, 동시에 성장에 집중된 활동의 확대, 특히 베네수엘라에 의료서비스 수출로 인한 결과이기도 하다. 그럼에도 불구하고 해결할 필요가 있는 과제들이 여전히 존재한다. 실질임금의 악화, 이중 화폐 시스템, 수입을 위한 외화 지불을 야기하고 또 식료품 가격을 상승시키는 농업생산의 정체 등은 그중 가장 중요한 과제들이다. 그를 해결하기 위해서 심도 있는 경제개혁을 실현하는 것이 필요하다.

오마르 에브레니 페레스 비야누에바 Omar Everleny Pérez Villanueva 아바나 대학교(Universidad de La Habana) 경제학 박사. 쿠바 경제연구센터(Centro de Estudios de la Economía Cubana: CEEC) 교수. 『21세기 초 쿠바 경제(Jorge I. Dominguez y Lorena Barberia et al., The Cuban Economy at the Start of the Twenty-First Century, Harvard University Press, Cambridge, 2005)』의 공저자.

* 이 글은 《Nueva Sociedad》 216호(2008년 7-8월)에 실린 글을 옮긴 것이다.

1. 서론

정치인, 사회과학자, 일반적으로 독자들은 ― 단지 쿠바에서뿐만 아니라 해외의 많은 학문적 포럼과 다양한 저술에서 ― 1980년대에 쿠바인들에 의해 달성된 복지가 1990년대의 경제적 위기로 인해 심각한 영향을 받았다고 생각한다. 모두가 ― 심지어 가장 회의적인 사람들조차 ― 이러한 악화가 세계 사회주의 체제의 붕괴, 미국 경제제재조치의 강화, 저개발 국가들이 경험한 경제적 위기와 같은 외부적 요인과 쿠바에 기본적으로 존재하는 물적·인적 자원의 잠재력 활용의 어려움과 같은 내부적 요인 때문에 발생했다는 데에 동의한다.

오늘날 쿠바는 경제 회복의 과정에 있다. 그렇지만 쿠바가 항상 가지고 있는 구조적 어려움으로 높은 수입 지수와 같은 문제들은 여전히 남아 있다. 그중에서 적절치 못한 농업정책의 결과로 인한 식료품 수입의 높은 대외 의존성이 두드러진다. 그러한 문제는 또한 비록 비중은 식료품 수입보다 낮지만 에너지 수요와 생산과정에서 필요한 중간재 수요, 산업이나 농업의 낮은 효율성과 생산성의 결과이기도 하다.

1990년대 중반의 제도적 개혁은 국민들에게 소득 원천의 다각화를 허용했다. 소득을 산출하는 데 시장의 역할 증가와 국민에 의해 고안된 생존전략들은 점진적인 사회적 차별화를 야기했다. 그리고 이러한 차별은 이른바 '이념의 전투(Batalla de Ideas)'의 틀에서 채택된 처방들에도 불구하고 아직까지 유지되고 있다.

지금까지의 과정은 이 시기에 형성된 사회적 불평등에 대해 최대한의 관심을 가지게 한다. 비록 가능한 최소한의 사회적 비용으로 필요한 경제적 변화를 이식하려고 했지만 과정의 시간과 인간의 시간 사이의 모순은 여전했다. 따라서 쿠바 경제의 상황을 분석하기 위해서는 그

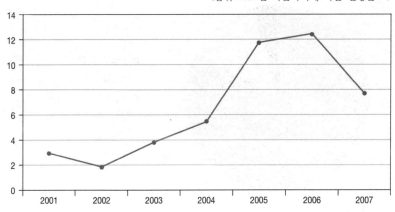

〈그림 1-1〉 GDP 추이, 2001~2007

(단위: 1997년 기준가격에 따른 연평균 %)

자료: Oficina Nacional de Estadísticas(ONE). 쿠바통계연보(Anuario Estadístico de Cuba). (각 년도).

나라의 현재 상태와 함께 그들 국민의 복지수준을 인식해야 한다. 또 그렇게 함으로써 미래의 과제에 접근하는 것을 가능하게 할 총체적 지표들을 고려해야 한다. 이것이 바로 이 글의 목표이다.

2. 거시적·생산적 발전

2001년에서 2007년 사이 쿠바 경제는 1997년 기준가격으로 연평균 7.5%에 달하는 높은 성장률을 유지했다. 그러나 <그림 1-1>에서 보듯이 이 시기에 성장률의 수준은 다양하게 나타난다. 2001년에서 2003년 사이 성장률은 연간 2.9%였으나 2004년에서 2007년 사이의 성장률은 평균 9.3%에 달한다. 이러한 도약은 새로운 GDP 계산방법 때문이기도 하지만, 전문적 서비스 수출이 크게 증가했기 때문이다.

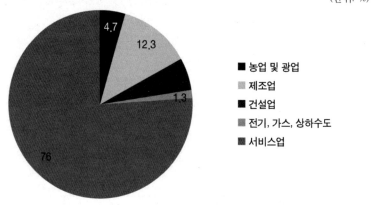

(단위: %)

■ 농업 및 광업
▨ 제조업
■ 건설업
▨ 전기, 가스, 상하수도
■ 서비스업

자료: ONE.

GDP 구조를 분석해보면 농업, 건축, 운송 부문의 비중이 상대적으로 감소한 경향이 눈에 띈다. 반면 2007년 총GDP의 76%를 차지한 서비스 부문의 의미 있는 증가가 두드러진다(<그림 1-2> 참고). 이는 쿠바 국가가 발전 전략에서 사회적 프로그램에 지속적으로 우선권을 허용했기 때문이다.

성장은 1990년대 중반부터 도달된 거시적 균형을 유지하면서 달성되었다. 재정적자는 GDP의 약 3.2%로서 통제할 만한 수준에 머물렀다. 같은 형태로 통화유동성이 2007년 220억 페소를 넘어서면서 예상 밖의 높은 수준을 기록했음에도 불구하고 통화정책은 카데카 환율¹⁾의 안정이라는 주요한 원칙 중 하나에 도달하는 것을 가능하게 했다.

이러한 발전은 심한 가뭄, 파괴적 허리케인, 계속되는 전기 생산 위기, 그리고 외국에서 쿠바인들에 대한 여행 제한, 해외송금 중단, 최근에는

---

1) Cadeca(Casa de Cambio): 환전소 환율, 즉 시중환율을 말한다. ─ 옮긴이

쿠바 해외 금융자산의 추적 등을 통한 미국의 압력 강화라는 충격에도 불구하고 달성되었다. 그 밖에도 현재 외화 부족, 고평가된 공식 환율과 태환성 부재로 인한 상대적 가격 시스템의 왜곡, 통화의 이원성, 분리된 시장, 사탕수수산업의 좋지 않은 성과, 농업의 문제들, 공기업의 낮은 효율성과 같은 쿠바 경제의 구조적 문제점들이 계속해서 나타나고 있다. 이런 모든 주제들은 라울 카스트로 대통령에 의해 몇 차례 언급되었다.[2]

부문별 시각에서 보면 석유와 가스의 채굴과 같은 영역에서 긍정적 결과가 달성되기도 했다. 사실 석유 생산은 1990년에 비해 6배나 증가했다. 한편 15년 전에는 무시할 만한 수준이었던 가스 생산이 현재 100만m³를 넘어섰다. 이는 비록 베네수엘라와의 석유협정이 유가 상승의 효과를 완충하는 작용을 하고는 있었을지라도 국제유가가 매우 빠르게 증가하는 시점에 석유수입량을 줄이는 것을 가능하게 했다.

제조업 생산은 규칙적으로 감소해왔다. 따라서 2007년 제조업이 GDP에서 차지하는 비중은 겨우 12.3%에 불과했다. 그렇지만 품목에 따라 성과는 큰 차이가 있었다. 그중에서 니켈, 음료, 술, 담배 제조와 같은 부분은 오히려 증가했다. 가장 크게 하락한 부문은 사탕수수산업이다. 가장 최근의 수확은 2007년에 겨우 100톤으로서 1990년대 초에 비해 15%나 줄어들었다. 이는 사탕수수산업의 가장 기본적 필요를 충족하기 위한 재원의 부족, 생산자에 대한 인센티브 부족, 1990년대에 우선권의 상실 등에 따른 결과이다. 최근 몇 년 동안 이 부문은 수익과 생산에

---

2) 2007년 7월 26일 카마구에이 주에서 행한 라울 카스트로의 연설, 2008년 2월 24일 아바나에서 민중권력 전국의회(Asamblea nacional del Poder Popular) 앞에서 행한 연설.

악영향을 미치는 탈자본화 과정을 겪었다. 그것은 수출의 감소, 결국 설탕을 통해 획득되는 수익과 금융자본 유입의 감소에 따른 것이다. 게다가 전국적으로 설탕공장의 반을 폐쇄하는 결정도 그에 영향을 미쳤다.

설탕과 같이 확실한 경우 말고도 일반적인 농축산업 부문과 그 시장의 발전은 그것이 국민의 소비, 결국 국민의 복지에 미치는 중요성 때문에 더욱 정확히 분석되어야 한다. 최근 몇 해 동안 농업 생산은 계속해서 감소해왔다. 2007년 GDP에서 농업이 차지하는 비중은 4.7% 이하였다. 이는 이미 언급된 사탕수수농업의 붕괴, 목축업 부문의 지속적 감소, 비사탕수수농업의 정체에 따른 결과이다.

재원의 부족 외에도 조직적·제도적 문제가 이 부문의 발전에 영향을 미쳤다. 1990년대의 경제개혁은 오래된 국영 농업기업들의 일부분을 '협동생산 기본단위(Unidades Básicas de Producción Cooperativa: UBPC)'로 모으는 것을 가능하게 했다. 그것은 이전의 조직 구조보다는 훨씬 더 유연한 것이지만, 작동하는 환경은 별 차이가 없었기 때문에 더 많은 수익의 창출을 어렵게 했고, 생산자들에게 생산을 증가하게 하는 인센티브를 제공하지 못했다. 매우 중앙집중화된 이러한 환경은 아코피오 (Acopio)[3]와 같이 상업화된 기업의 주변에도 여전히 남아 있다. 그로 인해 가격은 어떤 경우에 생산 비용에도 미치지 못하는 수준에서 고정된다. <그림 1-3>은 쿠바인들의 식생활에 기본적인 감자, 고구마, 카사바, 바나나 등과 같은 감자류와 토마토, 양배추, 상추, 양파 등과 같은 야채류의 생산이 감소했음을 보여준다. 게다가 이러한 감소는 세계적으로 음식 가격이 크게 증가한 바로 그 시기에 일어났다.

목축업 부문 역시 활동 수준의 하락에 의해 영향을 받았다. 특히 소

---

3) 아코피오는 국가가 운영하는 농업기업이다. ― 옮긴이

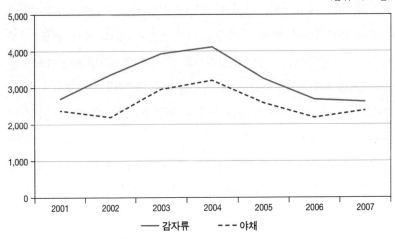

〈그림 1-3〉 농업 생산, 2001~2007

(단위: 1,000톤)

감자류 ─── 야채 ---

자료: ONE. 쿠바국가통계연보(각 년도).

목축에서 생산 활동의 하락은 더 컸다. 이는 예전에 수입된 사료에 매우 의존했던 기술의 변화, 사탕수수 수확에서 나오는 가축 사료량의 감소, 동부 지역의 가뭄, 가축 무리의 적절치 못한 취급, 이 부문 조직적 구조의 비효율적 디자인 등의 결과이다. 목축업에 종사하는 UBPC는 의미 있는 결과를 보여주지 못했다. 일반적으로 농축산업 부문의 낮은 성과는 재정적 그리고 대외적 수지에 부정적 영향을 가중시켰다. 그것은 일상의 소비를 충족하기 위한 식료품을 점차 더 많이, 대량으로 수입해야 했기 때문이다. 2007년에 식료품 수입은 1인당 3,287kcal와 단백질 89.9g이었다. 이는 1989년보다 많은 수치이다.

그 결과 쿠바는 1990년대 초반에 위기를 이미 극복했음에도 불구하고 소비를 위한 식료품 이용에서는 항상 적자를 유지하고 있다. 국민의 영양 상태는 개선되었다. 그러나 아직도 영양부족 상태인 빈곤 가정 그룹이 존재한다는 징후가 있다.

농축산업 외에도 GDP 구조 내에서 비중이 줄어든 또 다른 부문은 건설과 운송 부문이다. 건설과 관련해서는 최근 몇 년 동안의 확대 경향이 붕괴되었다. 예를 들어 2006년에 건설은 석유, 전기, 관광, 정부가 '이념의 전투'의 틀에서 우선적으로 추진한 프로그램들 ― 학교·병원· 거주지의 보수와 건설을 포함 ― 에 집중하면서 37.7%나 성장했다. 그러나 2007년에 건설은 투자 부족과 할당된 재원과 그를 집행할 능력 간의 불일치로 인해 9% 감소했다.

이는 거주지 가용성의 부족이라는 매우 중요한 문제와 관련되어 있다. 위기가 시작되기 전인 1989년에도 이미 거주지 부족의 문제는 해결되어야 할 과제로서 제기되어왔다. 비록 1970년대와 1980년대에 수많은 투자가 주택 기금으로 할당되었지만 1990년대의 위기는 문제를 더 심화시켰다. 그 후에 또 다른 노력이 기울여졌지만, 폭풍으로 손상된 거주지의 복구 필요성과 관련된 정책들이 우선됨에 따라 재원들이 다른 목적을 위해 사용되었다. 2006년에 국가는 국가가 아닌 개인이 사용할 목적임을 강조하면서 10만 호 건설을 위한 프로그램을 시작했다. 그러나 목표 달성은 매우 부족했다.

운송과 관련하여 부정적 상황은 국민의 복지에 영향을 미친다. 악화는 자동차 부문에서 자본 형성이 불충분했기 때문이다. 그를 위해 2007년에 중국으로부터 버스와 또 다른 교통수단의 수입을 허용하는 광범위한 투자 프로그램이 발표되었다. 따라서 2008년에는 어떤 긍정적 결과가 나타날 것으로 기대된다.

요약하자면 GDP는 높은 성장 리듬을 유지하고 있다. 그러나 이러한 결과는 위기발생 이전의 복지 수준에 도달하기에는 아직 불충분하다. 이는 서비스 부문에 집중된 반면 농업, 건설, 운송과 같은 필수적 부문에서는 성과가 좋지 않은 독특한 성장 구조 때문이다. 따라서 사회적 평등과 기본적 서비스 제공에서 달성된 성과에 지속성을 주기 위해서는 거시적 안정을 해치지 않는 범위 내에서 내부적으로 경제를 활성화할 동력을 자극하고, 높은 생산능력에 도달하게 할 새로운 경제정책이 요구된다.

3. 대외 부문의 발전

역사적으로 항상 적자를 기록했던 쿠바의 경상수지는 2004년부터 비록 오르내림이 있었을지라도 흑자를 기록하기 시작했다. 예를 들어 2005년 경상수지 흑자는 1억 4,000만 달러를 기록했다. 비록 아직 예비통계를 통해서도 국제수지의 가장 최근 자료를 볼 수는 없지만 2007년에 달성된 재화와 서비스의 상업수지는 흑자를 나타낼 것으로 보인다. 이는 특히 의료인력과 같은 전문적 서비스 수출과 해외송금의 증가에 따른 결과이다. 이 두 부문에서만 연간 9억에서 10억 달러의 수익이 있었을 것으로 기대된다.

그로 인해 쿠바는 또한 크게 증가한 수입 능력을 회복할 수 있게 되었다. 그렇지만 아직 이러한 수입이 (전력 부문과 그와 관련된 필수품을 제외한) 다른 자본재에는 미치지 못하고 있다. 일반적으로 수입은 대부분 국내에서 생산될 수 있는 식료품과 중간재에 집중되어 있다.

수출은 비록 회복되었지만 2007년의 총가치는 아직 1989년의 31%에도 미치지 못했다. 그의 구성은 다양하다. 최근 3년 동안 니켈 수출이 가격과 생산의 증대로 인해 크게 증가했다. 그 밖에도 바이오제품, 약품, 최신 의학 진단장비와 같이 높은 부가가치를 가진 비전통적 품목들의 해외 판매가 증가했다. 이러한 부문에서의 미래는 매우 밝다. 이러한

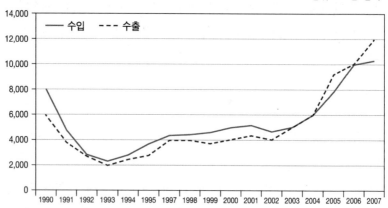

〈그림 1-4〉 재화와 서비스 교역, 1990~2007

(단위: 100만 달러)

자료: ONE. 쿠바국가통계연보(각 년도).

생산품을 위한 새로운 시장의 능력이 크게 확대되고 있음이 보고되고 있다. 52개국에서 이미 200건이 위생검사를 통과했다. 이는 수출구조에 매우 중요한 질적 변화를 가져올 것이다. 따라서 약품 부문은 오늘날 쿠바 수출에서 니켈 다음으로 2위를 차지한다. 반면 사탕수수는 쿠바에서 가장 생산 잠재력이 있는 품목 중 하나임에도 불구하고 훨씬 낮은 순위로 떨어졌다.

수출에서 또 다른 중요한 변화는 베네수엘라에 의료서비스 수출과 같은 지식 집약적 서비스 부문 비중의 증가이다. 2004년부터 이 부문은 관광업을 넘어 쿠바의 첫 번째 외화 수익원이 되었다. 1990년에서 2007년까지 관광을 통한 누적 수익은 250억 달러를 넘어섰다. 이는 단지 2억 4,300만 달러에 불과했던 1990년에 비해 확실히 증가했음을 보여준다. 2007년 관광 수익은 22억 3,600만 달러였다. 이러한 증가는 이 부문을 확대하려는 전략에 따른 결과이다. 그 전략은 관광 발전 프로그램과 하부구조 건설, 공항 수용능력, 관광 공급망과 새로운 통신기술 등에 수많은 재원을 투입하는 등의 내용을 포함한다. 호텔 수용능력이 1990년에서 2007년 사이에 1만 2,900명에서 4만 5,000명으로 늘어났다. 그의 반은 국제 호텔기업에 의해 운영되고 있다. 1990년에서 2007년 사이 약 2,400만 명이 쿠바를 방문했다.

그럼에도 관광 부문의 성장은 최근 2년 동안 다양한 이유로 성장세가 멈추었다. 그 이유 중 일부는 높은 가격, 일부 호텔의 영업상 어려움, 관리의 문제, 호텔 이외 서비스 제공 부족, 태환페소의 8% 평가절상 등 내부적인 것이다. 또 다른 요인은 관광객을 보내는 국가들의 경제적 어려움, 금융시장의 혼란, 특히 유럽 관광객들의 운송비 증가를 야기하는 석유가격의 상승과 같이 외부에서 왔다.

수출구조의 변화는 쿠바의 교역상대국을 변화시켰다. 지식 집약적 서비스 수출과 니켈 수출의 증가는 쿠바 교역상대국의 순위를 바꾸어 놓았다. 오늘날 가장 중요한 교역상대국은 유럽 일부 국가 외에 베네수엘라, 중국, (쿠바 식료품 구입을 위한) 미국이다.

마지막으로 외국인 투자는 석유, 니켈, 통신, 관광과 같은 핵심 부문에 집중되었다. 초기 단계지만 바이오 분야에서 중국, 인도, 말레이시아와 같은 아시아 국가의 쿠바에 대한 해외투자도 증가하고 있다. 베네수엘라의 쿠바 경제에 대한 투자도 증가하고 있다. 신용에 대한 접근은 중국과 '라틴 아메리카를 위한 볼리바르 대안(Alternativa Bolivariana para los Pueblos de Nuestra America: ALBA)'의 틀 내에 있는 베네수엘라를 제외하고 아직 제한되어 있다. 이러한 상황은 쿠바의 지불 능력에 대한 신뢰 부족과 더불어 미국의 압력 때문이다.

〈그림 1-5〉 소비자 가격지수(연간 변동률)

(단위: %)

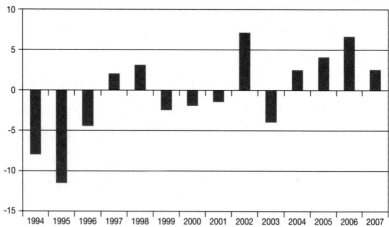

자료: Banco Central de Cuba, *Informe Anual*(각 년도); ONE.

4. 가격, 임금, 고용

　〈그림 1-5〉에서 보는 것과 같이 1999년에서 2001년 사이 3년 동안 물가 하락이 있었던 후, 2003년부터 강력한 물가 상승이 시작되었다. 이러한 물가 상승은 주로 통제된 시장과 농축산업 제품 시장에서 일부 품목의 가격 상승, 전기료와 가스비 상승, 가전제품·일부 식료품·개인 세면도구 등의 가격 상승으로 인해 야기되었다.

　국민소득은 수요, 즉 소비가 그에 따라 결정되기 때문에 하나의 중요한 변수가 된다. 명목소득의 진전은 성장 경향을 보여준다. 그것은 다른 요인 중에서 일부 생산활동의 개선과 해외송금 소득 외에도 (편성된) 국가예산에 의존하는 어떤 부문에서의 임금 증가로 설명된다. 이러한 부문에서 국민 다수 소득의 중요한 부분을 차지하는 임금은 〈그림 1-6〉

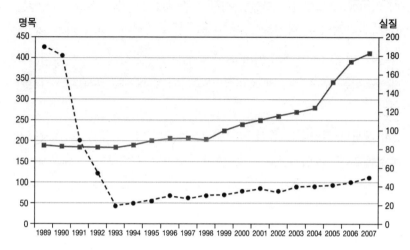

〈그림 1-6〉 평균 명목임금과 실질임금

(단위: 페소)

자료: ONE. 쿠바국가통계연보(각 년도); Pavel Vidal Alejandra(2007).

에서 보는 것처럼 명목상 지속적인 상승을 유지해왔다. 2007년에는 1989년의 두 배인 평균 408페소에 달했다. 그렇지만 이러한 증가는 가격 상승에 의해 야기된 임금의 악화를 극복할 수 없었다. 이는 소득의 주요한 원천을 임금에서 취하는 국민의 다수를 심각한 어려움에 빠지게 했다.

2005년 국가예산에 의존하는─특히 보건과 교육 분야에서─노동자들을 재능, 학력, 지적 수준에 따라 임금을 조정하는 임금개혁이 적용되었다. 조금 후 사회보장에 등록된 146만 8,641명의 시민들이 받는 연금의 인상이 단행되었다. 게다가 25만 7,030가구(47만 6,500명)는 사회보조금을 통해 추가로 50페소씩 더 받기 시작했다. 그 밖에도 최저임금이 100페소에서 225페소로 상승했다.

이러한 처방은 연금생활자나 퇴직연금 수혜자와 같이 그의 소득을 정부예산에 의존하고 있는 상당수 노동자들의 경제적 상황을 개선하는 데 기여했다. 그렇지만 적절한 생산의 증대와 소비재 수입의 증가 없는 통화량의 증가는 새로운 가격 상승만을 자극했다. 이는 최근 몇 년 동안의 인플레이션 지수에서 잘 드러난다. 이런 상황에서 일반적으로 개인소득은 쿠바 가정의 소비를 충족하기 위해 불충분하다는 결론이 났다.

따라서 실질임금을 증가하기 위해서는 임금이 표시되는 화폐단위인 페소화로 살 수 있는 상품을 더 많이 공급하고, 국내 화폐를 태환페소에 근접하게 하는 평가절상을 실현할 필요가 있다. 존재하는 화폐의 이중성 그리고 소비의 대부분이 국내 통용화폐가 아닌 환율의 가치가 매우 높은 태환페소로 이루어진다는 사실은 사회적 불평등을 가중하는 데 기여했다. 물론 국민 소비의 일부가 비록 가용할 수 있는 양은 제한적이지만, 규제된 일반 시장에서 쿠바페소로 충분히 낮은 가격에 실현될 수 있다는 것을 인식할 필요는 있다. 그러나 생산품의 대부분은 태환페소로 가격이 결정되고, 임금은 쿠바페소로 지급되기 때문에 그 간격이 불평등을 심화시킨다.

해외로부터 오는 송금은 미국 정부의 정책에 따라 감소하는 경향이다. 해외송금은 출처가 매우 다양하기 때문에 비록 그의 총액이 정확히 얼마인지는 알 수 없지만 이러한 감소의 경향은 외화 회수 상점(tiendas de recuperación de divisas: TRD) — 쿠바인들은 여기서 해외송금으로 받는 달러를 태환페소로 교환할 수 있다 — 의 움직임을 근거로 살펴볼 때 과도한 수준은 아닌 것처럼 보인다.

실업률은 1995년 7.9%에서 2006년 약 1.8%로 지속적 감소세를 유지하고 있다. 최근 몇 년 동안 일자리의 증가는 '이념의 전투'의 틀에서 시작된 새로운 사회적 프로그램의 한 부분으로, 특히 3차산업에서 새로운 고용창출과 관련되어 있다. 그러나 예를 들어 제조업 부문을 보면 일자리 수가 감소하는 징후가 나타난다. 그 부문에서는 많은 활동들의 중단, 산업투자의 감소, 설비능력을 개선하기 위해 필요한 자본재 구입 재원의 부족 등의 현상이 드러난다.

고용정책은 많은 경우 불완전고용을 야기했고, 흔히 노동 동기를 상실하게 하는 등 많은 경제적 문제점들을 지하에 묻어버리는 비판적 상황을 만들어냈다. 그것은 일상의 삶에 반영되었고, 또 능력에 따라 일을 수행하는 많은 전문직 종사자들이 그들의 낮은 임금을 보완할 수 있는 추가적 소득을 보장받기 위해 또 다른 일을 해야 할 필요가 있다는 사실로도 나타난다. 많은 경우 능력 있는 전문직 종사들은 더 많은 소득의 가능성을 제공하는 다른 부문으로 쉽게 옮겨간다. 물론 거기서 그들이 자신의 지식을 완전히 뒤집을 수는 없다. 최악의 경우 그들은 해외에서 일자리의 대안을 찾는다.

5. 재정적 행태

국가예산은 사회정책 재원의 가장 중요한 원천이다. 그것은 국내통화로 이루어지고, 탈중압집중화된 형태로 구조화되고, 비용은 각 지역의 필요에 따라 결정된다. 반면 예산의 외화 구성요소는 중압집중화된 관리를 받는다. 따라서 여기서는 재원의 부족 현상이 나타난다. 외화 예산의 중앙집중화 수준은 실제로 국내통화 재원의 탈중앙집중화 수준에 근거를 두고 있다.

1990년대 예산의 경상지출은 경제위기에도 불구하고 증가했다. 증가의 중요 부문은 더욱 큰 사회적 충격을 줄 수 있는 영역에서 이루어졌다.

이러한 의미에서 경제정책은 특별한 사회적 강조에 의해 특징지어진다. 주요한 목적 중에는 무상교육과 교육의 질을 유지하고, 사회보장 시스템을 지속하고, 노인을 보호하고, 일반적으로 사회적 불평등에 의해 영향을 받은 사람들을 보호하는 결정이 들어 있다. 쿠바의 모델은 항상 평등을 추구해왔음을 기억할 필요가 있다. 이러한 목적을 달성하기 위해 국민들이 임금이나 연금 등을 통해 받는 화폐 소득이 상대적으로 덜 중요한 위치를 차지한다. 즉, 보편성이 본질인 사회적 서비스에의 무상접근에 최우선권이 주어졌다.

이러한 틀에서 교육에 대한 지출은 인구성장에 따른, 또 질 개선을 위한 필요성에 따라 오랜 기간 지속적으로 증가해왔다. 또한 보건의 경우 지출은 일반적인 수준의 개선과 위기에 따른 서비스 질 악화 효과의 완화라는 목적을 위해 증가했다. 보건서비스의 개선을 위해서 의원, 병원, 약국과 같이 악화된 설비의 복구가 시도되었다.

6. 미래를 위한 주요한 목표와 행동들

쿠바 경제가 직면한 도전은 다각적이고 복잡하다. 사회적·경제적 계획들을 유지하기 위해, 또 국민의 복지를 계속해서 개선하기 위해서 경제는 중요한 도전들을 극복해야만 한다. 왜냐하면 그곳에는 왜곡과 조만간에 해소해야 할 경제적·사회적 불평등이 존재하기 때문이다. 주요한 도전 중에 다음과 같은 것들을 언급할 수 있을 것이다.

- 경제성장을 방해하는 내부적 요인들의 극복. 그중 하나는 지속적으로 불만족 소비의 직접적 원인 중 하나가 되고 있는 외화금융의 제한이다.

- 국영기업의 경영이 개선되어야 한다. 이들은 가격의 결정, 환율, 구매의 중앙집중적 관리, 계획과 규제와 통제의 메커니즘 등에서 나타나는 비우호적 환경에서 운영되고 있다. 외부적 제약을 극복하기 위해서 경쟁력 있고 효율적인 기업을 가질 필요가 있다.

- 소득/소비 모델의 왜곡이 노동 동기에 부정적 영향을 미친다. 이러한 문제를 극복하기 위해 노동의 형태와 노동자의 형성과정에 일치하는 분배 시스템을 제공하는 것이 필수적이다.

- 사탕수수 농산업의 재구조화가 완수되지 않았고, 따라서 이 부문이 정체되어 있다. 발전을 위해서는 이러한 도전을 극복하는 것이 필수적이다.

- 농업 경영 모델의 완벽한 개선을 통한 식료품 자급자족 목표에서의 진전이 나타나지 않고 있다. 반대로 국가는 내부적으로 생산될 수 있는 식료품을 수입하지 않으면 안 되는 상황이다.

- 하부구조와 설비에서 탈자본화의 문제가 지속되고 있다. 그것은 축적과 악화 효과가 있기 때문에 하루빨리 해결할 필요가 있다.

- 천연자원 개발에 기반을 둔 경제에서 지식집약적 사용에 기반을 둔 경제로 쿠바 경제의 생산적 전문화의 기반을 급진적으로 변화시킬 필요가 있다. 잠재력의 존재가 그것 자체로 좋은 결과를 보장하지는 않는다. 비록 전략적 도전이 성장하는 것일지라도, 성장이 또 다른 장점으로부터 기인하므로 이러한 성장을 보장하기 위해서는 새로운 경제적 수단을 설립할 필요가 있다. 관광과 같이 지금까지 성장을 주도했던 부문과 활동들은 현재 수익성이 감소하고 있음을 보여준다.

- 사회적 평등을 회복하는 방향의 처방들이 가속화되어야 한다. 최근 몇 년간 진전이 있었으나 대부분의 쿠바 가정에 적절한 소득을 보장하는 수준에 이르지는 못했다. 아직 그들이 받는 공식적 소득으로 지출을 충족하지 못하는 부문들이 존재한다. 따라서 이들은 재화와 서비스의

소비를 총체적으로 지양하거나 혹은 다른 대안적 소득의 원천을 찾아야만 한다. 이러한 상황에서 일련의 사회적 지표들은 쿠바가 특히 교육, 보건, 문화에서 앞선 국가임을 증명하고 있음을 지적할 필요가 있다. 그렇지만 오락, 여행, 교통, 통신과 같은 다른 재화와 서비스에의 접근과 관련해서는 쿠바가 유사한 국가들보다 훨씬 뒤떨어져 있다.

• 베네수엘라와의 관계에서 얻는 이익은 실질적이었다. 그렇지만 이러한 연결은 국민의 삶의 질에 미치는 영향과 대외 부문에서의 효과 때문에, 다른 한편으로 경제의 가장 동적인 부문을 완성하고 작동시키며, 또 다른 한편으로는 전략적 부문의 회복과 재가동을 가능하게 할 수 있는 재산업화 프로그램 발전을 위해 이용할 수 있는 일련의 잠재력들을 개방해버리는 것이다.

7. 필요한 고찰

경제개혁은 국가가 요구하는 구조적 변혁의 첫째 항목으로 인식되어야 한다. 다른 말로 하자면 쿠바의 경제적 문제는 현재 존재하는 경제 시스템이 발전을 위한 출발점이 될 수 없다는 점이다. 쿠바 경제는 시급히 탈중앙집중화를 강조하는 근본적인 구조적 개혁을 필요로 한다. 이러한 형태의 전략에서 농업뿐만 아니라 제조업이나 서비스 부문에서도 비국가적 소유 형태를 포함할 필요가 있다. 국가는 규제적 역할을 유지하면서 전략적 부문에 그의 힘을 집중해야 한다.

쿠바 사회주의의 50년은 어떤 예외를 제외하면 재중앙집권화를 촉구했고, 시장에서 멀어지는 경향의 정책들이 경제적 정체(停滯)와 함께 목표와 상반되는 상황을 야기해왔음을 보여주었다. 그것은 미래에도 계속되어야 할 길은 아니다. 따라서 국가는 쿠바인들이 선택한 사회주의 프로젝트를 바꾸는 일 없이 전반적 행정가의 역할에서 전반적 규제자의 역할로 이전해야 한다.

경제 시스템의 이러한 개혁이 시장의 역할, 소유형태, 기업 조직의 국가규제를 포함해야 하는 것은 의심할 여지가 없다. 시간이 그의 증인이 될 것이다. 쿠바 경제학자 페드로 몬레알(Monreal, 2008)이 말하는 것처럼 "쿠바의 새로운 경제개혁이 미래의 발전이 요구하는 또 다른 구조적 변화들을 향해 나아갈 수 있기 위해서 그것은 반드시 달성해야 할 초기 조건이다".

참고문헌

Banco Central de Cuba. 1997, 1998, 2001. *Informe Económico*. La Habana.

Castro Díaz-Balart. 2001. *Fidel, Ciencia, Tecnoligía y Sociedad*. La Habana: Editora Política.

Centro de Estudios de la Economía Cubana(CEEC). 1997. *La economía cubana en 1996: resultados, problemas y perspectivas*. memoria del taller homónimo. La Habana: Universidad de La Habana.

Comisión Económica Para América Latina y el Caribe(CEPAL). 1997. *La economía cubana. Reformas estructurales y desempeño en los 90*. México: Fondo de Cultura Económica.

_____. 2004. *Balance preliminar de las economías de América Latina y el Caribe*. Santiago de Chile.

Ferriol, Ángela, Maribel Ramos y Lía Añé. 2004. *Pobreza en la capital?* La Habana: INIE-Cepde/ ONE.

García Álvarez, Anicia y Viviana Togores González. 2002. *El acceso al consumo en Cuba y su recuperación en la vida cotidiana*. La Habana: CEEC.

Iñíguez Rojas, Luisa. 2004. *Desigualdades espaciales en Cuba: entre herencias y emergencias*. Centro de Estudio de Salud y Bienestar Humanos, Universidad de La Habana.

Martín Fernández, Marina y Ricardo Torres Pérez. 2004. *La economía del conocimiento: Evolución de las tendencias mundiales y experiencias para Cuba*. trabajo de diploma, Facultad de Economía.

Ministerio de Finanzas y Precios. 1998. *Resultados de las medidas de saneamiento financiero aprobadas por la Asamblea Nacional del Poder Popular*. La Habana.

Monreal, Pedro. 2008. "El problema económico de Cuba." *Espacio Laical*, No. 28, abril de 2008. La Habana.

Nova González, Armando. 2004. *Redimensionamiento y diversificación de la agroin-*

dustria azucarera cubana. CD-rom, Evento 15 Años del CEEC, La Habana, mayo de 2004.

Oficina Nacional de Estadística(ONE). varios años. *Anuario Estadístico de Cuba.* La Habana.

Pérez, Omar Everleny. 1998. "Cuba's Economic Reforms: An Overview." en Jorge F. Pérez López y Matías Travieso-Díaz(eds.). *Perspectives on Cuban Economic Reforms, Arizona State University Center for Latin American Studies.* Tempe.

_____. 2007. *Reflexiones sobre economía cubana.* La Habana: Ciencias Sociales.

Triana Cordoví, Juan. 2003. *El desempeño económico en el 2002.* trabajo presentado en el 8a. Seminario Anual de la Economía Cubana, CEEC, La Habana, marzo de 2003.

Vidal Alejandro, Pavel. 2007. "La dualidad monetaria en Cuba." *Boletín trimestral del CEEC.* La Habana.

Xalma, Cristina. 2002. "La dolarización cubana como instrumento de intervención económica. Eficacia y sostenibilidad de una alternativa." *tesis doctoral.* Universidad de Barcelona, septiembre de 2002.

제2장

쿠바의 농축산업

아르만도 노바 곤살레스 _이성형 옮김

최근 GDP에서 농축산업 부문의 비중이 줄어들었다. 과거보다 외화 수입도 줄었고, 활기도 잃었다. 무엇보다 골칫거리는 식량 수입의 필요성이 증가하고 있다는 점인데, 2007년의 경우 16억 달러에 달했다. 농축산업 부문의 활성화는 경제활동의 개선, 고용 창출의 보장, 그리고 재생 가능한 에너지원의 창출에 기본적이다. 이미 몇 가지 진전된 조치가 있었지만, 협동농장의 어려움을 타개할 필요가 있다. 생산단위들에 더 많은 자율권을 부여하고 시장에 대한 접근을 보장할 필요가 있다.

아르만도 노바 곤살레스 Armando Nova Gonzalez 경제학 박사. 쿠바 경제와 농업 분야에 많은 저서와 논문이 있으며, 스페인, 미국, 멕시코, 캐나다의 대학에서 수업과 강연을 했다. 현재 쿠바경제연구소(CEEC)의 교수 겸 연구원, 국가 응용경제학 박사학위 심의위원회 부의장, 아바나 대학교 대학과학위원회 위원으로 재직 중이다.

* 이 글은 ≪Nueva Sociedad≫ 216호(2008년 7-8월)에 실린 글을 옮긴 것이다.

1. 농축산업 부문의 경제적 위상

농축산업 부문은 쿠바 경제에서 중요한 역할을 수행한다. GDP의 구성에 직접적·간접적으로 참여하고 있는 이 부문은 일반적인 의미에서 승수효과를 지니고 있다. 그래서 중요하고 전략적인 의미를 갖는다. 하지만 GDP에 대한 직접적인 기여도를 유일한 지표로 본다면 농축산업의 중요성을 잘못 보게 된다. 2007년도의 경우 GDP 기여도는 겨우 3.8%에 머물렀다. 농축산업의 하락 이전에 GDP에 대한 직접적인 기여도는 7~8% 수준이었다.

많은 중요한 산업들 ― 설탕과 부산물, 요식업, 담배, 음료, 증류주, 피혁업, 로프, 목재 등등 ― 은 농축산업이 제공하는 1차산품에 전체 또는 부분적으로 의존한다. 이 산업들은 GDP의 6.4%를 차지한다. 농산물의 수송과 유통, 또는 가공업은 GDP의 약 10%를 차지한다. 농축산업이 정체되었거나 비중이 줄었다고 하지만 결국 GDP의 약 20%가 직간접적으로 여기에 의존한다.

농축산업이 경제 전반에 미치는 승수효과는 생산 체인 속에서 전후방의 연계 또는 파급효과(spill over)를 통해 표현된다. 만약 농축산 부문이 이런 효과를 내지 못하고 기대한 결과를 낳지 못했을 경우라도 상품 체인은 중요한 기여를 하는데, 비우호적 승수효과를 통해서 결점들을 약화시킬 수 있다.

근년에 식량 수입이 증가하고 있다. 2007년에는 16억 달러나 되어 총수입의 18%나 차지했다. 2008년에는 19억~20억 달러를 맴돌 것으로 추산된다. 국제시장가격이 고가인지라 농축산업 부문의 활성화정책을 이용한다면 수입의 상당한 부분이 국내에서 생산될 수도 있을 것이다.

식량 수입의 필요성이 증가한다는 것은 식량 관점에서 보면 쿠바

<표 2-1> 경제활동별 국내총생산

(단위: 1997년 가격 대비 %)

구분	2003	2006	2007
총계	100.0	100.0	100.0
재화	8.4	16.4	17.0
농업	6.8	3.2	3.8
어업	-	0.3	0.3
광업	1.6	0.7	0.6
제당업	-	0.4	0.4
제조업	16.5	11.8	11.9
기초 서비스	17.9	16.3	15.3
기타 서비스	57.2	67.3	67.7
상업	-	19.7	18.1
교육	-	12.0	12.0
공중보건	-	15.0	17.0
문화 및 스포츠	-	3.9	4.1
공공행정 및 사회복지	-	3.3	3.3

자료: ONE. 쿠바통계연보(2003, 2006, 2007).

경제의 취약성이 강화되고, 식량 종속의 상황이 공고화된다는 것을 말
한다. <표 2-2>는 식량의 대외종속도를 보여준다. 국내 충당분은 쿠바
인 소비 총칼로리의 42%, 총단백질의 38% 정도밖에 되지 않는다. 동물
성 단백질의 경우 57%가 국내 생산분이고, 식물성 단백질의 경우 겨우
29%에 불과하다.

농축산업이 외화 벌이에서 차지하는 위치는 <표 2-3>에서 볼 수 있다.
총수출에서 차지하는 비중이 확 줄었다. 1991년에 외환 수입의 83%를
차지했지만, 2006년에 이르러 겨우 17%에 머물렀다. 특히 가장 좋던
시절에 총수출 가치의 77%에 달했던 설탕과 부산물 수출의 비중이
2006년에 이르면 겨우 8%에 불과했다. 2006년에 니켈은 높은 가격에

〈표 2-2〉 매일 섭취되는 영양소의 수입비율

(단위: %)

영양소	1950	1975	1980	1985	2005
칼로리	47	56	53	53	58
단백질	53	64	61	59	62
동물성	-	35	31	35	43
식물성	-	65	69	65	71

자료: M. Marcos. 1987. "Algunos aspectos de las condiciones de vida del cubana antes del triunfo de la Revolución(1959)." en *Demanda Interna* No. 2 ; ONE. varios años. *Anuario estadístico de cuba.*; A. Nova. 2006. *La agricultura en Cuba: evolución y tryectoria*(1959~2005), La Habana: Ciencias Sociales.

〈표 2-3〉 농업수출과 점유율

(단위: 100만 달러)

년도	총수출	농업수출	%	년도	총수출	농업수출	%
1991	2,979.5	2,486.4	83	1999	1,495.8	710.9	48
1992	1,779.4	1,365.7	77	2000	1,675.3	659.6	39
1993	1,156.6	860.3	74	2001	1,621.9	797.9	49
1994	1,330.8	871.7	66	2002	1,421.7	618.3	43
1995	1,491.6	861.2	58	2003	1,671.6	545.5	33
1996	1,865.5	1,124.3	60	2004	2,188.0	521.1	24
1997	1,819.1	1,053.3	58	2005	1,994.6	390.1	20
1998	1,512.2	849.7	56	2006	2,759.4	472.7	17

자료: ONE. 쿠바통계연보(각 년도).

힘입어 총수출의 48%를 차지하게 되었다.

농축산업이 고용에 차지하는 비중은 크다. 경제활동인구의 21%가 이 산업에서 일한다. 관련 산업을 염두에 둔다면, 그 비중은 더욱 늘어날 것이다. 이미 상당히 많은 산업들이 농축산업이 생산하는 1차산품의 시황에 의존하기 때문이다. 합산하면 약 400만 쿠바인들이 농축산업 활동에 종사하는 셈이다.

농축산업의 수요처로서 다양한 산업이 연계되어 있다. 기계업(기계, 장치, 장비), 경공업(의류, 신발류), 화학(농화학, 타이어, 배터리, 연료) 등이 바로 그것이다.

에너지 관점에서 본다면, 사탕수수산업의 경우처럼 농축산업은 재생 가능한 비오염 에너지를 창출한다. 사탕수수 바이오매스는 전력 에너지를 만들어내고, 바이오연료와 바이오가스는 경제적·사회적 이득을 줄 뿐 아니라, 토양에도 도움이 된다. 바이오에너지 산업은 에너지 측면에서 볼 때 자기지속성이 높고, 이득도 낼 수 있으며, 가스 배출과 해소에 긍정적인 균형을 유지하게 한다. 사탕수수 플랜테이션은 온실효과와 지구 온난화의 주범인 이산화탄소를 흡수하고, 산소를 방출한다. 사탕수수 1헥타르는 1년에 이산화탄소 60톤을 흡수하고, 순수 산소 40톤을 생산하는데, 이를 보통 '숲 효과'라고 한다.

2. 1990년대의 경제적 변동

1993~1994년 사이에 협동생산 기본단위(UBPC)가 만들어지면서 농업 부문의 생산관계 변화과정이 시작되었지만, 아직도 여전히 국영기업 중심의 구조가 유지되고 있다. 이 과정은 협동농장에 생산수단을 매각하면서 시작되었다. 단, 토지의 매각은 없었다. 협동농장은 토지 사용 기간에 대한 제한 없이 그에 대한 용익권을 넘겨받았다. 1994년 10월에는 농축산물 자유시장을 재개방한다는 발표가 있었다.

과거 20년간 성공적으로 작동해온 농축산생산 협동농장(Cooperativas de Produccion Agropecuaria: CPA)의 긍정적인 실험과 경과가 바로 협동생산 기본단위(UBPC)의 전망과 건설을 위한 모본이 되었다. CPA 그리고 신용서비스 협동조합(Cooperativas de Creditos y Servicios: CCS)과 결합한 UBPC의 설립으로 말미암아 농축산업 부문에는 협동농장주의(cooperativismo)가 주된 발전노선으로 자리 잡았다. 임대 이외에도 토지의 이용에 큰 변화가 있었다. 1989년에 총경작지의 82%를 국영기업이 통제했는데 2005년에는 그 비율이 58%로 줄었다(<표 2-4> 참조).

반복해서 지적되었듯이 UBPC의 설립으로 말미암아 농업노동자들은 하룻밤 사이에 협동농장원으로 변신했다. 그것도 극심한 경제난[1]과 심각한 위기 상황 속에서 말이다. 그들은 생산수단을 취득하느라 상당한 경제적 빚을 지게 되었는데, 이를 일정한 기한 내에 변제해야만 했다(실제로는 만기가 연장되었고 일부는 탕감되었다).

UBPC의 난관은 처음부터 계속 남아 있었다. 시작된 지 15년이 흘렀지만 또 다른 문제점들이 생기기도 했다. 첫째, 생산물을 국영기업 아코피오(Acopio)에 팔아야 하는 비중이 높다. 기본 생산량[2]의 70%를 팔아야 하고 기본생산량으로 잡히지 않은 다른 모든 생산물 중 일부도 여기에 팔아야만 한다. 아코피오가 지불하는 가격은 농축산물 자유시장의 가격보다 매우 낮을 뿐 아니라 생산하는 데 들어간 비용조차 전부 감당하지 못한다.[3] 축산업 협동농장의 경우 기본 생산량(우유, 고기)의 일부조차 자유시장에 내다 팔 수 없다. 쌀, 시트론, 감자 생산자들도 모두 마찬가지이다.

---

1) 다음을 보시오. A. Nova, "Las nuevas relaciones de producción en la agricultura," en Cuba: Investigación Económica, No. 1, 1-3/1998, INIE.

2) A. García, "Mercado agropecuario: evolución actual y perspectiva" en Cuba: Investigación Económica, No. 3-4, 7-12/1997, INIE, p. 116.

3) R. Villegas, "Las UBPC como forma de realización de la propiedad social en la agricultura cubana," resumen, Universidad de Granma, mayo de 1999, p. 11.

〈표 2-4〉 농업 부문 개혁 전후의 토지 소유와 사용

(단위: 1,000헥타르)

| | 1989 | | 2005 | | | | | |
| | 총계 | | 총계 | | 총재배지 | | 총재배농지 | |
	면적	%	면적	%	면적	%	면적	%
총계	11,016	100	10,988	100	6,597.1	100	3,222.7	100
국유지	9,065	82	6,391.8	58	2,658.6	40	909.4	28
사유지	1,951	18	4,596.8	42	3,938.5	60	2,313.3	37
UBPC	-	-	2,551.2	24	2,177.2	33	1,182.3	37
카네라			1,335.8				810.1	
커피			134.7				29.8	
바나나			105.5				26.2	
과일			168.2				51.7	
쌀			201.3				54.3	
다른 작물			795.0				128.1	
담배			66.4				2.2	
CPA	868	8	700.6	6	593.1	9	344.7	11
카네라	235						201.9	
비(非)카네라	633							
커피							18.6	
바나나							12.0	
과일							12.5	
쌀							14.2	
다른 작물							64.9	
담배							8.8	
CCS	833	7	914.6	8	794.3	12	534.6	16
농부	250	3	431.4	4	373.9	6	251.7	8

자료: ONE. 1997, septiembre. "Estadisticas agropecuarias 1996." La Habana; ONE. 1991. *Anuario estadistico de Cuba 1989*, La Habana.

또 다른 문제점은 협동농장(UBPC)이 생산해야 할 품목, 물량, 그리고 판매처가 미리 정해져 있다는 사실이다. UBPC들을 관장하는 기업은

모든 의사결정(무엇을 생산할까, 누구에게 판매할까, 어떤 부자재를 받을 것인가, 어떤 투자가 이루어질 것인가)의 방향을 정하고, 결정하며 또 집중시킨다. 협동농장이 획득할 자원도 중앙에서 할당한다. 이는 곧 생산자가 쓸 부자재나 장비를 구입할 시장이 없다는 것을 의미한다. 이 외에도 협동농장 회계의 내부적 어려움이나 조합원의 안정성 문제도 지적할 수 있다.

결국 협동농장에 필요한 자율성은 부족한 셈이다. 많은 농장의 경우 이윤을 창출하지 못하는데, 이는 곧 이윤 분배를 어렵게 한다. 그래서 협동농장은 그렇게 매력적인 제도가 되지 못했다.

농축산물 자유시장에서 식품의 유통도 어렵기는 마찬가지이다. 과점적인 형태로 작동하기 때문이다. 국내유통부(Ministerio de Comercio Interior: Micin)가 관장하는 시장은 '자유수급시장'으로 알려져 있다. 생산자는 수급 상황에 따라서 형성되는 가격에 생산물을 직접 판매한다. 하지만 국내유통부가 관장하는 시장을 무시하고, '상한가 국가시장'이 점차 발전했다. 여기서는 국가가 정한 상한가격이 작동하는데, 자유수급시장 가격보다 낮게 공급하면서 공급품의 질, 품목, 체계성은 관리하지 않는다.

요컨대 농축산물 시장은 국가가 공급물량을 조달하듯이 거의 독점적 방식으로 작동한다. 이는 육류시장이나 농산물시장이나 마찬가지이다. 가격이 통제된 시장에서 UBPC, CPA, CCS 그리고 개인의 직접적인 참여는 갈수록 시들해진다. 성격상 거의 완전한 경쟁조건에서 작동해야 할 식량시장의 경우도 실제로는 불완전 경쟁시장으로 작동하고 있다.

<표 2-5> 2004~2007 식물성 식량 생산량

(단위: 1,000킨탈[1])

품목	2004	2005	2006	2007	07/06
구근과 뿌리 작물	31,738.4	26,559.0	23,817.5	24,283.5	101.9
감자	7,113.5	6,738.2	6,143	2,967.5	48.3
고구마	10,567.8	7,168.1	-	-	
말랑가	5,304.5	3,940.9	-	-	
바나나	18,023.3	12,657.0	14,339.5	18,083.2	126.1
과일	6,735.3	5,474.1	5,584.4	5,837.1	104.5
비안다	11,288.0	7,182.9	8,755.1	12,246.1	139.8
채소	53,677.3	42,926.2	37,963.0	36,729.7	96.7
토마토	10,442.6	9,193.7	8,442.5	7,522.0	89.0
후추	1,202.0	1,053.1	901.0	873.9	96.9
양파	1,902.3	1,850.5	1,623.7	1,580.4	97.3
고추	712.6	682.5	487.1	484.8	99.5
쌀(축축한 껍질)	10,628.6[2]	7,991.6[2]	9,439.5[2]	9,400.0[3]	99.5
옥수수	6,537.8	5,344.5	5,085.4	5,774.1	113.5
콩	1,722.7	1,295.3	974.0	1,191.3	122.3
시트러스	17,428.9	8,683.5	7,306.5	10,102.5	138.2
과수	10.659.0	8,683.5	8,488.0	8,715.5	102.6

주: 1) 1킨탈 = 46kg.
2) 자료는 ONE. *Anuario estadístico de Cuba* 2004, 2006 참고.
3) 자료는 ONE. *Principales indicadores agropecuarios* 2007 참고.
자료: ONE. 2004, 2005, 2006, 2007. *Principales indicadores del sector agropecuario, Anuario estadístico de Cuba.*

3. 최근의 농축산물 생산

2007년에 전년 대비 조금 증가한 기록이 있다. 하지만 2000년 이래 농업생산은 계속 내리막길을 기록했다(<표 2-5> 참조). 2007년에서 구근

〈표 2-6〉 2000~2007년 목축업 생산과 생산지표

구분		2000	2001	2002	2003	2004	2005	2006	2007	07/06
소	도살 (1,000두)	491.6	478.3	460.7	371.8	388.6	466.2	360.6	339.6	94.1
	무게 (1,000톤)	145.5	141.8	131.7	112.1	107.7	118.4	111.3	109.5	98.3
	평균 체중 (kg)	296.1	296.5	285.8	301.6	277.2	254.0	308.5	322.3	104.4
	우유생산 (백만 리터)	422.8	436.2	400.7	429.4	362.4	322.7	371.7	411.3	110.6
	젖소 (1,000두)	368.4	369.8	364.6	360.3	325.2	274.2	317.6	318.2	100.1
	일일우유생산 (백만 리터)	3.14	3.23	3.01	3.26	3.05	3.22	3.20	3.5	109.3
	가축 수 (1,000두)	4,110.2	4,038.5	3,973.7	4,025.3	3,942.6	3,703.6	3,737.1	3,787.4	101.3
돼지	도살 (1,000두)	1,100.9	985.8	963.5	1,098.8	1,097.7	1,161.8	1,463.8	2,134.5	145.1
	평균 무게 (톤)	73.1	58.9	68.5	75.4	73.8	86.3	119.1	181.9	152.7
	평균 체중 (kg)	66.4	59.8	71.1	68.6	67.2	74.3	81.4	85.2	104.6
	가축 수 (1,000두)	1,221.8	1,307.2	1,351.8	1,335.6	1,245.3	1,293.3	1,410.2	1,502.1	106.5
가금류	달걀 생산 (백만 개)	1,337.6	1,177.6	1,365.6	1,464.4	1,405.2	1,727.1	1,913.2	1,983.7	103.6
	부화되는 암컷 수(백만 마리)	1,152.7	982.7	1,157.2	1,262.5	1,186.3	1,494.6	1,718.8	1,760.9	102.4
	암컷 수 (천 마리)	5,145.9	4,790.3	4,198.7	4,586.5	4,490.3	5,711.7	7,042.8	7,315.9	103.8
	1마리당 연간 생산 달걀 수	224	205.1	275.6	275.3	264.2	261.7	244.1	240.7	98.6
	달걀 10개 생산에 필요한 사료(kg)	1.8	1.9	1.5	1.4	1.5	1.5	1.6	1.6	100.0
	육류 생산 (톤)	27.2	26.5	12.9	9.5	10.1	8.6	9.3	12.0	129.0
염소류	육류생산 (톤)	5,508	6,143	6,847	7,301	7,783	7,781	8,042	8,897	110.6
	도살 (1.000두)	209.4	241.7	248.6	264.6	284.6	291.6	301.2	320.0	106.2
	평균 체중 (kg)	26.3	25.4	27.5	27.5	27.3	26.6	26.6	27.8	104.5

자료: ONE. 2000~2007. *Principales indicadores del sector agropecuario.*

과 뿌리 작물(감자 생산은 크게 줄었지만), 바나나, 옥수수, 콩, 시트러스, 과일 등과 같은 작물에서 생산이 회복되었다. 반면에 감자, 채소 생산은 줄었고, 쌀 생산은 안정적이었다. 비교의 시점에서 볼 때 분석기간 (2004~2006년) 가운데 2006년은 모든 품목에서(바나나 제외) 가장 낮은 준거점을 기록한다. 축산 생산의 경우 도축한 육우 머릿수가 줄었음을 알 수 있다. <표 2-6>에서 보듯이 가축의 평균 몸무게가 증가했지만 줄어든 고기의 총생산량을 메우지는 못했다. 우유의 재고는 증가했는 데, 이는 우윳값이 오르고, 우유를 짜는 육우 숫자가 조금 증가했기 때문이다. 이로 인해 우유 리터당 소득도 개선되었다.

양돈 농장의 경우 전년도에 비해 모든 지표가 호조를 보였다. 양돈의 경우 국가 부문이 중요한 생산자인데, 총생산량의 86%를 차지한다. 양계 농장의 경우 계란과 닭고기 생산이 증가했으나 효율성 지표로 활용되는 양계 마리당 계란 수는 줄었다. 계란당 사료소비량도 조금 줄었는데, 2006년 대비로 개선되지 않았다. 2006년에 20억 개, 2007년 에 23억 개 계란을 생산하겠다던 목표는 달성되지 못했다.

4. 필요한 변화

최근 쿠바 당국은 생산자들이 이용할 원부자재 시장을 만들려는 초기 적 조치들을 취했다. 이를 위해 생산자들이 이용할 수 있는 생산용 원부자재 판매상점을 연 것이다. 이와 유사하게 지방관청에 의사결정권 을 넘겨줄 적절한 조치도 함께 취했다. 이를 위해서는 시군 농축산기업 을 설치하고자 한다.

그러나 이와 같은 조치를 넘어서 농축산업은 중대한 개혁과 변혁을 요구하고 있다. 첫째, 1990년대 초에 시작된 변화를 지속하고 심화시켜야 하며, 농축산업 부문의 생산력 발전을 제고할 새로운 조치들을 취해야만 한다. 예컨대 원부자재 시장은 기계, 장치, 장비, 관개설비, 서비스 등으로 확산되어야 한다. 생산 주기의 효율적인 순환과 확대 재생산의 발전을 위해서는 필요한 조치다.

다른 한편, 토대와 상부구조에서 제도를 줄이고 구조를 단순화시킬 필요가 있다. 그래야 생산단위나 기업이 필요한 자율성을 확보할 수 있다. 식량 생산에 관여하는 부처가 네 곳, 즉 농업부, 설탕부, 식량부, 수산부가 있는데, 각 부마다 생산단위까지 내려가는 조직구조를 지니고 있다. 이 모든 것을 단순화시켜 재구조화해야만 한다.

지방행정구역(시군)은 식량생산과 해결책 모색에 결정적으로 중요한 심급이다. 현재의 구조는 시군 수준까지 하향적으로 조직되어 있지만, 시군 생산자들 사이의 수평적 관계는 전혀 존재하지 않는다. 농축산업 부문에 요구되는 분권화 과정의 일부로서 상이한 지방단위에 존재하는 생산단위들(UBPC, CPA, CCS, 개인 부문, 국영기업)이 자신이 제도적으로 묶인 상이한 조직구조와 독자적으로 서로 폭넓게 수평적인 관계를 맺는 것이 중요할 것이다. 그래야만 상부의 결정을 기다리지 않고 경제적·기술적·재정적·행정관리적 문제를 해결할 수 있다. 여기서 제안한 수평적 관계를 발전시키려면 생산자들이 시군 내의 해결 메커니즘을 담당할 결사체를 만드는 게 좋을 것이다.

농축산업 생산 시스템을 구성하는 단위들은 어떻게 생산요소들을 효율적으로 결합할 것인가 자원들은 어떻게 구할 것인가 최종 생산물은 무엇이고 이로 인해 창출되는 경제적 이득은 무엇인지를 결정할 수 있도록 충분한 자율성이 보장되어야 한다. 다른 말로 하면 '주인의식'을 가시화해야만 한다. 이를 위해서는 무엇보다 용익권을 둘러싼 모호한 해석 문제를 해결해야만 한다. 그래야만 소유(pertenencia) 개념과 소유권과 분리되어 있는 집단 생산자나 개인 생산자들의 불확실성을 제거할 수 있다. 이 문제를 해결하고자 한다면 임대계약을 맺어야 한다. 임대계약에는 임대인과 임차인의 권리와 의무가 명시되어 있어야 한다. 이는 계약을 법적 소유와 경제적 소유 개념으로 규정함을 의미한다.

생산자들이 시장에 접근하는 것도 활성화할 필요가 있다. 이는 국가 상점 조직과의 판매계약이 필수품목에만 제한되어야 함을 의미한다. 생산물의 대부분은 자유수급시장에서 판매되어야 한다. 생산자들은 개인이건, 집단이건 판매자여야 하고, 유통망도 단순화시켜 유통비용을 줄여야 한다. 그래야 생산된 가치의 많은 부분이 생산자들에게 돌아가고, 생산 증가에 필수적인 자극제로 기능할 것이다. 농축산업 부문에 대한 외국인투자도 증가되어야 한다. 특히 생산 감소가 극심한 부문이나 내수용 식량 생산을 증가시킬 수 있고, 수입을 대체할 수 있으며, 재생 가능한 에너지원을 만들고, 수출을 증가시킬 수 있는 분야에 외국인투자가 필요하다.

이런 구조 속에서 국가는 시장에 순응하는 행위자 이상이 되어야 한다. 수급의 균형을 추구하고, 소비자 이익을 보장하며 가격상승을 조절하는 규제자로서 국가는 늘 적절한 틀이 작동하는지 감시해야 한다. 계획은 규제자 역할을 수행하는 것인데, 거시경제의 적절한 비중과 지역적 균형을 추구하고 생산 주기의 성공적 순환을 촉진시켜야 한다.

마지막으로 농축산업을 구성하는 다양한 부문에 하나의 환율(쿠바페소 - 태환페소)을 적용할 필요가 있다. 하나의 환율로 통합되어야 생산자들이 쉽게 원부자재와 여타 생산수단을 구입할 수 있고, 생산 사이클의 순환에도 도움이 될 것이다. 그렇게 되면 통화 통합을 위한 중요한 일보를 내딛게 될 것이다.

참고문헌

Oficina Nacional de Estadísticas(ONE). 2000, 2006 y 2007. *Anuario estadístico de Cuba*. La Habana: ONE.

_____. 2003~2005. *Consumo de alimentos*. La Habana.

_____. 2004, 2005, 2006 y mayo de 2007. *Principales indicadores del sector agropecuario*. La Habana: ONE.

제3장

통화 이중성의 갈림길

파벨 비달 알레한드로 _김기현 옮김

쿠바에서 운영되고 있는 통화의 이중성은 1990년대 경제위기의 결과이다. 그때 쿠바페
소는 소멸되지 않은 채 달러가 도입되었다. 달러는 후에 태환페소로 대체되었다. 현재
학계에서나 정부에서는 이러한 시스템이 일련의 경제 왜곡과 부정적 결과를 가져오기
때문에 폐지되어야 한다는 데 대해 충분히 광범위한 합의가 존재한다. 이 글은 이를
위해 가능한 길을 제시한다. 그러나 단일 통화의 실제적 이익 효과에 대해서 너무 과도한
기대는 자제해야 할 필요성에 대해 또한 경고한다. 그것은 비록 중요할 수는 있지만,
그것 자체로 소득분배를 개선할 수는 없다. 왜냐하면 소득분배는 통화의 문제가 아니라
쿠바 경제의 낮은 생산성과 효율성 부족에서 기인하는 구조적 문제이기 때문이다.

파벨 비달 알레한드로 Pavel Vidal Alejandro 통화정책국의 분석가로 일했다.
쿠바중앙은행의 계량경제 모델 그룹의 팀장이었다. *Revista de la Cepal, Econo-*
*mía y Desarrollo, Revista del Banco Central de Cuba*와 같은 잡지에 논문을 발표했
다. 하바나에 있는 인터넷 언론 서비스(Internet Press Service)에 기고하고 있다.
현재 아바나 대학교 경제대학 계량경제와 거시경제학과의 교수이자, 쿠바경제
연구센터(Centro de Estudios de la Economía Cubana: CEEC)의 연구원이다.

* 이 글은 ≪Nueva Sociedad≫ 216호(2008년 7-8월)에 실린 글을 옮긴 것이다.

1. 서론

1990년대 초부터 쿠바 경제는 미국달러에 기반을 두고 기능하기 시작
했다. 달러 통용화가 부분적이었기 때문에 쿠바페소는 지불수단과 가치
보전과 같은 영역에서 지속적으로 많이 통용되었다. 따라서 달러 통용
화는 실제로는 통화의 이중성과 같은 의미가 되었다. 약 10년 후 정부는
초기에 당좌계정과 쿠바 국영기업 간의 거래에서 '탈달러화'를 시도했
고 후에 소매상점망과 국민의 수많은 저축 계좌에서 탈달러화를 시도하
는 총체적 처방을 적용했다.

만약 그때 미국달러가 쿠바페소에 의해 대체되었더라면 탈달러화는
통화의 이중성을 제거하는 의미가 있었을 것이다. 그러나 그러한 일은
일어나지 않았다. 2003년에서 2004년 사이 달러를 대체한 화폐는 태환
페소(CUC)였다. 이러한 형태로 현 상황에까지 도달했다. 현재 경제는
이미 달러화되어 있지는 않다. 그러나 통화의 이중성은 유지되고 있다.
두 개의 형태로 표시된 국내 통화가 똑같이 유통되고 있다.

이중 통화는 쿠바페소와 태환페소 간의 관계를 위한 두 개의 환율의
존재와 기업 부문에서 쿠바페소의 비태환성과 같은 환율 메커니즘의
왜곡을 야기했다. 그러한 측면들은 이중 화폐를 근절하기 위해 필요한
환율정책의 조건을 만든다는 시각을 가진 중앙은행에 의해 해결되어야
할 것이다. 이는 하나의 화폐를 가지려는 정부의 명백한 목표에 도달하
기 위한 길이다. 하나의 화폐는 지금까지 제안된 바에 의하면 쿠바페소
가 될 것이다. 따라서 태환페소는 언젠가 더 이상 존재하지 않게 된다는
것을 의미한다.

화폐의 이중성과 관련하여 국가화폐를 통합함으로써 얻게 되는 진정
한 이익과 그에 일치하지 않는 기대와 주관성이 국민들 사이에 형성되

어 있다. 일반적으로 통화의 이중성에 대한 분석은 소득의 불평등과 관련되는 경향이 있다. 그러나 소득분배의 문제는 통화의 문제가 아니라 구조적 문제이다. 그것은 기본적으로 전통적 국영기업에서의 낮은 생산성과 낮은 임금에 의해 결정된다. 따라서 정부는 통화 이중성을 제거하려는 어려운 도전뿐만 아니라 이러한 결정으로부터 도달할 수 있는 실질적 결과에 대한 기대까지도 정리해야 하는 도전에 직면한다.

2. 달러 통용화

1990년대 쿠바에 달러가 도입된 것은 당시 경제적 위기, 그를 직면하기 위한 정책, 그리고 위기와 관련된 재정적·통화적 불균형의 결과였다. 잘 알려진 대로 위기는 유럽 사회주의 국가들의 소멸로 인해 발생했고, 미국 정부의 경제적 제재와 쿠바의 중앙집중화된 경제체제에 의해 더욱 심화되었다.

위기는 1990년에서 1994년 사이 GDP를 34.8%나 축소시켰다. 국가와 거의 모든 기업들의 예산은 수익의 급격한 감소의 영향을 받았다. 그럼에도 불구하고 교육과 보건에서의 지출은 유지되었고, 대량 실업을 피하기 위해 기업의 손실을 메워주는 보조금은 증가했다. 이런 모든 것이 높은 재정적자를 야기했다. 1990년부터 1993년까지 재정적자는 평균 24.9%였다.

쿠바가 국제 금융시장에 접근할 능력이 제한되어 있고, 또 국내에 국채시장이 존재하지 않음을 고려할 때 이러한 재정적자는 중앙은행이 국가예산에 대출함으로써 충당될 수 있었다. 재정적자의 화폐화는 과도한 유동성의 문제와 동시에 비공식 시장에서의 초인플레이션을 야기했다. 이는 가격이 1991년 150%에서 1993년 200%로 상승한 것으로 드러난다. 암시장에서 위기 이전에 5페소로 교환되었던 달러는 100페소를 넘어섰다.

초기에 국내 화폐에 대한 신뢰의 상실은 국민들 간의 교환에서 달러화의 부분적 통용 과정을 자연스럽게 이끌었다. 차후에 정부는 경제의 일부분에서 달러 통용화를 허용했다. 미국달러로 표시된 은행계좌를 가질 가능성이 열렸고 국가기업에서 달러화 표시 소매판매가 시작되었으며 달러로 세금을 내는 기업의 수가 증가했고 좀 더 시간이 지나자 외국 화폐로 제공되는 은행신용이 확대되었다.

경제 일부분에서 달러 통용화는 회복의 동력으로서 기능하는 경제 부문에 쿠바페소보다 안정적인 화폐를 제공하기 위해 필요했다. 관광, 외국인 투자, 해외송금, 그 밖에 또 부각되는 부문들이 지불수단으로서 달러를 사용하기 시작했다. 이에 따라 경제의 나머지 영역에서 운영되는 불평등하고 불안정한 부문들은 소외되었다.

아마 국가예산을 매우 엄격하게 통제하고, 인플레이션에 대해 좀 더 관심을 가졌더라면 달러 통용화를 피할 수도 있었을 것이다. 그러나 이러한 길은 한편으로 높은 실업과 사회지출의 축소를 야기했을 것이다. 위기의 규모로 볼 때 수천 가구가 극빈 상태로 떨어져야 했을 것이다. 반면 위기에 따른 조정은 '인플레이션 세금'이라는 형태로 사회의 다수에게 나누어졌다. 그 시기 동안 명목상 임금은 동결되었다. 그러나 인플레이션은 실질임금의 가치를 80%나 하락시켰다. 인플레이션은 간접적으로 재원을 국가 임금노동자로부터 국가예산으로 이전시켰다. 재정적자를 보전하고, 실업을 피하고, 교육과 보건 부문에서 지출 감소를 막은 사람들은 결국 국가 노동자와 국가연금 수혜자들이었다.

따라서 달러 통용화는 처음에는 위기의 비대칭적 효과를 피하기 위한 것이었지만, 한편으로 대책 없이 인플레이션을 야기하고, 국내 화폐에 대한 신뢰를 상실시키고, 지불 수단으로서 또는 저축 수단으로서 국내 화폐의 기능을 붕괴하는 그러한 결과를 초래했다.

이후에도 통화의 이중성은 지속되었고, 경제적 규제 메커니즘의 역할을 하면서 기업의 경제적 공간으로 확대되었다. 달러 통용화가 허용된 기업들은 기업의 개선과 부분적으로 관련된 상대적 탈중앙집중화 과정과 더불어 자율성을 획득했다. 그리고 그를 통해 경영인들에게 더 많은 권한을 부여하고, 그의 내부적 기능을 변화시키고, 노동자들에게 더 많은 인센티브를 제공함으로써 국영기업을 변화시킬 수 있다고 생각했다. 그럼에도 중앙집중화는 결코 완전히 포기되지 않았고, 기업의 개선은 느리고 관료화되었다.

어떤 기업이 쿠바페소로 운영되고 또 어떤 기업이 달러로 운영될지를 결정하는 국가의 권한, 쿠바페소로 계속해서 움직이는 기업들에 중앙집권화된 국가에서의 달러의 할당 — 그런 환경에서 쿠바페소로 수익을 얻는 기업들은 외환시장에서 달러를 구입할 수 없다 — 환율의 이중성, 기업과 국민들 사이에, 또 각각 다른 화폐로 운영되는 기업 간에 결과적 분열 등과 같은 모든 요인들이 국가에 의한 경제의 규제와 자원의 할당을 위한 구실이 되었다. 즉, 달러 통용화는 위기로 인한 필요성에서 경제규제를 위한 메커니즘으로 나아갔다.

화폐의 이중성과 그의 금융적·외환적 파생 결과들은 총체적인 관련 법 규정이 거의 없이 지나치게 이질적인 규제와 결정들에 의해 일관성 없이 만들어진 경제정책들을 양산했다.

그 결과는 측정하거나 이해하기 어려운 계획이었다. 그렇지만 현재 화폐의 이중성이 이익보다 더 많은 왜곡을 야기한다는 사실이 인정되었다. 따라서 그의 제거를 위해 요구되는 변화를 수용할 필요가 있다는 점에 대해 정부의 다양한 기관들의 합의가 존재하는 것처럼 보인다.

3. 탈달러 통용화

2003년 7월부터 중앙은행은 경제의 탈달러 통용화를 추구하고 나아가 달러를 태환페소로 발전적으로 대체하는 일련의 조치들을 채택했다. 정부조치 65조에 따르면 2003년 7월부터 신용이나 금융을 포함한 쿠바 기관들 사이에 거래를 표시하거나 집행하기 위한 유일한 지불수단으로 태환페소를 사용한다고 규정하고 있다. 이 기관들이 보유하고 있는 달러나 다른 외화로 표시된 모든 계좌는 1달러당 1페소의 환율로 태환페소로 교환된다. 앞서 외국 화폐로 받은 수익들은 그 계좌로 예금되는 순간 은행에서 자동적으로 태환페소로 교환되었다. 이 외에도 기업 부문에서 달러와 다른 외환의 태환페소와의 매매를 위한 환전통제체제가 설립되었다. 이런 처방을 통해 태환페소 계좌로 운영되지만, 무역거래의 지불과 채무의 결산을 위해서 외환이 필요한 쿠바의 기관들은 외환을 구매하기 위해 중앙은행에 허가를 요청해야 한다. 그로 인해 외화허가위원회(Comité de Aprobación de Divisas: CAD)가 설립되었다.

정부조치 80조에 따르면 중앙은행은 2004년 11월 8일부터 달러 현금으로 운영되는 모든 기관들이 모든 국내 거래를 위해 태환페소만을 받을 수 있다고 규정했다. 전에는 달러로 거래되던 자국민이나 외국인에 대한 서비스의 지불이 태환페소로 이루어지기 시작했다. 가격들이 1달러당 1태환페소의 유효환율로 계산되어 변경되었다.

게다가 2004년 11월 14일부터 달러 현금을 태환페소나 쿠바페소로 교환하는 데 10%의 세금이 부과되었다. 즉, 1태환페소를 구입하기 위해

서는 1.10달러가 필요했다. 11월 13일 전에 개설된 은행계좌들의 잔고
는 그러한 세금의 영향을 받지 않았다. 따라서 달러 현금을 가지고
있던 사람들은 은행계좌에 입금할 시간이 있었다. 그러나 그날 이후로
그 계좌들은 달러 현금의 입금을 받아들이지 않았다. 그리고 고객들이
태환페소로 인출하거나 달러 현금으로 인출할 때 10%의 세금이 부과되
었다.

중앙은행 통화정책 위원회의 13조 협정에 의하면 2005년 3월 18일부
터 환율은 매입 시 1달러나 1태환페소당 24쿠바페소, 매도 시 25쿠바페
소로 고정되었다. 그것은 쿠바페소를 7.5% 평가절상한 것이다. 동시에
"국내 화폐의 진보적, 전진적, 신중한 평가절상을 위한 적절한 조건들이
만들어질 것이다"라고 발표했다.

최종적으로 중앙은행 통화정책위원회의 15조 협정에 따라 달러와
다른 외환 대 쿠바 태환페소의 환율도 2005년 4월 9일부터 8% 평가절상
되었다. 은행에 있는 달러 계좌는 그러한 조치의 영향을 받지 않았다.
대신 국민들이 새로운 조건에 따라 자신들의 통화 잔고를 재구성할
수 있는 기간이 부여되었다.

실제로 탈달러 통용화는 정책의 끝이 아니었다. 오히려 그것은 그로
인해 제기된 다른 목표들을 획득하기 위한 수단이었다. 그에 따른 정부
조치 65조의 첫 번째 처방은 기업 간의 거래가 태환페소로 실현되어야
한다고 규정했다. 그리고 외환으로 표시된 금융자산에 대해 좀 더 큰
통제를 제안했다. 이러한 조치는 정부가 상대적 탈중앙집중화와 국영기
업들에 대한 더 큰 자율권을 부여하는 중요한 순간에 결정되었다. 따라
서 그것은 중앙집중화 과정으로 다시 후퇴하는 전환점으로 인식되었
다.[1]

65조의 다음 처방은 쿠바 국내에서 자국민이나 외국인들에 의해 실현

되는 모든 거래에서 달러의 사용을 태환폐소로 대체하는 것이었다. 그것은 쿠바가 달러 현금 자산을 사용하는 것을 막기 위해 미국이 채택한 처방들에 대한 대응이었다. 쿠바는 자국민이나 관광객들이 자국 시장에서 지출한 달러현금을 외국은행에 예금할 수 없는 위험에 직면했다. 이러한 처방은 스위스 은행연합이 쿠바와 '다른 적대국'의 달러 예금을 받아들인 데 대해 미국 재무성으로부터 1억 달러의 벌금을 부과받고 나서 몇 달 후에 발표되었다.

이러한 처방에 따라 모든 재화와 서비스 교역이 달러에서 태환폐소로 이전됨에 따라 자국민이나 관광객들은 쿠바 내에서 소비를 위해 해외로부터의 수익금을 쿠바페소나 태환폐소 둘 중 하나로 교환해야 한다. 달러 현금의 경우 10%의 세금을 지불해야 한다. 그로 인해 달러 현금을 가지고 왔던 사람들은 세금을 피하기 위해서 그것을 은행계좌를 통해 받든지, 아니면 다른 외화로 가지고 와야 했다. 그 처방 이전에 해외로부터 현금 유입의 80%가 달러였다면, 처방 1년 후에는 30%로 감소했다. 대신 유로화의 유입이 특히 증가했다.

법적으로 달러 소유를 처벌하기 시작함에 따라 쿠바인들은 은행에 달러계좌를 가지거나, 현금을 자기 수중에 보관했다. 이는 아마 화폐

---

1) 65조에 이어 2005년 92조는 출자금, 세금, 징수액, 혹은 다른 명목으로 얻은 모든 태환폐소 수익은 '국가 외환 수익 단일계좌'라는 이름으로 중앙은행 계좌에 예금되어야 한다고 규정했다. 그런 방식으로 이러한 재원의 할당을 중앙에서 통제하고자 시도했다. 게다가 외화허가위원회가 다양한 기관들의 태환폐소 거래를 허용하거나 어떤 거래라도 거부할 수 있는 권한을 가진다고 규정했다. 그러한 거래의 허가는 지불 시점이 아닌 계약 전에 이루어진다. 쿠바 은행들은 쿠바기관들의 태환폐소나 외화로 된 어떤 거래도 이 위원회에 의해 사전에 허가되지 않은 것은 처리할 수 없다.

대체에 반드시 따르는 위험을 극복하게 하는 결정적 요인이었다. 달러 현금 유입을 억제하기 위해 의지했던 도구는 금지가 아니라 가격, 즉 이 경우에 세금이었다. 국민들은 그들의 선호도나 위험 인식 수준에 따라 다양한 선택을 하는 것이 가능했다.

80조가 발표되고 4개월 뒤 통화정책위원회(Comité de Política Monetaria)의 13조 협정은 3년 이상 지속되었던 고정 환율을 깨고 외환시장(Cadeca)에서 쿠바페소의 환율을 평가절상했다. 그리고 처음으로 미래의 방향에 대한 정보가 주어졌다. 이번 경우 그 방향은 쿠바페소 가치의 상승이었다. 계속해서 15조 협정은 태환페소의 평가절상을 실현했다. 이러한 처방은 기존의 은행예금들에 영향을 미치지 않았고, 화폐가치의 변동을 사전에 공지함으로써 사람들이 그들의 통화 자산을 조정할 수 있는 시간을 주었다는 점에서 특징이 있다. 13조와 15조 협정의 기본적 목표는 국민들 사이에 부를 쿠바페소에 우호적으로 재분배하는 것이었다.

따라서 국내화폐로 표시된 것들의 평가절상과 협정의 특별한 특징, 그리고 그에 따른 기대는 달러 저축을 태환페소나 쿠바페소로 전환하게 했다. 이런 방식을 통해 80조와 함께 시작된 움직임이 더욱 확대되었다. 탈달러 통용화는 국민들의 은행계좌에까지 영향을 미쳤다. 그에 따라 달러는 가치보전의 기능에서도 다른 수단에 의해 대체되었다.

결과적으로 그러한 통화정책 이후 12개월이 지나자 국민들의 달러 은행계좌는 57%나 감소했다. 한편 태환페소 계좌는 3배 이상 증가했고, 쿠바페소 예금도 35%나 늘어났다. 따라서 오늘날 65조에 따른 태환페소로의 이전에서 배제된 외국인 기관이나 대리점들 외에 합작기업이나 100% 외국인 자본기업의 당좌계정, 그리고 자국민들의 보통예금과 정기예금의 일부분만이 미국달러로 남아 있을 뿐이다.

이러한 목표 외에 그 정책들은 또 다른 긍정적 결과들을 가져왔다.

외환보유고가 증가했고, 중앙은행이 금융시스템의 최종 대부자로서 역할을 수행할 가능성이 커졌고, 통화 공급에 최선의 계량화와 통제가 이루어졌다. 일반적으로 통화정책이 자율권을 획득했다.

탈달러 통용화로 이끈 처방의 가장 큰 비용 중 하나는 달러에 대한 태환페소의 평가절상인 것으로 보인다. 8% 평가절상은 달러로 지불되는 쿠바에서의 비용을 자연적으로 증가시켰고, 그것은 다른 요인들과 함께 국제관광수요에 부정적 영향을 미쳤다. 2006년과 2007년 쿠바에 관광객의 유입이 감소했다.

그러나 쿠바의 탈달러 통용화는 통화 안정에서의 진전을 분석하지 않고서는 이해될 수 없다. 최근 몇 년간 경제정책에서 얻은 가장 큰 수확 중 하나는 재정적·통화적 안정을 회복하고 유지해왔다는 점이다. 그것이 정부가 미국달러를 태환페소로, 그리고 규모는 적지만 쿠바페소로 대체할 수 있는 조건을 창출했다. 통화안정이 쿠바페소에 대한 신뢰를 다시 가져왔고, 태환페소와 같은 새로운 화폐에 대한 안전을 확보해주었다.

<표 3-1>에 요약된 다양한 거시적 변수들의 발전을 분석해보면 1994년부터 인플레이션이 통제되고, 재정적자가 감소하고, 화폐량(M2A 통화지표)의 증가가 통제되기 시작했음이 명백하다. 공식 외환시장에서 쿠바페소의 환율은 평가절상되었고, 후에 안정적으로 유지되었다. 태환페소 또한 안정적으로 유지되었다. 그를 위해 초기에 설립된 통화위원회 체제가 필수적이었다. 즉, 유통되는 1태환페소당 1달러가 중앙은행에 유치되었다. 이미 지적된 것처럼 태환페소의 환율은 8% 평가절상될 때까지 1달러당 1태환페소에 고정되었다.

이러한 안정적 기반에서 경제는 하락을 멈추었고 성장을 회복하기 시작했다. 또 성장은 최근에 더욱 가속화되었다. GDP의 이러한 확대는

〈표 3-1〉 쿠바: 거시경제 지표들, 1990-2007

(단위: %)

년도	인플레이션	재정적자/GDP	M2A 변동[2]	환율[3]	실질 GDP 성장률
1990	2.1[1]	10.0	19.8	7.0[1]	-2.9
1991	158.0[1]	23.2	31.6	20.0[1]	-10.7
1992	93.6[1]	32.7	27.4	45.0[1]	-11.6
1993	204.5[1]	33.5	32.1	100.0[1]	-14.9
1994	-10.1[1]	7.4	-10.0	40.0	0.7
1995	-11.5	3.5	-7.0	30.0	2.5
1996	-4.9	2.5	3.1	21.2	7.8
1997	1.9	2.0	-1.0	23.0	2.7
1998	2.9	2.4	2.8	21.6	0.2
1999	-2.9	2.3	2.0	21.4	6.3
2000	-2.3	2.4	5.9	21.5	6.1
2001	-1.4	2.5	17.6	26.5	3.0
2002	7.3	3.2	10.4	26.5	1.8
2003	-3.8	3.4	-0.9	26.5	3.8
2004	2.9	3.5	7.7	26.5	5.4
2005	3.7	4.2	-	24.5	11.8
2006	5.7	3.1	-	24.5	12.5
2007	2.5	3.2	-	24.5	7.5

주 1) : Cepal 추정치
   2) : M2A 통화지수는 현금통화에 자연인의 쿠바페소로 표시된 은행계좌액수를 더한 것이다.
   3) : 대국민 매수와 매도 환율 평균(1달러당 쿠바페소)
자료: ONE. varios años. *Anuario estadístico de Cuba* ; Banco Central de Cuba. varios años. *Informe económico*.

역시 통화의 예측 가능성으로부터 긍정적 영향을 받았다. 그리고 그것은 동시에 통화와 재정정책의 운영에 호의적인 환경을 제공했다. 또 하나 강조해야 할 사실은 1990년대 쿠바 금융시스템의 발전과 은행계좌와 관련하여 경제정책이 항상 보여주었던 신뢰감이다. 그러한 신뢰성은 탈달러 통용화를 위한 처방에서도 역시 유지되었다. 금융시스템 내부에서 비은행권인 카데카(Cadeca) 외환시장을 운영함으로써 1995년 환전서비스의 복구 이래로 계속해서 달러를 국내의 두 개 화폐로 교환할 수 있도록 쿠바 국민에게 허용했다.

4. 이중통화의 현재

우리가 지적했던 것처럼 탈달러 통용화가 통화 이중성을 뿌리 뽑지는 못했다. 현재 환율의 분리와 차이가 유지되고 있다. 그것은 매우 이질적 환율정책을 형성한다. 오늘날 쿠바 환율시장의 상황은 다음과 같다.

1) 자연인에게는 24쿠바페소가 1태환페소에 해당한다.

외환의 매도와 매입은 그 환율에 따라 실현된다. 자연인은 쿠바페소를 통해 일부 상품 서비스 시장에 접근할 수 있다. 그리고 다른 시장에서는 단지 태환페소를 통해서만 접근할 수 있다. 이들은 이 두 통화와 함께 미국달러로 표시된 저축계좌를 가진다.

카데카의 환율인 24대 1은 중앙은행의 통화정책위원회에 의해 결정된다. 이때 환율체제는 고정환율제로 분류된다. 1995년에서 2001년까지는 제한적 변동환율체제에 더 가까웠다.

그 밖에 환전소에서 외화와 태환페소 간의 매매가 이루어진다. 1태환페소의 환율은 1.08미국달러이다. 다른 외화 대 태환페소의 환율은 국제금융시장에서 달러의 가치에 따라 결정된다. 자국민과 관광객들이 환전소에서 미국달러를 팔 때는 10%의 세금을 내야 한다.

회사와 기관들의 환전소 거래는 금지되어 있다.

2) 국가기업이나 기관에게 1쿠바페소는 1태환페소에 해당한다.[2]

법인은 쿠바페소로 획득한 수익으로 태환페소나 외화를 구입할 수 없다. 따라서 쿠바페소는 기업 부문에서 태환성을 가지지 못한다. 기업에서 쿠바페소의 환율 — 이른바 '쿠바페소 공식 환율' — 은 무엇보다 두 개의 화폐로 운영되는 기관들의 수지 계산과 국내 장부 등록과 같은 회계적 목적을 위한 것이다.

쿠바페소로 운영되는 기업들이 그들의 수입을 실현하기 위해서는 중앙집중화된 외화할당이 필요하다. 92조에 의해 설립된 '국가 외화수익 단일계좌'에서 경제기획부와 중앙은행은 가용한 외화를 이들에게 임의로 할당한다.

태환페소 은행계좌를 가진 기업들은 2003년 65조에 설립된 환율통제 메커니즘에 의해 수입과 다른 국제지불을 이행하기 위해서 외화를 획득할 수 있다. 이 경우 일반 국민들에게 적용되는 환율과 동일한 환율, 즉 1 태환페소당 1.08달러가 적용된다. 다른 외화와의 관계는 국제금융시장에서 달러의 가치에 따른다.

태환페소의 환율체제는 외환통제하의 고정환율제이다. 1995년부터 2003년까지는 통화위원회체제였다.

---

2) 쿠바페소의 환율들 사이에 재정(裁定: 차액거래)의 가능성은 매우 적다. 그것이 금지되어 있기 때문이기도 하지만, 카데카의 거래에서 이루어지는 환전의 양이 그다지 크지 않고 또 거래가 단지 현금으로만 이루어진다는 제한이 기업들을 이 환전시장에서 멀어지게 했다.

3) 외국인 기업과 기관은 달러로 운영된다.

어떤 경우 자신들의 전략에 따라 태환페소로 운영할 수 있는 허가를
중앙은행에 요구하기도 했다.

그러면 현재의 통화와 환율체제가 야기하는 주요한 비용은 무엇인가?
우선 기업과 기관에게 적용되는 공식 환율이 극단적으로 과대평가되었
음이 인정된다. 그것은 기업의 다양한 회계수지부터 GDP 측정까지
모든 경제적 계산들을 왜곡한다. 쿠바페소의 과도한 평가절상은 수익성
과 효율성 사이의 실질 관계와는 상관없이 일부 기업들을 인위적으로
수익성이 있는 것으로 만들고 또 다른 기업들은 수익성이 없는 것으로
만드는 오류를 범한다.

특히 수출로 벌어들인 1달러당 1태환페소 이하의 환율이(1태환페소의
환율은 1.08달러이다) 적용되는 한 수출기업들은 부정적 영향을 받을 수밖
에 없다. 한편 수입된 생산물의 실질 비용이 계산상 그대로 반영되지
않기 때문에 수입은 촉진된다. 따라서 공식 환율은 쿠바 서비스와 재화
의 경쟁력을 제고하지 못한다.

결과적으로 아마 적자일 것으로 예상되는 국가 예산이 왜곡된다. 현
재 손실을 입은 기업들에게 예산에서 할당되는 보조금의 상당부분이
다른 환율체제에서는 필요치 않을 것이다. 동시에 예산은 기업수익에서
나오는 정부수입의 획득을 시도하지 않는다. 왜냐하면 현재 기업의 수
익은 환율의 과대평가에 의해 가려져 있기 때문이다. 물론 환율의 평가
절하는 재정지출의 증가를 가져올 것이다. 예를 들어 예산에 책정된
투자를 위해 수입된 구성요소들의 쿠바페소로의 가치가 증가할 것이다.
또 국가가 국민들에게 판매하는 수입 식료품의 보조금 총액이 증가할

것이다. 물론 평가절하가 기업 부문에 다양한 영향을 미치기 때문에 그것이 재정적자에 미치는 순 영향을 정확히 평가하기는 매우 어렵다.

통화 이중성의 또 다른 부정적 결과들은 기업 부문에서 쿠바페소의 비태환성에서 나타난다. 그것은 쿠바 내부시장을 약화시키고, 단절을 촉진하고, 대외 부문에서 혹은 그들 사이에서 쿠바 기업들의 상호관계를 약화시킨다.

다른 한편으로 결코 달러 통용화되지 않는, 즉 쿠바페소로 유지되는 국내경제활동 영역이 존재한다. 현재의 환율체제는 쿠바 기업이나 외국 기업들이 쿠바페소로 운영되는 부문에 투자하는 것을 촉진하지 않는다. 이러한 부문들의 운영을 위해서는 국가에 의한 외화할당을 기다려야 한다. 현재의 시스템은 태환페소로 거래되는 것들을 상품화하는 기업들에만 인센티브를 준다. 문제는 많은 경우 이러한 부문들이 경제가 가장 필요로 하는 활동과 일치하지 않는다는 점이다.

앞서 언급된 비용들은 쿠바의 통화 이중성을 분석할 때 가장 많이 언급되는 것들은 아니다. 대게 이중통화는 소득의 불평등과 일치하는 경향이 있다. 이러한 인식의 기반에는 두 개의 중요한 이유가 있다. 그러나 그것은 명확히 잘못된 분석이다.

첫 번째 이유는 달러 통용화된 부문이 관광과 외국인투자와 같이 가장 동적인 활동들과 연결되어 발전하는 반면, 가장 낮은 생산성 부문과 임금은 1990년대부터 쿠바페소로 유지되고 있다는 점이다. 그럼으로써 '인플레이션 세금'을 통해 위기 동안 고용과 사회적 지출을 간접적으로 지원한 낮은 임금의 국가 부문 노동자들과 전통적 국가 부문의 범위를 벗어나 해외송금을 받거나 예술가, 운동선수 그리고 좀 더 최근에는 의사 혹은 다른 전문가들과 같이 해외 계약을 통해 다른 소득에 접근할 수 있었던 가족들 사이에 차이가 발생했다. 임금 외에 달러나 태환페소로 얻게 되는 대안적 소득의 또 다른 원천은 오늘날 경제의 많은 부분을 차지하는 점증하는 비합법적 영역이다. 국가가 지불하는 임금은 쿠바페소로 계산되고, 새롭게 부각되는 활동들은 태환페소로 이루어짐에 따라 통화의 이중성이 불평등의 원인이라는 인식이 생겨나게 되었다.

그렇지만 불평등의 주요 요인은 낮은 임금이다. 동시에 낮은 임금은 낮은 생산성, 일부 국영기업의 비효율성, 일반적으로 중앙집중화된 국가 시스템, 1990년대부터 쿠바가 직면한 힘든 국제적 환경, 완전고용정책(현재 실업률은 1.8%이다) 등으로 인한 것이다. 따라서 불평등은 통화의 문제가 아니라 구조적 문제 그리고 아마 정치경제적 문제일 것이다.

이중 통화를 불평등과 연결하는 경향이 있는 두 번째 이유는 공적으로 발표된 정보와 연구의 부재이다. 이중 통화의 문제를 다루는 출판물은 드물다. 쿠바 언론에서도 이 문제에 대해서는 토론이 이루어지지 않는다. 어떤 경우 공식적 담론들은 달러 통용화에 따른 소득과 이중 통화의 차이를 하나로 결합하기도 한다.

문제는 그러한 잘못된 인식이 이중 통화 시스템의 제거를 통해 실질소득을 개선하고 차이를 줄여야 한다는 국민들의 요구와 기대로 변했다는 점이다. 최근에 쿠바공산당은 국민들의 그러한 기대를 막기 위해서 이 문제를 총체적으로 분석한 자료를 처음으로 배포했다. 그 자료에는 "임금 구매력 상실에 대한 해결책은 그의 근본적 원인이 통화의 영역에 제한된 결정에 있는 것이 아니라 생산적 기반에 달려 있다"고 설명한다. 이러한 분석에 따르면 통화의 이중성은 "그것 자체로 부를 창출하는 처방은 아니다".[3]

---

3) Partido Comunista de Cuba, *Material de Estudio*, abril-junio de 2008.

5. 전망

결론적으로 두 화폐의 통용, 공식 환율의 과대평가, 환율의 이중성, 기업들의 쿠바페소 환전 불가 등은 서로 매우 밀접하게 연결된 요소들이다. 따라서 이러한 문제들은 거의 동시적 처방으로 해결되어야 한다고 생각하는 것이 가능하다. 화폐의 이중성을 제거하기 위해서 우선 단일 환율체제를 가질 필요가 있다.

계속해서 통화의 이중성을 제거하기 위해 적용되어야 할 기본적인 네 가지 처방을 요약 언급한다.

1) 기업 부문의 쿠바페소 환율을 평가절하한다.

현재의 공식 환율 가치로 쿠바페소의 환전을 모든 기업이나 기관들에 개방하는 것은 가능하지 않다. 만약 이러한 정책이 오늘 채택된다면 현재 1태환페소당 1쿠바페소의 가치(1쿠바페소는 1.08미국달러에 해당한다)로 유통되고 있는 쿠바페소 통화에 의한 환전수요를 현재 국가의 외화 수익이나 외환보유고로 만족시킬 수는 없을 것이다. 균형을 획득하기 위해 우선 공식 환율을 평가절하할 필요가 있다. 이러한 형태로서 쿠바페소로 된 당좌계정의 외화표시 구매력이 감소할 것이다.

그것을 행하기 위해서는 두 가지의 길이 있다. 하나는 점진적 평가절하이고, 다른 하나는 급격한 평가절하이다. 첫 번째 방식이 좀 더 현명한 것으로 보인다. 왜냐하면 지금까지 실제 환율의 변동이 거의 없었고, 따라서 기업 활동이 이에 적응하기 위한 시간이 필요하기 때문이다. 경제정책 또한 보조금, 세금, 통화와 신용정책, 금융감독, 경제계획을 통한 자원의 배분 등과 같은 수단들을 적용하기 위한 시간이 역시 필요하다.

이런 형태의 평가절하와 함께 거의 모든 배당금, 상대적 가격, 기업과 은행과 기관들의 회계 결산, 그리고 국가예산이 변화할 것이다. 가장 취약한 부문은 환율 손실이 큰 재정수지 부문이 될 것이다.

두 번째 효과는 인플레이션의 증가일 것이다. 원자재나 투자를 위한 지출이 외화나 태환페소로 계산되면 높은 환율로 인해 발생하는 비용의 증가는 기업들에 의해 유통되는 재화와 서비스의 최종가격에 이전될 것이다. 이런 재화와 서비스의 많은 부분은 또 다른 기업들의 비용에 반영된다. 따라서 실제 모든 기관에 인플레이션의 효과가 나타날 것이다.

세 번째 효과는 기업 간에 그리고 기업과 은행 간에 다양한 금융적 상호관계로 인해 발생한다. 특정 기업의 금융 상황의 악화는 역시 그들의 채무상환 능력을 떨어트리고 결과적으로 채권자들에게 피해를 가져다줄 것이다.

이를 피하기 위해서 경제 당국은 인플레이션의 악순환이 발생하지 않도록 주의해야 한다. 통화안정을 유지하고 환율의 명목상 평가절하가 실질환율의 평가절하가 되도록 해야 한다. 당국은 가장 손실이 큰 기업들과 손실을 기록하기 시작한 기업들을 찾아내고 그와 관련된 조치를 취해야 한다. 기업들에게는 어려움도 있겠지만 새로운 기회도 있을 것이다.

경제정책은 경제를 위해 실질환율 변동에 따른 '부조화(desajuste)'를 이끌고 나가 통제해야 한다. 그러한 결과들을 피할 수는 없다. 대신 그를 잘 다루어야 한다. 그 처방으로 인한 '부조화'는 한편으로 그의 주요한 기여이다. 왜냐하면 그것은 쿠바페소의 과대평가가 기업의 금융 흐름과 자산의 모든 회계를 왜곡했던 초기상황에서 벗어나게 하는 것을 의미하기 때문이다. 따라서 더욱 투명한 경제적 회계 환경이 조성될 것이기 때문이다.

2) 일반 국민에게 적용되는 환율과 기업에 적용되는 환율을 통합한다.

하나의 중요한 측면은 공식 환율의 평가절하가 어디까지 갈 것인가, 카데카 환율과 어느 점에서 만나게 될 것인가, 즉 적정 환율은 어느 선인가를 아는 것이다. 환전소의 1태환페소당 24쿠바페소의 환율은 역시 적정 환율은 아니다. 그것은 쿠바 외화의 모든 공급과 수요가 이 시장에서 이루어지지 않는다는 점으로 알 수 있다.

우리는 모든 경제를 동시에 하나의 화폐로 운영할 수 있다고 생각한다. 그를 위해서 우선 쿠바페소와 태환페소의 관계를 위한 통합 환율을 적용할 필요가 있다. 그럼에도 쿠바페소로의 이전은 정해진 영역에서 환율을 각각 다르게 유지하면서 점진적으로 이루어질 수 있을 것이다.

3) 태환페소로 운영되는 국영소매시장과 국민들의 은행계좌를 쿠바페소로 전환한다.

국민 일부의 통화 이중성을 제거하기 위해서 태환페소로 표시되는 가격을 환전소의 유효 환율에 맞춰 올려야 한다. 은행계좌는 쿠바페소로 전환되거나 혹은 은행예금을 위한 계좌 단위로서 일정 기간 태환페소가 유지될 수 있을 것이다.

실제로 과대평가된 환율이 존재하지 않는 한, 그리고 쿠바페소가 이미 환전소에서 태환성을 가지는 한 국민들과 직접 연결된 시장에서 통화 이중성을 제거하는 것은 매우 간단한 일이다.

4) 태환페소로 계산되는 기관들의 당좌계정을 쿠바페소로 전환한다.

그리고 기업 부문에서 쿠바페소에 태환성을 부여한다. 쿠바페소의 공식 환율을 평가절하한 후 기관들의 모든 당좌계정은 쿠바페소로 전환될 수 있을 것이다. 태환페소를 쿠바페소로 전환한 기업들에는 약간의 제한은 두더라도 수입을 실현할 수 있는 외화를 획득할 수 있게 해야 한다.

현재 쿠바페소로 운영되고 있는 기업들도 이때 이 외환시장에 들어올 수 있을 것이다. 무엇보다 현재 시스템에서 쿠바페소로 이루어지는 수익성과는 상관없이 외화의 중앙공급을 기다려야 하는 기관들이 혜택을 보게 될 것이다. 이미 약간 제한적이기는 하지만 이러한 외환시장에서 한 기업의 외화 가용성은 그의 경제적 성과에 더 좌우될 것이다.

요약하자면 쿠바 경제를 단일통화로 옮겨갈 길이 열렸다. 이 길은 다양한 속도로, 시장을 향한 처방과 함께 외화할당에 대한 국가통제를 지속하면서 또 환율의 가치와 물가를 안정적으로 유지하면서 나아가야 할 것이다. 무엇보다 초기의 결과가 나타난 후에 명백히 평가해야 할 많은 측면이 남아 있다. 공식 환율의 평가절하는 경제에 더 많은 긴장을 가져올 처방인 것처럼 보인다. 그럼에도 이러한 처방과 그 외 다른 처방들은 많은 혜택을 가져올 것이다. 그것이 비록 국민들의 기대에 미치지는 못할지라도 쿠바 생산 부문의 발전을 위해서는 큰 의미가 있을 것이다.

제4장

변화의 시간
쿠바 대외교역의 경향

호르헤 F. 페레스-로페스 _김기현 옮김

쿠바 대외교역에 대한 분석은 최근 몇 년간 중요한 변화를 보여준다. 재화의 수출은 거의 반을 차지하는 니켈에 의해 주도되고 있다. 연료와 식료품이 대부분을 차지하는 재화의 수입은 증가하고 있다. 따라서 재화의 교역수지는 적자를 나타낸다. 무엇보다 베네수엘라에 전문직 서비스 — 의사, 교사, 스포츠 트레이너 — 를 수출한 덕분에 비록 서비스 수출은 확대되었지만, 그것이 재화 교역수지에서의 적자를 보전할 수준은 아니다. 따라서 비록 교역 상대국이나 교역 항목에서 중요한 내용들이 변화했을지라도 쿠바의 교역수지는 여전히 적자이다.

호르헤 F. 페레스-로페스 Jorge F. Pérez-López 경제학자. 국제경제 전문 연구원. 그의 가장 최근의 저술로는 세르히오 디아스-브리케테스(Sergio Díaz-Briquetes)와 공동으로 작업한 『쿠바의 부패: 카스트로를 넘어서(Corruption in Cuba: Castro and Beyond)』(University of Texas Press, Austin, 2006)가 있다.

* 이 글은 ≪Nueva Sociedad≫ 216호(2008년 7-8월)에 실린 글을 옮긴 것이다.

1. 서론

이 글의 목적은 최근 쿠바 대외교역의 흐름을 분석하고 그의 주요한 경향을 파악하는 것이다. 유감스럽게도 쿠바 경제통계의 대부분이 그렇듯이 대외교역에 대한 통계도 드물고, 세분화된 자료도 가용하지 않고, 사용된 방법론도 국제적 기준과 종종 다르기 때문에 해석에 어려움이 따른다. 한 예로 쿠바는 재화(상품)교역의 통계를 생산물의 범주에 따라 또 교역 상대국에 따라 각각 분리된 형태로 작성한다. 그러나 자료를 통합된 형태의 표로 만들지는 않는다. 따라서 각 교역 상대국과 각각의 상품 교역에 대한 통계는 존재하지 않는다. 서비스 교역에서도 역시 세분화된 통계가 존재하지 않는다. 따라서 서비스 수출이 어떻게 평가되는지에 대해 알 수 없는 영역이 있다.

2. 재화의 교역

<표 4-1>은 2001년에서 2007년까지 재화(상품)의 수출과 수입 그리고 (수출에서 수입을 제한) 무역수지에 대한 공식적 자료를 보여준다. 쿠바의 재화 교역은 분석된 시기의 모든 해에 적자를 기록했다. 재화의 수출과 수입은 모두 전반적으로 증가하는 경향을 보여준다. 그러나 수입 가치가 항상 수출 가치의 두 배 이상을 차지한다. 2006년에 적자는 67억 페소로서 정점에 도달했다. 공식적인 사전 자료에 따르면 2007년 재화 교역의 적자는 64억 페소가 될 것으로 추정된다.

좀 더 장기적 분석에 따르면 재화 교역수지는 혁명의 시기(즉, 1959년부터) 동안 약간의 흑자를 기록했던 1960년을 제외하고 줄곧 적자였다.

〈표 4-1〉 쿠바: 재화(상품)의 교역, 2001~2007

(단위: 100만 페소)

년도	수출	수입	상품수지
2001	1,621.9	4,793.2	-3.171.3
2002	1,421.7	4,140.8	-2,719.1
2003	1,671.6	4,612.6	-2,941.0
2004	2,188.0	5,562.0	-3,374.0
2005	1,994.6	7,533.3	-5,538.7
2006	2,759.4	9,420.2	-6,660.8
2007	3,701.4	10,082.6	-6,381.2

자료: 2001~2006: ONE. 2007. *Anuario estadístico de Cuba 2006*. La Habana.
2007: ONE. 2008. *Panorama económico y social: Cuba 2007*. La Habana.

1989년까지 쿠바의 재화 교역은 쿠바가 1972년에 가입한 공산권 상호
경제원조협의회(COMECON 혹은 CAME)의 틀 내에서 구소련과 사회주
의 공동체 회원국들과 주로 이루어졌다. 1960년대부터 쿠바는 재화
교역의 균형을 맞출 목적으로 코메콘 회원국들과 일련의 양자 간 교역
협정을 맺었다. 이러한 협정 덕분에 구소련과 다른 사회주의 국가들은
쿠바가 적자를 보전할 수 있도록 쿠바에 신용을 제공해주었다. 사회주
의 공동체 소속 국가들에 대한 쿠바의 수출액은 1980년대 동안 급격히
증가했다. 여기서 쿠바는 소련에 대한 사탕수수 수출에서 국제가격보다
몇 배나 더 높은 특혜 가격으로 대금을 받았음을 기억할 필요가 있다.
그것은 무역 보조금의 역할을 했다. 그럼에도 1980년대 후반부에 재화
교역수지는 연간 20억 페소 이상의 큰 적자를 기록했다.

1990년대 초반 사회주의 공동체의 해체와 그로 인한 특혜적 교역관계
의 상실은 쿠바 교역에 큰 충격을 가져왔다. 쿠바 재화의 수출은 (1990년
54억 페소에서 1993년 11억 페소로) 거의 80% 하락했다. 같은 시기 수입은
(74억 페소에서 20억 페소로) 73% 축소되었다. 양자가 1990년대 중반부터

회복되기 시작했음에도 불구하고, 2007년 아직도 쿠바의 수출은 위기 이전의 수준보다 38%나 더 낮다. 수입은 최근 2006년에 1985년의 수준을 회복했다.

1) 생산품목에 따른 재화 교역

<표 4-2>는 2001~2006년 시기 동안 쿠바의 각 재화에 따른 교역 수치를 보여준다. 자료의 출처는 쿠바통계청(ONE)이다. 그러나 각각의 범주를 구성하는 구체적 품목들은 알려지지 않았다. 앞으로 설명하겠지만 이것은 정보의 분석에 문제점을 야기한다.

2) 수출

수출된 재화와 관련하여 사탕수수산업의 참여가 상대적으로 낮고, 또 감소하는 추세에 있음이 눈에 띈다. 그의 수출은 2001년에서 2005년 사이 (5억 5,000만 페소에서 1억 4,900만 페소로) 73%나 감소했다. 그러나 2006년에는 2억 1,900만 페소로 다시 증가했다. 가용할 수 있는 가장 최근의 자료인 2006년 자료에서 사탕수수산업은 쿠바 재화수출의 8%에도 미치지 못했다. 이는 소련이 특혜가격을 지불했던 1980년대 중반에 사탕수수가 상품 수출의 총 85%를 차지했던 것을 고려하면 매우 의미 있는 하락임을 말해준다.

사탕수수 수출의 하락은 정부에 의해 주도된 사탕수수 산업정책의 실패에 따른 것이다. 1990년대 동안 이 산업에서는 투자와 운영자본의 유입이 중단되었고, 그 후에 그의 효율성을 증가시킨다는 목적으로 적용된 '재구조화' 계획하에서 사탕수수산업은 완전히 해체되었다. 2002

〈표 4-2〉 쿠바: 상품 범주에 따른 수출과 수입, 2001~2006

(단위: 100만 페소)

	2001	2002	2003	2004	2005	2006
총수출	1,623	1,422	1,672	2,188	1,995	2,759
사탕수수	550	448	289	272	149	219
광산물	465	432	620	1,068	994	1,335
담배	217	144	215	217	225	238
어업제품	81	99	65	89	72	64
농축산물	31	26	42	33	16	16
다른 상품	279	273	441	510	583	888
총수입	4,793	4,141	4,613	5,562	7,533	9,420
소비재	1,079	1,036	1,159	1,360	1,670	2,125
중간재	3,034	2,544	2,868	3,465	4,617	5,416
자본재	680	561	586	737	1,246	1,879

자료: ONE. 2007. *Anuario Estadístico de Cuba 2006*. La Habana.

년 중반 정부는 156개의 제당공장 중 71개를 폐쇄했고, 14개는 사탕수수 부산품을 생산하도록 전환하는 조치를 발표했다. 그 밖에도 사탕수수를 생산했던 거의 2만km² 토지 중 약 1만 3,000km²를 다른 용도로 재배정했다. 따라서 이 부문에서 약 10만 개의 일자리가 사라졌다. 2005년 가을 설탕 생산을 국내수요 충족분에다 수출에 대한 약속을 지키기 위한 최소한의 초과분을 더한 수준으로 감소하기 위해 제2차 제당공장의 폐업이 시작되었다. 이러한 조치는 2005년 3월 노예제와 문맹이 함께 했던 사탕수수의 시대는 끝났다고 선언한 피델 카스트로의 연설과 같은 선상에 있다. 설탕 생산은 1984년 830만 톤과 비교하면 2005년에는 겨우 130만 톤, 2006년에는 120만 톤에 불과했다.

2001년에서 2006년 사이 담배, 어업, 농축산업과 같은 또 다른 전통적 부문들의 수출은 정체되었고, 심지어 기존의 시장을 상실했다. 어업 부문은 쿠바가 대규모 선단을 소유했던 1970년대의 황금기 이후 큰 어려움에 직면했다. 한편 농축산업의 수출은 이 부문의 마이너스 성장으로 인해 악영향을 받았다.

반면 광물 수출은 2001년 4억 6,500만 페소에서 2006년 14억 페소로 최근에 세 배나 증가했다. 2006년 광물 수출은 총수출의 거의 반(48%)을 차지한다. 니켈이 이 부문에서 가장 큰 비중을 차지한다. 1990년대 중반부터 이 광물은 쿠바 재화 수출의 가장 중요한 부문이 되었다. 니켈은 세계에서 세 번째로 중요한 광물자원이다. 쿠바의 니켈 매장량은 세계 두 번째이고, 2006년에 쿠바는 세계 여덟 번째 니켈 생산국이었다. 이러한 위치에 도달하기 위해 광물 수출이 동구 사회주의 국가들의 붕괴 이후 겪었던 하락으로부터 회복되어야만 했다.

1989년에서 1994년 사이 니켈의 생산은 42% 하락했다. 그러나 캐나다의 쉬리트(Sherritt)사가 모아(Moa)에 위치한 1940년대 제2차 세계대전 당시 미국이 자국에 공급하기 위해 투자하여 건설한 공장에서 생산된 코발트와 유화니켈의 구매를 시작하자 상황은 변화하기 시작했다. 유화니켈과 코발트는 쉬리트가 캐나다의 포트 사스케체완(Fort Saskatchewan)에 소유한 제련소에서 처리되었다.

1994년 쉬리트와 이 광물 산업을 취급하는 국영기업인 쿠바니켈회사(Compañía General de Níquel de Cuba)는 생산과 판매를 위한 합작기업(joint venture)을 설립했다. 이런 상업적 연합의 주도로 쿠바의 니켈 산업은 회복되었고, 1990년대에는 좋은 성과를 가져왔다. 이러한 전망에서 볼 때 높은 가격의 영향, 중국의 원자재 수요 증가, 쉬리트를 비롯해 베네수엘라와 중국의 신규 투자 등의 결과로 쿠바 니켈산업의 미래는 매우 밝다.

'다른 상품'의 범주는 2001년에서 2006년 사이 2억 7,900만 페소에서 8억 8,800만 페소로 219%나 증가함으로써 좋은 성과를 거두었다. 이러한 비전통적 수출이 재화 총수출에서 차지하는 비중은 2001년에는 1/5에 불과했지만, 2006년에는 거의 1/3을 차지했다. 이러한 부문을 구성하는 요소들이 통계에 잘 정의되어 있지는 않지만 상당 부분은 기계류, 운송장비, 의약품, 과학 장비와 설비, 철광석과 철강, 시멘트 등이 차지한다. 앞서 설명한 것처럼 이러한 범주의 성장은 서비스 수출 확대와 연결될 수 있다.

3) 수입

사회주의 캠프의 소멸 이후 재화 총수입 중 자본재의 비율은 매우 낮다. '비상 시기(Periodo Especial)'의 경제 위기 동안 수입능력이 소비재(주로 식료품)와 중간재(특히 연료)에만 제한되었다. 경제성장을 유지하기 위해 필요한 기계류와 운송장비의 구입은 엄격히 제한되었다. 이러한 경향은 최근까지 유지되었다. <표 4-2>는 2001년에 자본재 수입이 총재화 수입의 단지 14%에 불과했음을 보여준다. 한편 소비재의 수입은 전체의 23%였고, 중간재의 수입은 전체의 63%를 차지했다. 세분화된 통계를 얻을 수 있는 가장 최근 해인 2006년 자본재 수입은 전체 수입의 20%로 증가했다. 한편 소비재는 23%, 중간재는 약 57%를 기록했다.

핵심은 2001년에서 2006년 사이 소비재 수입의 약 60%가 식료품이었다는 점이다. 쿠바는 밀과 같은 기후조건상 경작이 불가능한 곡물을 대량으로 수입할 뿐만 아니라 육류, 쌀, 팥, 우유와 같이 국내에서 생산이 가능한 식료품도 수입한다. 이는 쿠바 농축산업 부문의 성과가 매우 좋지 않음을 반영한다. 이런 의미에서 1961년 쿠바가 배급수첩(libreta de abastecimiento)을 통해 기본적 소비재(음식, 옷, 신발, 개인 세면도구)의 배급제를 시작했던 것을 기억할 필요가 있다. 이는 국내생산과 수입이 수요를 충족하는 데 도달하지 못함에 따라 아직도 여전히 유효하다.

중간재 수입의 증가는 대부분 연료 가격의 증가 경향 때문이다. 2001년에 연료는 중간재 수입의 32%를 차지했다. 한편 (섬유, 고무제품, 철광석과 철강, 목재, 종이와 마분지 등)과 같은 다른 중간재들이 22%를 차지했고, 화학제품이 16%를 차지했다. 2006년에는 베네수엘라와 석유수입 특혜협정에도 불구하고 연료는 중간재 수입 총가치의 42%를 차지했다.

4) 재화의 주요 교역 상대국

<표 4-3>은 2001년에서 2006년 사이 쿠바 재화 교역의 주요 상대국들 그리고 그들 각각과의 수출과 수입액, 주요 5개국 전체의 교역 총액을 보여준다.

2006년에 쿠바 상품 수출의 주요 5개 시장— 네덜란드, 캐나다, 베네수엘라, 중국, 스페인 — 은 쿠바 전체 수출의 거의 3/4(73%)을 차지한다. 쿠바 상품의 주요 2대 시장인 네덜란드와 캐나다는 대부분 광물 특히 니켈 수출의 주요 대상국가로서 그러한 지위를 차지했다. 이미 지적한 것처럼 니켈 수출의 상당 부분은 쉬리트와 쿠바니켈회사가 합작으로 운영하는 제련소에서 처리되기 위해 캐나다로 간다. 또 쿠바 니켈의 반 이상이 로테르담에 본사를 둔 네덜란드 금속회사를 통해 판매된다. 이는 네덜란드로의 쿠바 수출을 설명해준다.

한편 베네수엘라와 중국은 정치적 관계가 강화됨에 따라 쿠바 재화 수출의 주요한 시장으로 떠올랐다. 언론과 또 다른 산재된 정보들에 따르면 베네수엘라로의 수출은 의약품, 시멘트, 철광석과 철강, 전문화된 기계류와 측정 장비 등과 같은 광범위한 품목들이 포함된다. 이는 아마 베네수엘라에 간 쿠바 전문가들 특히 의사들의 존재로 설명될

〈표 4-3〉 쿠바: 주요 5개 교역국(재화 수출과 수입), 2006

(단위: 100만 페소)

	2001	2002	2003	2004	2005	2006
총수출	1,622	1,422	1,678	2,188	1,995	2,759
네덜란드	334	297	419	647	599	774
캐나다	228	203	267	487	438	546
베네수엘라	22	19	176	225	240	296
중국	73	75	77	80	105	246
스페인	143	145	179	174	161	149
주요 5개국 총계	800	739	1,118	1,613	1,543	2,011
주요 5개국이 전체에서 차지하는 비율(%)	49	52	67	74	77	73
총수입	4,793	4,141	4,613	5,562	7,533	9,420
베네수엘라	951	725	683	1,143	1,860	2,209
중국	549	517	502	583	885	1,569
스페인	694	595	581	633	654	846
독일	99	78	115	130	310	616
미국	4	174	327	444	476	484
주요 5개국 총계	2,297	2,089	2,208	2,933	4,185	5,724
주요 5개국이 전체에서 차지하는 비율(%)	48	50	48	53	56	61

자료: ONE. 2007. *Anuario estadístico de Cuba 2006*. La Habana.

수 있다. 그들은 그들의 임무를 수행하기 위해 필요한 재료와 장비들을 쿠바에서 구입한다.

<표 4-3>의 아랫부분은 쿠바가 재화를 수입하는 주요 5개국(베네수엘라, 중국, 스페인, 독일, 미국)을 보여준다. 2006년 이들 5개국으로부터 수입이 전체의 60% 이상을 차지했다. 베네수엘라가 기본적으로 석유로 인해 재화의 가장 중요한 공급자가 되었다. 1960년대부터 1990년대 초반까지 구소련은 쿠바에 석유를 거의 배타적으로 공급했다. 그러나 사회주의권의 해체가 그러한 공급을 중단시켰다. 1990년대 중반부터 베네

수엘라가 구소련을 대체했다. 이러한 상황은 피델 카스트로와 우고 차베스가 2000년 10월에 서명한 통합적 상호협력협정(Acuerdo Integral de Cooperación)을 통해 형성되었다. 그 협정에 따라 베네수엘라는 교육, 공공보건, 스포츠, 과학적 조사 등에서 기술적 지원과 도움에 대한 대가로 1일 5만 3,000배럴의 석유와 부산물들을 유리한 융자 조건에 보낼 것을 약속했다. 2004년 그 협정은 수정되었고, 공급을 1일 9만 배럴까지 증가할 것을 보장했다.

증가세에 있는 두 번째 교역 상대국인 중국의 경우 중국 재화의 수입이 급격히 증가하고 있다. 따라서 2001년에서 2006년 사이 수입은 세 배로 늘어났다. 이는 대부분 중국에서 생산된 재화를 구매하는 데 대한 중국의 신용공여 때문이다. 수입품 중에서 가전제품(특히 전기밥솥, 냉장고), 전기제품(특히 텔레비전), 운송장비(특히 지역 간 그리고 지방 간 수송을 위한 버스) 등이 두드러진다.

마지막으로 쿠바에 대해 무역제재조치를 지속하고 있는 미국이 2006년 쿠바 수입의 주요 5개국 중에 자리 잡고 있는 사실이 눈에 띈다. 2001~2006년 동안 미국 재화의 쿠바 수입은 400만 페소에서 4억 8,400만 페소로 1만 2,000%나 증가했다. 교역의 이러한 증가 속도는 미국이 수출 제재의 개혁과 개선을 위한 결의서(Acta de Reforma de Sanciones y Mejora de Exportaciones: 영문 이니셜로는 TSRA)를 선포한 2000년에 시작되었다. 그 결의서는 현금으로 지불받는 조건으로 쿠바에 대한 식료품의 직접 판매를 허용하기 위해 제재조치를 변경하는 것이었다. 초기에 쿠바 정부는 미국의 전략을 거부하고, 제재조치의 완전한 폐지와 신용의 제공을 요구했다. 그렇지만 2001년에 쿠바 당국은 입장을 바꾸었고, 미국에서 농산물을 구입하는 것을 받아들였다. 미국농무성 통계에 따르면 쿠바에 대한 농산물 수출은 2001년 400만 달러에서, 2007년에는

4억 3,200만 달러를 기록했다. 2006년 미국은 쿠바 재화 수입의 5번째 교역국이 되었다. 그리고 쿠바는 미국의 서른세 번째 농산물 수출시장이 되었다.

3. 서비스 교역

이 부문에 대한 정보는 부족하다. 최근에 발표된 서비스 교역수지 통계는 전체 서비스 교역만을 포함한다. 서비스를 부문별로 분리한 수출과 수입 총액에 대한 자료는 제공하지 않는다. 그럼에도 불구하고 쿠바 정부에 의해 제공된 자료를 통해 라틴아메리카와 카리브 경제위원회(Cepal)는 2001~2004년 기간에 대한 좀 더 세부적 통계를 추정적으로 발표했다. 쿠바는 또한 세계무역기구(WTO)에도 일부 자료를 제공했다. <표 4-4>는 이 두 자료의 통계를 요약한 것이다.

<표 4-4>에 따르면 2001년에서 2006년 사이 매년 쿠바는 국제 서비스 교역에서 흑자를 기록했다. 이러한 흑자는 2001년 19억 페소에서 2006년 55억 페소 이상으로 이 시기에 거의 세 배나 증가했다. 다음 부분에서 설명하겠지만 이것은 대부분 재화 교역에서의 적자를 보전하는 데 기여했다.

이미 언급한 것처럼 쿠바는 서비스 수출과 수입의 구성에 대한 통계를 발표하지 않는다. WTO는 교역되는 서비스를 세 개의 범주로 구분한다. 그것은 ① 해운, 항공화물운송, 해양승객수송, 항공승객수송, 그 외의 다른 운송을 포함하는 운수서비스 ② 여행국을 방문하는 사람들에 의해 획득된 모든 재화와 서비스, 예를 들어 숙박, 음식, 지역수송, 기념품 등을 포함하는 (관광과 관련된) 여행서비스 그리고 ③ 통신, 건설, 보

〈표 4-4〉 쿠바: 재화와 서비스 교역, 2001~2006

(단위: 100만 페소)

		2001	2002	2003	2004	2005	2006
재화	수출	1,622	1,422	1,671	2,180	2,160	2,905
	수입	4,469	3,810	4,245	5,098	7,163	9,503
	소계	-2,847	-2,388	-2,574	-2,918	-5,003	-6,598
서비스	수출	2,571	2,450	2,979	3,450	6,593	6,702
	수입	640	625	650	740	978	1,196
	소계	1,931	1,825	2,329	2,710	5,615	5,506
재화와 서비스	수출	4,193	3,872	4,650	5,630	8,753	9,607
	수입	5,109	4,435	4,895	5,838	8,141	10,699
	소계	-916	-563	-245	-208	612	-1,092

자료: 2001~2004: Cepal, Cuba. *Evolución económica durante 2006 y perspectivas para 2007*, noviembre de 2007;

2005~2006: *Organización Mundial de Comercio*, Statistical Profile http://stat.wto. org/CountryProfile/WSDBCountryPFReporter.aspx? Language=E

힘, 금융서비스, 컴퓨터와 정보서비스, 로열티와 라이선스, 다른 기업서비스(법무, 회계, 컨설팅, 연구개발, 출판, 시장조사), 전문적·문화적·예능적 서비스(시청각 서비스나 교육과 보건)를 포함하는 그 외 서비스이다.

1) 운수서비스

1970년대와 1980년대에 쿠바는 코메콘 내부 교역의 보호 우산 아래서 국제적 운송을 위한 선단을 확대하기 위해 많은 투자를 했다. 1990년대 초부터 완전한 경제위기와 국제교역의 붕괴에 직면하면서 국제화물 선단— 일반적으로 해운산업 — 의 크기는 크게 감소했다. 1990년대 중반에 해운 부문은 합작기업의 형태로 외국인 투자를 일부 받아들이기 시작했다. 그러나 가용할 통계는 없지만 아마 그 규모는 별로 크지

않은 것 같다. 운수서비스 부문은 어떤 경우에라도 최근 쿠바 서비스의
급속한 성장 요인은 아니다.

2) 관광

관광산업은 최근 쿠바의 가장 확실한 경제적 성과 중 하나이다. 20년
이상 외국인 관광 유입을 거부한 후, 1980년대 중반부터 쿠바는 관광산
업을 촉진하기 시작했다. 그리고 1990년대부터 주로 외국인 호텔사들
과 합작을 추진하면서 관광업 발전을 위한 노력을 배가했다. 1990년대
후반부에 관광은 쿠바 최대의 외화벌이 수단이었다. 관광으로 벌어들인
총소득은 2001년에서 2003년 사이 연간 15억 페소에서 20억 페소 정도
였고, 2006년에는 24억 페소에 달했다. 비록 분리된 정보에 의한 것이지
만 관광은 최근에 전문직 서비스 수출의 급증 이전까지 쿠바 서비스
수출의 상당 부분을 차지했을 것으로 보인다. 쿠바가 WTO에 제출한
수치에 따르면 관광서비스 수출이 쿠바 전체 서비스 수출에서 차지하는
비율은 2003년 63%, 2004년 51%, 2005년 32%, 2006년 31%이다.

3) 전문직 서비스

최근 5년 동안 공공보건과 교육에 대한 쿠바 국가의 강력한 투자는
보건, 교육, 스포츠, 과학 등의 전문적 서비스 수출을 촉진했다. 1970,
1980, 1990년대 동안 쿠바는 공공보건과 교육에서의 대외정책을 외교
적 도구로 활용했다. 사실상 최근까지 의사, 교육자, 스포츠 코치 등과
같은 쿠바의 전문가들은 무료 혹은 거의 무료로 제공되었다. 그들의
서비스는 상업적 항목이 아니라 해외원조의 형태로 간주되었다.

이러한 형태는 최근, 특히 2000년 베네수엘라와 이미 언급한 협정에 서명한 이후 변화했다. 2000년 협정으로부터 보건과 교육 서비스의 수출이 쿠바를 위해 중요한 경제적 이익을 산출하기 시작했다. 쿠바 의사들의 첫 번째 그룹이 2003년 4월 베네수엘라에 도착했다. 다음으로 문맹퇴치 캠페인을 위한 교육자들이 뒤따랐다. 2만 명 이상의 쿠바 의사들이 '바리오 아덴트로 미션(Operación Barrio Adentro)'이라는 이름의 캠페인에 따라 베네수엘라에 서비스를 제공했다. 한편 수천 명의 다양한 수준의 교육자들이 5,000명 이상의 스포츠 전문가들과 함께 또 다른 사회적 프로그램에 참여했다. 2004년 쿠바와 베네수엘라는 돈이 없는 베네수엘라 사람들에게 안과치료를 제공하는 '기적의 수술(Operación Milagro)'을 시작했다. 2005년 이 두 국가는 그 프로그램을 볼리비아, 브라질, 과테말라, 파나마, 우루과이로까지 확대하는 데 동의했다. 2005년에만 쿠바 의사들은 21개국의 사람들에게 거의 17만 3,000건의 안과 수술을 시행했다. 거의 모든 경우에 환자들은 쿠바 의사나 의료진에 의해 자신의 나라에서 치료받기보다는 쿠바로 여행을 갔다.

베네수엘라에 대한 전문직 서비스 수출의 가치를 평가하는 것은 어렵다. 왜냐하면 쿠바 통계에서 가치평가의 방식이 명확하지 않기 때문이다. 국가회계를 실현하기 위해서 쿠바는 국제적 방법론과 일치하지 않는 형태로 의료와 사회적 서비스를 계산한다는 명백한 증거가 있다. 어떤 경우이든 핵심은 <표 4-4>에서 본 서비스 수출의 획기적 증가가 쿠바의 전문가들이 베네수엘라에서 일하기 시작한 시기와 일치한다는 점이다.

4. 재화와 서비스 교역

<표 4-4>의 맨 아래쪽 줄은 쿠바 경상수지의 총결산을 보여주기 위해 재화와 서비스 교역의 수치를 합산하고 있다. 2005년을 제외하고 경상수지는 모두 적자를 기록하고 있다. 특히 2005년과 2006년 서비스 교역에서의 대규모 흑자가 상품교역의 만성적 적자를 보전하는 데 기여했으나 충분하지는 않았다. 결론적으로 2001년에서 2006년 사이 쿠바의 대외교역은 불균형이었다. 그리고 쿠바는 그들의 국제수지 균형을 위해서 외화수익의 다른 외적 원천에 의존해야 했다.

5. 최종 논평

최근에 쿠바 상품과 교역 대상국의 구조와 구성이 크게 변화했다. 재화의 교역은 서비스 교역의 급격한 성장에 의해 빛을 잃었다. 재화교역 내에서는 수출과 수입 핵심 상품에 재조정이 있었다. 마지막으로 교역 대상국에서도 중요한 변화가 있었다.

쿠바 대외교역의 통계자료는 부족하다. 게다가 자주 변하고 조정된다. 그러나 이 글에서 나타나는 자료들은 쿠바가 재화의 교역수지에서 지속적으로 적자를 내고 있었고, 또 그것이 최근에 더욱 증가했음을 보여준다. 그렇지만 존재하는 단편적 자료들에 따르면 서비스 교역에서 쿠바는 꽤 많은 흑자를 획득했다. 그러한 현상은 최근에 특히 두드러진다. 그것은 아마 베네수엘라에 대한 서비스 수출이 정점에 이르렀기 때문일 것이다. 이러한 서비스 수출의 구성과 가치에 대해 제기되는 많은 의문들은 쿠바 혹은 그들의 교역상대국이 좀 더 세밀한 정보를 제공하지 않는 한 그 답을 알 수 없다. 어떤 경우이든 이러한 서비스 교역의 확대에도 불구하고 2005년을 제외하면 2001년에서 2006년 사이 쿠바의 총경상수지는 적자였다.

참고문헌

Comisión Económica para América Latina y el Caribe(Cepal). 2007. "Cuba: Evolución económica durante 2006 y perspectivas para 2007." noviembre de 2007 y ediciones anteriores.

Malagón Goyri, Miriam. 1999. "El comercio internacional de servicios: algunas consideraciones sobre el sector en la economía cubana." Eduardo Cuenca García(ed.). *Enfoque sobre la reciente economía cubana.* Madrid: Agualarga.

Mesa-Lago, Carmelo. 2008. "La economía cubana en la encrucijada: legado de Fidel, debate sobre el cambio y opciones de Raúl." *DT*, No. 49/2008, Real Instituto Elcano, Madrid, 23 de abril de 2008.

Oficina Nacional de Estadísticas(ONE). 2007. *Anuario Estadístico de Cuba 2006.* La Habana.

_____. 2008. *Panorama Económico y Social: Cuba 2007.* La Habana.

Organización Mundial del Comercio(OMC). 2007. *World Trade Statistics 2007.* Ginebra: OMC.

Pérez-López, Jorge F. 2000. "Cuba's Balance of Payments Statistics." en *Cuba in Transition*, Vol. 10, Asociación para el Estudio de la Economía Cubana, Washington, D.C.

_____. 2006. "Cuba 2005: The 'Alice in Wonderland' Economy." en *Focal Point*, vol. 5, No. 1, 1-2/2006, disponible en www.focal.ca/pdf/focalpoint_jan-feb06.pdf

US Geological Survey. *Minerales Yearbook 2006.* US Government Printing Office. Washington, D.C.

제5장

석유-의사 교환

쿠바의 의료외교와 베네수엘라의 지원

줄리 M. 페인실버 _이성형 옮김

의료외교는 쿠바의 대외정책에서 핵심적인 요소 가운데 하나이다. 2008년의 경우, 3만 명 이상의 의사와 보건전문가들이 전 세계 70개국에서 협력 활동을 수행하고 있다. 혁명 이후 보건 시스템의 성공에 기초한 이 전략을 통해 쿠바는 국제적 위신과 정치적 자본을 얻었다. 그 힘은 매년 유엔에서 행해지는 대쿠바 봉쇄 반대 표결에서 잘 드러난다. 최근 베네수엘라의 차베스 정부는 쿠바와 의사-석유 교환 협정을 맺었다. 이제 보건의료 수출이 쿠바에서 가장 유망한 경제적 활동으로 둔갑했다.

줄리 M. 페인실버 Julie M. Feinsilver 워싱턴 D.C. 소재 조지타운 대학교 인문대학원 라틴아메리카연구소 방문연구원.

* 이 글은 ≪Nueva Sociedad≫ 216호(2008년 7-8월)에 실린 글을 옮긴 것이다.

1. 들어가며

대부분 라틴아메리카 사람들은 쿠바의 보건 시스템이 높은 수준이며 자국을 포함하여 여러 나라에 의료원조를 제공하고 있다는 사실을 안다. 하지만 이들도 쿠바 정부가 혁명 이후 거의 50년 전부터 의료외교에 관여하고 있다는 사실은 모른다. 의료외교는 인도주의적 이유로 그리고 이들의 가슴과 마음을 얻기 위해 활용되었는데, 그 범위는 재난 및 긴급 구호에서 직접적인 의료행위의 제공, 나아가 쿠바와 해당국의 의료인 양성교육으로 확대되었다. 의료외교는 쿠바와 수혜국 모두에게 깊은 의미를 지닌다.

소련권의 붕괴와 특혜무역협정의 해체로 말미암아 쿠바의 국제의료 원조 프로그램은 허약해졌고 위축되었다. 하지만 사라지지는 않았다. 그러나 베네수엘라의 차베스가 권력을 잡고 유가가 기하급수적으로 오르면서 쿠바는 자신의 의료외교 프로그램을 크게 확대할 수 있는 재정적·도덕적 지지대를 확보했다. 독특한 의사 - 석유 교환협정으로 베네수엘라는 쿠바의 의료서비스를 직접 향유할 수 있게 되었고, 또 이를 타국으로 확산시키는 것도 지원하게 되었다. 이 글은 쿠바의 의료 외교가 지닌 특성, 비용, 편익, 그리고 리스크 일반을 분석하며, 쿠바 - 베네수엘라의 특수한 관계에 초점을 맞춘다.[1] 아울러 향후 진행될

---

[1] 좀 더 상세한 분석으로는 다음을 보시오. Julie M. Feinsilver, "La diplomacia médica cubana: cuando la izquierda lo ha hecho bien," *Foreign Affairs en Español*: Vol. 6, No. 4(oct.-dic. 2006), pp. 81~94; Julie M. Feinsilver, "Cuban Medical Diplomacy," *Healing the Masses: Cuban Health Politics at Home and Abroad* (Berkeley: University of California Press, 1993), Chapter 6, pp. 156~195. 이 저술의 통계는 해당 연도에 제한되어 있다. 전반적인 분석은 피터 본(Peter Bourne)

연구와 토론을 위한 질문도 제기할 것이다.

2. 쿠바 의료외교의 성격

쿠바와 베네수엘라가 현재 진행하고 있는 의사-석유 교환의 심층적
인 관계를 잘 살펴보기로 하자. 적어도 쿠바의 시각에서 본다면, 먼저
의료외교가 발전하게 된 근원적 배경을 천착하는 것이 필요하다. 또
어떻게 쿠바가 국제 보건 분야에서 신뢰받는 행위자가 될 수 있었는지,
그리하여 베네수엘라의 석유와 쿠바의 의사를 교환할 수 있었는지 살펴
볼 필요가 있다. 혁명 정부 초기부터 쿠바 지도자들은 무상의 보편적
보건의료를 기본적 인권이자 국가의 의무라고 규정하고, 이를 신헌법에
적시했다. 게다가 이들은 국민의 건강이 곧 건강한 정치체(body politic)에
대한 메타포라고 주장했다. 이런 사고는 곧 국가보건 시스템의 구축으
로 이어졌고, 오랜 시간과 시행착오를 거쳐, 세계보건기구(WHO), 범미
주보건기구(PAHO)를 포함하는 국제 보건전문가들이 예찬하는 모델로
진화했다. 이 시스템으로 쿠바는 미국의 수준에 버금가는 유아사망률과
평균수명과 같은 핵심 보건지표들을 달성했다. 이런 목표를 달성하는
데 필요한 자원이 크게 부족했음에도 말이다.

이와 더불어 쿠바의 보건이데올로기는 늘 국제적 차원에서 논의되었
다. 쿠바는 남남협력을 혁명 시기에 받은 외부적 지원에 대한 채무

박사가 지적했듯이, 다음 글에서 볼 수 있다. Peter Bourne, "with-stood the test
of time," Personal communication from Dr. Bourne, Executive Producer of *Salud!
The Film*(November 13, 2006).

보상의 수단으로 생각했다. 그래서 여타 개도국에 대한 의료원조는 쿠바의 대외관계에서 핵심적인 요소가 되었다. 혁명 직후 쿠바의 의사가운데 절반가량이 고국을 등졌고, 또 의료원조로 국내적 어려움이 배가되었어도 말이다.

의사들의 고국 탈출로 말미암아 혁명 정부는 보건 부문을 재조직하고 개혁하기로 했다. 정부는 과거와는 상이한 신규 수요를 충족시키기 위해 의료교육을 개조했고, 양성하는 의사 숫자를 대폭 늘렸다. 이런 변화로 인해 쿠바는 의료외교에 대한 확고한 비전을 갖게 되었고, 또 성공적인 모습을 보여줌으로써 원조 제공 제안에 신뢰감을 부여했다. 쿠바의 성취는 보편적 의료를 무료로 제공하고, 개혁된 보건서비스 전달체제에 채울 인적 자원을 충분히 훈련시킨 데서 잘 드러났다. 무엇보다 중요한 성취는 모든 보건의료 시스템의 우선적 목표인 사망률과 질병률의 하락이었다. 1980년대 중반만 해도 쿠바는 많은 의사들을 자국의 보건의료 시스템을 넘어서는 국제주의적 프로그램을 위해 배출했다. 그 결과 2006년에는 158명당 한 명의 의사가 배정되었는데, 이 비율은 어디에서도 볼 수 없는 것이다.[2]

아마도 미래를 보여주는 전조이겠지만, 1970년대와 1980년대에조차도 쿠바는 1인당 민간원조 프로그램 비용을 더 선진적인 무역 상대국인 소련, 동유럽 국가, 중국보다 훨씬 많이 지출했다. 이런 조치로 쿠바는 상당한 상징적 자본(위신, 영향력, 선의)을 확보했고, 이는 유엔총회에서 쿠바에 대한 정치적 지지로 표출되었다. 앙골라, 이라크와 그리고 여타 나라들의 경우 비록 시장가격에 미치지는 못하지만 전문적 의료서비스

---

2) Republica de Cuba, Ministerio de Salud Publica, *Anuario Estadistico 2006*, Cuadro 92.

에 대해 비용을 지불하고 있어 쿠바에 일정한 물질적 이득도 제공하고 있다.[3)]

3. 우방국 베네수엘라의 조력

우고 차베스가 피델 카스트로를 자신의 혁명적 스승으로 생각하고, 곤경에 처한 그를 도우려 한다는 것은 이미 비밀이 아니다. 하지만 이미 피델이 1959년에 당시 베네수엘라 대통령이었던 로물로 베탕쿠르에게서 금융과 석유 지원을 받으려다 실패했다는 점은 거의 알려지지 않았다. 40년이 지난 지금 엄청난 경제적 고난을 여러 차례 겪고 나서야 쿠바 경제는 그토록 원하던 특혜무역, 신용, 원조, 투자를 유치하게 되었다. 양국의 파트너십은 '라틴아메리카를 위한 볼리바르 대안(ALBA)'의 일부인데, ALBA는 사회정의를 지향하는 무역과 원조 블록 속에서 미주를 단합시키고 통합하려는 노력으로 베네수엘라가 주도한다. 카스트로는 지난 30년 동안 쿠바를 세계 의료강국으로 만들고자 노심초사했지만 성공하진 못했다. ALBA는 쿠바의 의료외교가 과거에 상상하던 범위 너머로 팽창할 기회와 재정적 지원을 제공했다.[4)]

근 50년간 쿠바는 의료외교를 실천했지만 베네수엘라와 함께 하는 프로그램이 지금까지 그 어떤 것보다 더 크고 광범위한 것이다. 베네수엘라가 2003년에 바리오 아덴트로(Barrio Adentro) 프로그램을 만든 이후,

---

3) Feinsilver, "Cuban Medical Diplomacy," *Healing the Masses*, Chapter 6. 소련권과 중국과의 비교에 대해서는 다음을 보시오. pp. 159~160.

4) 쿠바를 세계의료강국으로 만들겠다는 피델의 집념에 대해서는 다음을 보시오. Feinsilver, *Healing the Masses.*

쿠바는 2000년 그리고 2005년에 갱신된 무역협정의 일부로 대규모 의료인력을 파송했다. 무역협정은 쿠바의 전문 의료서비스 수출에 대해 특혜적 가격을 매기고 베네수엘라는 석유의 지속적 공급, 전략적 부문에 대한 공동투자, 신용공여 등으로 보상하게끔 했다. 거래의 핵심적인 부분은 석유와 의사의 교환인데, 쿠바는 베네수엘라의 의료 부재 또는 의료 미비 촌락에 의료서비스, 의약품, 의료장비를 제공한다. 또 이보다는 작은 규모이지만, 베네수엘라가 비용을 부담하여 볼리비아에도 유사한 의료서비스를 제공한다.

2005년 협정을 통해 쿠바는 3만 명의 의료 전문가, 600개의 종합클리닉, 600개의 재활 및 요양 센터, 35개의 첨단기술 진료센터, 10만 명의 안과수술 등을 제공했다. 쿠바는 이 보건 프로그램의 지속가능성을 뒷받침하기 위해 4만 명의 의사와 5,000명의 보건의료 근로자를 훈련시켰고, 그리고 1만 명의 베네수엘라 의과 및 간호과 학생들이 쿠바 의대에서 교육을 받을 수 있도록 전액 장학금을 제공했다. 베네수엘라는 이렇게 규정된 서비스와 재화에 대한 대가로 매일 5만 3,000배럴의 석유를 제공하기로 했다. 이 거래는 석유의 세계시장 가격이 오늘날 가격보다 훨씬 낮았을 때 이뤄졌다. 그래서 베네수엘라가 쿠바에 제공하는 보조금은 원래 예상한 것보다 훨씬 커졌다.[5]

제공되는 구체적 서비스 가운데 몇 가지는 매년 재협상을 거친다. 이 논문을 쓰고 있는 현재, 차베스는 아바나에서 양국의 협력사항을 재검토하고 있다. 양국 리더들의 대단한 우의에도 불구하고, 세계 유가

---

5) Jorge Diaz Polanco, "Salud y hegemonia regional: Las relaciones Cuba-Venezuela, 1999-2006," *Foreign Affairs en Español*, Vol. 6 No. 4(oct.-dic. 2006), pp. 99~101; Feinsilver, "Cuando la izquierda lo ha hecho bien." p. 93.

가 상승하고 있으므로 차베스는 베네수엘라의 입장을 재확인하고 자신들이 취할 이득이 무엇인지 평가할 것이다. 특히 카라카스의 야당 세력은 차베스가 사회 프로그램보다 대외정책에 더 많은 비용을 지출한다고 집요하게 비판을 하고 있기 때문에 더욱 신경이 쓰일 것이다. 쿠바와의 무역협정이 갱신된 지 1년 만인 2006년에 사회 프로그램에 지출된 비용은 대외정책 지출의 25%에 불과했다.[6] 물론 사회적 지출로 잡혀 있는 '바리오 아덴트로 미션'의 일부가 대외정책 지출로도 잡혀 있지만, 그것이 어느 정도인지 불명확하다. 요점은 국내 문제보다 대외정책에 더 많은 돈이 지출되었다는 것이다. 그래도 급등하는 유가 덕분에 베네수엘라 정부는 2008년도까지 사회적 프로그램 지출을 세 배로 늘렸는데, 최빈층 인구의 생활수준은 이를 통해 개선되었다.[7]

최근 많은 보고서들은 베네수엘라의 국내적 요구가 충족되지 않고 있다고 말한다. 영국의 의학저널 《랜싯(Lancet)》에 실린 한 보고서는 무료 의료서비스를 전국 빈민들에게 제공하려는 용감한 노력이 있었고 수혜자들이 이 프로그램을 적극적으로 지지함에도 불구하고 바리오 아덴트로는 예상 목표치를 달성하지 못했다고 지적한다. 보건부 통계에 따르면 2005년 전에 건설될 1차 보건진료소는 8,500개였다. 하지만 2007년 5월 기준으로 2,708개만 완성되었고, 3,284개는 여전히 건설 중인 것으로 보도되었다. 1차 보건진료소 건설기금은 국영석유회사(PDVSA)에서 염출된 1억 2,650만 달러였다. 하지만 의사는 현재 개소된 진료소 가운데 겨우 30%에서만 근무하고 있다. 쿠바 의사들의 입국에

---

6) 같은 책, p. 105.

7) Jon Lee Anderson, "Fidel's Heir: The influence of Hugo Chavez," *The New Yorker*, June 23, 2008.

도 불구하고, 전국에 의사 부족상태는 여전하기 때문이다. 베네수엘라의 요구를 충족시킬 의사도 불충분하지만, 2006년 초에 볼리비아와 여타 국가들에 유사한 프로그램을 지원하고자 약 4,000명의 쿠바 의사들이 소개되었다. 이러한 조치가 더욱 원대한 볼리바르적 대안의 일부이겠지만, 기대가 한층 부푼 베네수엘라 빈민가 마을들과 바리오 아덴트로 미션에는 실질적인 타격이었다.[8] 테드 거(Ted Gurr)는 거의 40년 전에 기념비적 저작인 『왜 인간은 반란을 일으키는가(Why Men Revel)』에서 반란은 단순한 결핍보다는 상승하는 기대감을 충족시키지 못할 때 일어난다고 갈파했다.[9] 정책결정자들은 이런 핵심적 결론을 잘 모르는 것 같다.

≪랜싯(Lancet)≫의 논문은 진료설비 건설과 같은 시스템의 투입요소에 대한 단순 보고는 지적하지만, 가장 중요한 쟁점인 보건통계의 개선(또는 악화)에 관한 결과는 간과하고 있다. 게다가 사회발전과 경제발전 영역에 일하는 사람, 대규모 사회 프로그램(또는 개발 프로그램)을 실행하고자 하는 사람, 그리고 사회적 서비스 전달체계를 개혁하고자 하는 사람은 목표한 과녁을 정확히 가늠하고 정확한 시기에 달성하는 데 어려움을 겪는다. 다자개발은행의 자료에 따르면 (재화와 서비스의 구입을 요하며 단순한 기술적 원조가 아닌 민간 부문의 사업인) 투자 프로젝트의 경우 원래의 계획보다 두 배 또는 그 이상의 기한이 소요된다고 한다. 건설 사업인 경우 비용의 초과지출은 비일비재하다. 프로그램 디자인도 상황이 바뀌면 변경해야만 한다. 사회경제발전과 같은 복잡한 쟁점을

---

8) Rachel Jones, "Hugo Chavez's health-care programme misses its goals," *The Lancet*, Vol. 371(June 14, 2008): p. 1988. 다른 보고서들은 이 프로그램의 장단점을 평가한다.

9) Ted Robert Gurr, *Why Men Rebel*(Princeton: Princeton University Press, 1970).

다룰 경우, 수많은 정치적·경제적·사회적·조직적·제도적·기술적 변경
이 일어난다.

 범미주보건기구는 바리오 아덴트로의 성공에 찬사를 보낸 심층 보고
서(Mission Barrio Adentro: The Right to Health and Social Inclusion in Venezuela)
에서 다음과 같이 주장했다.

 미션 바리오 아덴트로의 본질은 1차 진료이다. 이는 전체 보건체계를
 재구조화하고 변형하는 전략이다. …… 이는 라틴아메리카와 여타 세계가
 지난 25년간 1차 진료 전략을 통해 보건체계를 변혁하고자 한 노력의 절정
 이다. …… 1차 보건진료에 대한 우리들의 지역적 처방에 따르면, 이 전략
 에 기초한 보건체계의 건설이 형평성과 보편성을 달성하고, 또 보건에
 대한 사회적 보장을 확대하며, '모두에게 건강을' 보장하는 본질적 조건이
 라고 강조한다. 미션 바리오 아덴트로는 이런 틀을 통해 혁신을 이루었고,
 또 대단히 중요한 기여를 수행했다.[10]

 게다가 이 보고서는 미션 바리오 아덴트로가 과거 보건진료체계에
접근하지 못했던 일부의 인구에게 포괄적 보건진료를 제공했다고 평가
했다.[11]
 바리오 아덴트로에 대한 쿠바의 기여도는 단지 의사나 여타 의료진,
설립된 보건센터, 시술 횟수 등의 숫자 크기만이 아니라, 범미주보건기

---

10) Pan American Health Organization, *Mission Barrio Adentro: The Right to Health
 and Social Inclusion in Venezuela*(Caracas, Venezuela: PAHO, 2006). 인용은
 다음에서 따왔다. the Foreword by Dr. Mirta Roses Periago, Director of PAHO
 in Washington, D. C., pp. 5~6 passim.

11) 같은 글, p. 9.

구 연구가 명쾌히 밝혔듯이, 베네수엘라의 보건진료 전달체계를 혁신한 노력에 비추어 평가되어야 한다. 쿠바는 전형적으로 선진국이나 국제기구들이 제공하던 이런 종류의 기술적 원조를 제공할 능력을 갖춘 것으로 평가를 받았다. 이로 인해 쿠바는 상징적 자본을 얻었을 뿐 아니라, 물질적 자본을 획득할 수도 있었다.[12] 이때 물질적 자본이란 베네수엘라가 쿠바 의사들과 석유를 맞바꾸며 지불하는 금융재원을 일컫는다.

4. 베네수엘라 - 쿠바 - 볼리비아 커넥션: ALBA의 실천

쿠바는 오랫동안 볼리비아에 원조를 제공했다. 하지만 ALBA의 남남협력의 일환으로 또는 우방국 베네수엘라의 조그만 도움으로 원조의 규모와 범위가 크게 확대되었다. 사실 볼리비아는 쿠바의 두 번째 의료협력 프로그램 당사국이다. 2006년 6월에 1,100명의 쿠바 의사들이 농촌지역이 절대다수인 188개 시군에서 무료 진료를 제공했다. 이와 동시에 쿠바는 '기적의 시술(Operación Milagro)' 프로그램의 일부로 수도 라파스에 현대장비와 전문인력을 갖춘 국립안과병원을 제공했다. 또 코차밤바와 산타크루스에도 안과병원을 개소했다. 이런 노력의 결과 볼리비아는 최소한 연간 5만 건의 안과시술을 할 수 있는 능력을 갖췄다.

또 쿠바는 아바나에 있는 라틴아메리카의과대학(ELAM)에서 5,000명 이상의 볼리비아 학생들이 의사와 전문인력 그리고 보건인력으로 훈련

---

12) 상징적 자본에 대한 추가적인 논의를 보려면 다음을 참조하시오. Pierre Bourdieu, *Outline of a Theory of Practice*(Cambridge: Cambridge University Press, 1987), pp. 177, 180; Feinsilver, Healing the Masses, pp. 24~25.

받도록 전액 장학금을 제공했다. 2006년에 500여 명의 볼리비아 젊은이들(총외국인 장학생의 22%)이 의과대학에서 공부하고 있고, 또 다른 2,000명의 학생들이 예비과정을 시작했다. 의과대학의 6년 과정은 졸업 후에 고국의 낙후지역에서 의료 임무를 수행할 저소득층 학생들에게 무료로 제공된다. 2006~2007학년도에는 2만 4,621명의 외국인 의과대생들이 엘람에 등록했다.[13] 엘람은 쿠바의 의료외교 프로그램을 수혜국에서 지속 가능하게끔 만드는 노력의 일환이다.

2005년 8월에 엘람의 첫 졸업식에서 베네수엘라 대통령 우고 차베스는 자국에 제2의 엘람을 세우겠다고 선언했다. 그렇게 되면 양국은 향후 10년에 걸쳐 약 10만 명의 개도국 젊은이들에게 무료 의료교육을 제공할 수 있을 것이다. 양국이 누리는 인도주의적 이득도 상당하겠지만 상징적인 이득도 크다. 쿠바와 베네수엘라에서 학생들이 몇 년간 훈련을 받고 돌아가서 보건 관련 공무원이 되고 오피니언 리더가 된다면 정치적 수혜도 있을 것이다. 1961년 이래 현재까지 약 5만 명의 외국인 장학생들이 쿠바 의과대학에서 의사와 간호사로 훈련을 받았다. 이들은 이제 자국에서 상당한 책임과 권위를 행사하는 지위를 차지하고 있다.[14]

---

13) Cuban Cooperation. Website of the Cuban Governmental Cooperation in the Health Sector. www.cubacoop.com.

14) *Prensa Latina,* April 11, 2008.

5. 쿠바 의료외교의 몇몇 사례: 여타 라틴아메리카와 카리브 국가의 경우

쿠바의 의료팀은 1970년대에 가이아나와 니카라과에서 활동했다. 2005년에 쿠바는 종합보건 프로그램을 실행하고 있는데 해당국은 벨리즈, 볼리비아, 도미니카, 과테말라, 아이티, 온두라스, 니카라과, 파라과이를 포괄한다. 쿠바는 종합진료센터 두 개를 도서국가에 세웠는데, 하나는 도미니카에 다른 하나는 안티구아바부다에 두었다. 또 쿠바 의료인력으로 보건체계를 구축하기 위해 쿠바와 수리남, 그리고 쿠바와 자메이카가 협정을 맺었다.15) 한편 쿠바는 베네수엘라의 조그만 기여를 결합하여 '기적의 시술'을 펼쳐, 라틴아메리카와 카리브 국민 1만여 명에게 시력을 복원시키거나 회복시켰다. 해당 국민들은 아르헨티나, 우루과이, 파나마, 페루, 자메이카 등을 포괄한다. 지난 수년간 쿠바는 라틴아메리카(그리고 세계) 전역에 걸친 ― 좌파만을 위한 것이 아니다 ― 전체 인구에게 무료로 병원 진료를 제공하고 있다.

1) 아프리카와 기타의 의료외교

쿠바는 1970년대와 1980년대 초에 앙골라와 아프리카의 뿔(소말리아반도) 지역에 대한 군사적 지원을 보완하기 위해 대규모 민간원조 프로그램을 제공한 바 있었다. 파견군이 철군하고, 1980년대 말과 1990년대

---

15) http://www.cubacoopera.com and "Cubans to help boost local health sector," *Jamaica Observer,* May 10, 2008. http://www.jamaicaobserver.com/news/html/ 20080510T000000-0500_135451_OBS_CUBANS_TO_HELP_BOOST_LOCAL _HEALTH_SECTOR_.asp.

에 지정학적 변화와 경제적 어려움이 생기자 쿠바의 프로그램은 축소되었다. 하지만 사라지지는 않았다. 남아프리카공화국의 경우 아파르트헤이트(Apartheid)가 끝나고 백인 전문인력들이 해외로 빠져나가자 1996년에 쿠바 의사들을 수입하기 시작했다. 1998년에 이미 400명의 쿠바 의사들이 도시와 농촌 지역에서 의료활동을 하고 있었다. 2008년에는 그 숫자가 435명으로 증가했다. 2004년에 아프리카 국가들에서 활동하는 쿠바 의사의 숫자는 1,200명에 달했다. 해당국은 앙골라, 보츠와나, 카보베르데, 코트디부아르, 적도기니, 감비아, 가나, 기니, 기니비사우, 모잠비크, 나미비아, 세이셸, 잠비아, 짐바브웨, 그리고 사하라 지역을 포괄한다.

아프리카 대륙에서 쿠바 의료 미션에 대한 비용을 대고 있는 나라는 남아프리카공화국이다. 남아공 - 쿠바의 동맹 범위는 베네수엘라 - 쿠바의 관계보다 크지 않다. 쿠바의 의료원조를 아프리카 대륙에 확장시키려는 토론이 2004년에 있었다. 이때 남아공이 100만 달러를 제공하여 말리에 100명의 쿠바 의사를 보내는 삼자협정이 맺어졌다. 2005년 12월에 쿠바는 종합보건 프로그램을 아프리카 여러 나라에서 실시하고 있다. 해당국은 보츠와나, 부르키나파소, 부룬디, 차드, 에리트레아, 가봉, 감비아, 기니비사우, 기니, 적도기니, 말리, 나미비아, 니제르, 르완다, 시에라리온, 스와질란드, 짐바브웨 등이다.

쿠바 의료진은 2004년 동티모르에 지속할 수 있는 보건시스템을 구축하기 위해 파견되었다. 2008년 현재 177명의 전문 의료인들이 쿠바의 종합의료 프로그램 아래 다양한 서비스를 제공하고 있다.[16] 또 쿠바는 800명의 동티모르 학생들에게 의과대 장학금을 제공하여 프로그램의

---

16) *Cuba Coopera* website, March 11, 2008.

지속가능성을 보장하려는 노력을 시작했다. 쿠바와는 멀리 떨어진 솔로
몬 제도에도 8명의 의료진을 파견하기로 했는데, 현재 2명의 의사가
일하고 있고, 2008년 후반기에 모두 도착할 예정이다. 50명의 솔로몬
제도 출신 학생들이 쿠바에서 장학금을 받으며 의과대학에서 공부를
할 것이다.[17]

2) 재난구호

세계의 주요 재난이 터졌을 때 쿠바는 잘 훈련된 재난구호팀을 재빨
리 동원하여 파견한 경우가 많았다. 최근 활동만 보더라도 2008년 5월
의 중국 지진 사태 이후, 2008년 2월의 볼리비아 홍수 사태 이후, 2007년
5월의 인도네시아 지진 사태 이후, 그리고 2007년 12월의 페루 지진
이후에도 의료대대를 파견했다.[18] 쿠바의 재난구호 의료단은 2004년
인도네시아 쓰나미 이후의 원조사업, 2005년 파키스탄 지진 이후 원조
사업을 아직도 유지하고 있기도 하다. 양국의 경우 처음에는 의료팀이
재난구호로 일을 착수했지만, 이후에는 예방과 치유 진료도 함께 제공
하고 있다. 인도네시아 파견 의료단 통계를 보면 2007년 5월 지진 이후
에 쿠바가 보낸 의료인은 135명이다. 이 가운데 58%는 의사였다. 파키
스탄 관련 통계를 보면 지진 이후에 고도로 훈련된 재난구호팀을 파견
했는데, 2,564명 가운데 의사가 57%였고 나머지는 간호사와 의료전문
가들이었다.[19] 파견 팀의 일부는 난민촌과 파키스탄 병원에서 근무했

---

17) "Cuban doctors arrival a blessing, says Solomons Health Dept", Radio New
    Zealand International, June 10, 2008. http://www.rnzi.com/pages/news.php?
    op=op=read&cid=40275.

18) *Cuba Coopera* website, March 11, 2008.

다. 나머지는 지진 피해 지역에 산재해 있는 30개의 야전병원에서 일했다. 파견 팀은 병원의 건설, 설비, 운영에 소요되는 모든 것을 가지고 갔다. 쿠바가 지불한 비용은 적지 않았다. 병원 두 개에 소요된 비용만도 각각 50만 달러나 들었다.

과거에 쿠바는 라틴아메리카의 자연재해와 인재에도, 또 아르메니아, 이란, 터키, 러시아, 우크라이나에도 원조를 제공했다. 예를 들면 지난 10년 동안 1만 8,000명의 러시아인과 우크라이나인들이 체르노빌 사태 이후의 방사능 관련 질병으로 쿠바에서 무료로 진료를 받았다.[20] 이런 종류의 의료외교가 도움이 절실한 시기에 해당국에 주어졌기에 쿠바는 엄청난 양자적이고 다자적인 상징자본을 확보했다. 특히 원조가 더욱 선진적인 국가들에 주어졌을 때 더욱 그랬다.

6. 의료외교의 비용과 리스크

1) 수혜국의 비용과 리스크

쿠바 의료원조를 받는 수혜국이 지불하는 직접적인 비용은 상대적으로 낮다. 대부분의 경우 쿠바 정부는 의사의 임금을 지불하고, 수혜국은 항공료, 월 250~375달러가량의 급여, 그리고 숙식비를 지불한다. 아이

---

19) 같은 글.

20) Aleksei Aleksandrov, "Health Care: The Secrets of Cuban Medicine," *Argumenty i Fakty*(mass-circulation weekly), Moscow, Russia, Sept. 17, 2003 reprinted in December 2003 issue of *World Press Review*(Vol. 50, No. 12). http://www.worldpress.org/Americas/1659.cfm#down.

티와 같이 현금이 말라붙은 경제에서는 여전히 부담이 되겠지만, 이 정도면 국제시장에서 의사를 고용하는 데 드는 비용보다 훨씬 싸다. 그러나 이보다 중요한 것은 비화폐적 비용과 리스크이다. 쿠바 의사들이 의료를 담당하는 곳은 현지 의사들이 일하지 않는 빈민가이다. 여기서는 가구 호출 왕진이 일상적인 일거리이고, 그것도 공짜로 24시간, 일주일 내내 이뤄진다. 이는 수혜국에서 의사와 환자가 맺고 있던 관계의 성격을 바꾸어버린다. 그 결과 쿠바 의사들 때문에 해당국의 의료체계와 의료인 직업이 추구하는 사회적 가치, 구조와 기능을 그들 스스로 재평가하게끔 강제한다. 볼리비아와 베네수엘라의 경우처럼 현지 의사협회는 파업과 여타 저항적 행위로 시위했다. 이들은 쿠바 의사들로 인한 변화를 위협으로 받아들였고, 자신의 직업에 대한 경쟁으로 생각했다.

2) 쿠바가 지불하는 비용

쿠바가 의사 임금을 지급하지만, 그 규모는 절대적인 기준으로나 상대적 기준으로나 낮다. 의사는 국내에서 23달러의 월급을 받지만 해외에서는 약 183달러를 번다. 베네수엘라와 협정을 맺은 이후 쿠바가 베네수엘라 내부에서 행하는 대부분의 의료서비스와 베네수엘라 학생의 교육비용은 베네수엘라가 지급한다. 베네수엘라는 쿠바가 제3국에 제공하는 서비스의 비용도 지급하고 있다. 과거에 쿠바는 화폐가 부족해서 다른 것으로 대체하기도 했고 외부에서 받은 원조를 의료 부문으로 돌리는 무리를 감수하면서 의료외교의 비용은 전적으로 자신이 부담했다.

최근에 쿠바가 추가로 부담하는 비용이 있다. 제3국의 의료외교 프로그램에 참여했던 전문인력이 도망가면서 생기는, 교육개발에 드는 국가의 투자 손실이다. 쿠바의 물질적 조건은 대단히 열악하고 임금은 해외에 비해 매우 낮다. 이 때문에 최근에 700명 이상의 의사들이 미국의 특별한 유인이 없었음에도 불구하고 도주했다. 2006년 8월에 미 정부는 쿠바 의료인 임시입국허가 프로그램(the Cuban Medical Professional Parole Program)을 발표했다. 해외에서 일하는 쿠바 의사들에게 긴급 망명권을 허용하고 미국 내 입국을 보장한다는 내용이다. 이 프로그램은 몇몇 사람의 도주를 부추겼고, 또 쿠바 의사들이 제3국으로 우선적으로 나갈 이유를 제공했지만, 막상 콜롬비아나 도착 지점에 가보면 이들은 구치소에 구금되기 일쑤였다. 약속했던 긴급 비자 발행도 없었고, 또 무일푼 신세가 되었던 것이다.[21]

의료인들이 해외로 나가자 인구당 높은 의사인구 비율을 자랑하는 쿠바에서 문제가 생겼다. 지역의료 시설이나 프로그램이 인원 부족 사태를 겪게 되어 국민들의 불만이 커졌다. 이는 특히 가정의가 대규모로 베네수엘라와 제3국에 파견되면서 심각해졌다. 이는 최근 쿠바에서 유행하는 두 명의 대화 조크에서도 잘 드러난다. 어떤 이가 말한다. "난 베네수엘라로 가네." 다른 이가 묻는다 "왜 나가지? 어느 국제 파견단으로 나가는가?" "국제파견단이 아닐세. 내 가정의를 만나러 가는 것일세!" 가정의에 대한 불만은 심각하게 전개되었다. 2008년 3월 라울 카스트로는 국내 가정의 프로그램이 효율성 제고를 위해 재편될 것이라고 말했다. 이는 곧 몇몇 가정의 사무소가 폐쇄되고 다른 곳으로 통폐합될 것이라는 것과 사무소의 근무시간이 축소될 것을 의미했다.

---

21) Mike Ceasar, "Cuban Doctors Abroad Helped to Defect by New U.S. Visa Policy," *World Politics Review*(August 1, 2007).

의료외교 활동이 증가하자 동네 골목에서 의사를 쉽게 만나던 국민들은 이제 몇몇 진료는 기다리는 시간이 늘어나고 의사가 과로하는 몇몇 분야에는 진료의 질이 떨어지고 있다는 것을 알게 되었다. 이는 어디나 마찬가지로 글로벌한 현상이기도 했다. 하지만 국내 보건체계에 관심이 소홀해지면 체제의 정당성도 약화될 수 있다. 지도부가 개인의 건강을 정치체제의 건강에 대한 메타포로 받아들였기 때문에 더욱 그랬다.

7. 의료외교의 이득

1) 수혜국이 받은 것은?

쿠바의 의료외교 행위는 근 50년간 개도국 저소득층의 건강뿐 아니라 그들 정부와의 관계도 개선시켰다. 1961년 이래 쿠바는 11만 3,585명의 의료 전문인들을 103개국에 의료외교단으로 파견했다. 2008년 4월 기준으로 3만 명의 쿠바 의료인들이 세계 전역의 70개국에서 협력 활동을 하고 있다. 쿠바의 의료원조는 매년 개도국의 수백만 인구의 삶에 영향을 주었다. 또 이런 의료 활동의 지속가능성을 보장하기 위해 5만 명의 개도국 의료 인력은 무료 교육 또는 훈련을 받았거나 아니면 쿠바 전문가들이 지도하는 현지 코스나 자국 의과대학에서 교육을 받았다.[22]

오늘날 1만 명의 개도국 장학생들이 저소득층의 미주 학생들 일부와 쿠바 의과대학에서 수학을 하고 있다. 게다가 쿠바는 우호관계가 있든 없든 늘 재난구호 원조를 제공했다. 미국이 허리케인 카트리나를 당한

---

22) <www.cubacoop.com> y *Prensa Latina*, 11/4/2008.

직후 쿠바는 1,000명의 재난구호 전문 의사들과 의료품들을 제공하겠다고 제안했다. 비록 부시(George W. Bush) 행정부가 이 제안을 수용하지 않았지만 경제적 봉쇄를 포함하여 47년간 미국의 적대 속에서 고통을 받았던 이 소국의 원조 제안이 보여준 상징성은 놀라운 것이었다.[23)]

2) 쿠바가 누리는 이득

쿠바는 1960년에 일어난 칠레의 지진 사태 이후 재난 구제를 위해 의료대를 파견했는데, 원조 수혜국의 가슴과 마음을 얻기 위해 의료외교를 활용했다. 의료외교는— 외교적 지지와 무역 또는 원조(물질적 자본)로 바뀔 수 있는— 위신과 선의(상징적 자본)를 얻기 위한 중요한 수단이었다. 미국이라는 골리앗에 대항한 쿠바의 다윗과 같은 투쟁에서 의료외교는 특히 중요했는데 이는 좀 더 발전되고 기술적으로 선진적인 쿠바의 이미지를 대외적으로 홍보하는 수단이기도 했다. 쿠바의 노력은 성공을 거두었다. 세계보건기구와 여타 유엔기구들, 또 수많은 정부들, 적어도 쿠바 원조의 직접적인 수혜자인 74개국들은 이를 인정한다. 이들은 지난 16년 동안 연속으로 유엔총회에서 쿠바를 지지하고 미국을 비난했는데, 압도적 다수의 지지표로 미국의 대쿠바 봉쇄를 해제할 것을 요구했다. 사실 최근 몇 년 동안 오직 이스라엘, 팔라우, 마셜 제도만이 미국의 입장을 지지했다.[24)]

베네수엘라에 우고 차베스가 등장하면서 쿠바가 취한 경제적 이득은

---

23) Feinsilver, "La diplomacia medica cubana."

24) http://secap480.un.org/search?ie=utf8&site=un_org&output=xml_no_dtd&client= UN_Website_English&num=10&proxystylesheet=UN_Website&oe=utf8&q= vote+on+US+embargo+of+Cuba& Submit=Search.

매우 컸다. 베네수엘라가 쿠바에게 석유 - 의사 교환을 통해 무역과 원조를 행함으로써 쿠바의 의료외교 능력은 유지되었고, 또 쿠바 경제 도 그럭저럭 굴러갔다. 쿠바가 의료서비스를 통해 벌어들이는 소득은 2006년의 경우 총수출의 28%에 해당한다. 이는 23억 1,200만 달러로 쿠바가 니켈과 코발트, 그리고 관광업으로 벌어들인 소득보다 크다.[25] 사실 현재 의료서비스 수출은 쿠바의 경제적 지평에서 가장 전망이 좋은 부분이다.[26]

국내적 측면에서 보면 의료외교는 불만에 가득 찬 의료 전문인들에게 일종의 탈출구를 제공한다. 의사들은 시간을 희생해서 공부했고 일도 열심히 했지만, 관광 부문의 저숙련 근로자들보다 월급이 훨씬 적었다. 해외에서 의사들의 획득 가능한 소득은 의료외교의 틀 속에서든 그 바깥에서든 더욱 큰 법이다.

8. 결론

쿠바는 의료외교를 영리하게 잘 활용하여 상징적 자본을 확충하고, 원조와 무역이란 물질적 자본을 얻었다. 인상적인 결과를 얻었던 전국 보건의료체계를 세우는 데 기초투자를 한 것, 그리고 의료인을 대량으로 양성한 것이 좋은 결실을 맺었다. 베네수엘라와 맺은 석유 - 의사

---

25) Embassy of India(Havana), *Annual Commercial & Economic Report-2006*, No. Hav/Comm/2007, April 13, 2007.

26) Remarks by both Carmelo Mesa-Lago and Archibald Ritter at CUNY Bildner Center Conference, "A Changing Cuba in a Changing World," March 13-15, 2008.

교환 협정을 통해 쿠바의 의료서비스는 경제성장을 이끌어냈다. 좀 더 실용주의적인 라울 카스트로조차 이 방향을 바꾸지는 못할 것이다. 다른 한편 주요 지원자/무역 파트너인 베네수엘라에 대한 종속은 과거의 경험에서 보듯이 치명적일 수 있다. 베네수엘라에 큰 변화가 생긴다면 쿠바의 경제성장 속도는 느려질 것이다.

향후 연구와 토론을 위해 몇 가지 질문을 던진다. ① 만약 국가 지도부가 국제적인 위용을 누리고자 할 때, 국내의 사회적 서비스보다 해외 서비스에 지출을 많이 한다는 것은 당연한 것이 아닐까? 이는 과연 정의로운 것일까? 혹시 베네수엘라와(/나) 쿠바 정부가 정당성 하락을 경험하게 되지나 않을까? ② 제2차 쿠바 - 베네수엘라 협정이 체결된 이후 유가가 엄청나게 올랐는데, 만약 베네수엘라가 교역조건을 재조정하자고 하면 쿠바는 어떻게 대응할 것인가? 또 쿠바의 의료인력이 이미 국내에서 충분하지 않는데, 계속 의료외교를 수행할 수 있을까? 만약 수행할 수 없다면 쿠바의 대안은 무엇인가? ③ ALBA에 대한 베네수엘라의 약속 때문에 바리오 아덴트로 프로그램이 피해를 볼 수 있을까? 그동안 훈련을 받은 베네수엘라 의사들이 기대감에 가득 찬 지역 수요를 만족시키는 데 충분할까? ④ 쿠바 파견 의사들의 도망 때문에 의료외교 프로그램이 망가질 것인가, 아니면 그런 일에 늘 생기는 골칫거리나 비용에 불과한 것인가?

역자 후기

≪그린 레프트 위클리(Green Left Weekly)≫(2010년 4월 12일 자)에 실린 코랄 윈터(Coral Wynter)의 기사에 따르면, 미션 바리오 아덴트로의 실상은 다음과 같다.[27]

현재 2만 9,255명의 쿠바 의료 전문가들이 활동하고 있는데, 이 가운데 의사는 1/3가량이다. 나머지는 간호원, 엑스레이 기술자, 재활 전문가, 그리고 장비 보수 엔지니어들이다. 지난 7년 동안 1만 1,500개의 진료센터가 건립되었는데, 이 가운데는 종합병원(Integrated Diagnostic Centers)도 있다. 또 매일 서비스의 97%가 제공된다.

바리오 아덴트로 프로그램의 지속가능성을 위해 베네수엘라 사람들을 훈련하는 의료교육도 포함되어 있는데, 현재 1만 5,000명의 베네수엘라인이 대체 의료인력으로 활동하고 있다. 이는 1,430명의 의사, 2,100명의 치과의사, 3,000명의 간호사, 8,300명의 기타 근로자(비서, 기사, 요리사, 일반 조력자)로 구성된다.

이 글에는 쿠바의 보건부 차관 호아킨 가르시아의 인터뷰도 포함하고 있는데, 가르시아는 베네수엘라의 의료파견단 업무를 책임지고 있다. 현지 신문 ≪울티마 노티시아스(Ultima Noticias)≫(2010년 3월 25일 자)에 실린 일부를 소개한다.

● 야당이 바리오 아덴트로를 "쿠바의 점령"이라고 비판하는데.
　(바리오 아덴트로 프로그램은) 쿠바인들이 참여하는 진정한 베네수엘라의 프로젝트이지, 그 반대는 결코 아니다. 우리는 베네수엘라 점령군이 아니

---

27) http://venezuelanaysis.com/print/5269

다. 또 그렇게 느끼지도 않는다.

● 베네수엘라인들의 일자리를 빼앗고 있다는 비난, 69명의 쿠바 의사들이 베네수엘라에서 사망했는데, 그것이 높은 범죄율의 결과로 살해당했다는 주장에 대해.

대부분의 죽음은 심장마비, 병, 자동차 사고로 인한 것이었다. 우리가 돈을 벌자고 다른 나라에 가지 않는다. 우리는 선교사들이다. 세계보건기구도 쿠바가 파견한 의사 수보다 많은 인력을 파견할 능력이 없다.

제6장

쿠바 불평등의 과거와 현재
사회적 재계층화의 양면성과 전망

마이라 에스피나 _김기현 옮김

1990년대 초의 위기와 경제개혁은 그전까지 이룩했던 평등을 향한 진전을 부분적으로 역전시키는 재계층화의 과정을 야기했다. 새로운 사회적 그룹들, 소득증대를 위한 혁신적 전략들, 시장과의 창조적 관계들 등을 통한 이런 모든 새로운 경향들은 쿠바 사회에서 사회적 차이의 증가가 단순히 일시적 현상이 아니라 경제의 움직임에 따른 구조적 측면임을 확실히 말해준다. 이 글은 해결책이 위기 이전의 동등화 모델로 돌아가는 것이 아니라, 보편적 복지와 선택적 복지의 균형을 맞춘 새로운 사회정책을 탐구하는 것에 있음을 주장한다.

마이라 에스피나 Mayra Espina 사회학자. 사회·심리 연구센터(Centro de Investigaciones Psicológicas y Scociológicas) 연구원. 아바나 대학교(Universidad de la Habana) 교수. *Temas*지 편집위원.

* 이 글은 ≪Nueva Sociedad≫ 216호(2008년 7-8월)에 실린 글을 옮긴 것이다.

1. 서론

수년 전부터 쿠바의 사회과학은 1990년대의 위기와 개혁으로 인해 발생해서 지금도 여전히 진행 중인 불평등 확대의 문제를 그의 주요한 의제 중 하나로 다루기 시작했다. 이와 같은 관심의 증가는 당연히 그러한 상황이 사회적 동등화의 경향에 기반을 둔 사회주의 모델의 전통적 기반을 변화시키는 것을 의미하기 때문이다. 그러나 이러한 관심은 또한 사회적 차이가 심화되는 과정이 강력하고 지속적이기 때문이기도 하며, 또 그러한 과정이 사회적 공정함과 평등함을 위한 사회정책적 함의를 가지기 때문이기도 하다.

가장 많이 다루어진 내용 중 하나는 존재하는 불평등의 성격이 부정적이냐 그렇지 않으냐 하는 문제와 21세기 들어서 정부에 의해 촉발되어 최근에 적용되기 시작하거나 혹은 구체적인 모습이 그려지기 시작한 사회정책들에 대한 토론이다.[1] 후자에 대한 논쟁은 거의 '아이디어 전쟁'의 수준이다. 그들은 반개혁, 즉 1980년대의 평등 수준으로 돌아갈 것을 의도하는가? 아니면 혼합되고 다주체적인 사회주의 모델을 심화하고자 하는가?

이 글 전체에서 전개되는 주장은 1980년대 평등의 조건들을 재건하는 것은 가능하지도, 필요하지도 않다는 가설을 유지한다. 그리고 사회정책이 사회적 동등화의 수단을 회복하는 것보다는 다양성을 조정하는 방향으로 나아가야 한다고 말한다.

---

1) 그와 관련된 변화의 제안은 2007년 7월 26일에 행해진 라울 카스트로의 연설에서 처음 나타났고, 2008년 2월 24일의 연설들과 그해 4월 쿠바공산당(PCC) 제6차 전당대회의 폐막연설에서 더 명확하게 언급되었다.

2. 사회적 재계층화

1990년대에 시작된 쿠바 사회의 재계층화 과정은[2] 다음 세 가지 요인 — 1980년대 후반부에 시작된 축적 모델의 고갈, 쿠바의 국제경제 가입 메커니즘의 상실에 따른 위기, 새로운 내외적 환경에 대응하기 위한 경제개혁[3] — 의 결합의 결과이다. 이러한 재계층화의 과정은 지금부터 지적하는 명백한 경향들로 나타난다.

1) 도시 소부르주아의 재구성

이러한 경향은 기본적으로 비공식 부문에 기반을 두고 있다. 그중 소규모 사업, 식당, 카페테리아, 자동차수리센터, 영세 신발생산업 등은 이러한 사회 재구성화의 상징적 형태들이다.

<표 6-1>에서 보듯이 국가 부문에서의 고용은 비중이 감소하고 있다.

---

2) 사회적 재계층화는 사회적 불평등의 재출현, 경제적·사회적 차이의 확대, 새로운 사회적 차이를 만들거나 이미 존재하는 차이를 확대하는 새로운 사회적 계급·계층·그룹들의 출현, 소득 원천의 다각화와 양극화 등에 의해 결정되는 사회구조적 변화과정이다. 그것은 경제적 가용성과 물질적·정신적 복지에의 접근 가능성의 차이와 관련된 경제사회적 계층의 존재를 명백하게 한다.

3) 1993년부터 실행된 개혁 패키지를 구성하는 처방 중에는 다음과 같은 것들이 포함된다. 외국자본에의 개방, 조합이나 가족에게 국유지 이용권 부여, 농산물 시장의 설립, 가족 단위의 해외송금과 외화유통 합법화, 사탕수수 전략을 외화획득에 중요한 부분(관광, 바이오산업, 니켈과 석유 개발) 우선화로 대체, 자영업 허가의 확대, 선택적 부분에서 외화획득이 가능한 직업을 촉진하는 시스템의 이식, 국가 행정기구의 재구조화와 축소, 경제적 결정에서 탈중앙집중화의 강화, 시장을 통한 더 많은 분배 여지의 부여.

<표 6-1> 쿠바 소유 부문별 직업 구조

(단위: %)

	1988	2006
총고용	100.0	100.0
국가 부문	94.0	78.5
쿠바 국영기업	-	3.7
비국가 부문	6.0	21.5
합작투자기업	-	0.7
조합	1.8	6.2
국내민간기업	4.2	14.7
-자영업	1.1	3.5
-자영농민	3.1	10.8
-국영기업과 재단 자회사	-	0.3

자료: ONE, 쿠바통계연보(Anuario Estadístico de Cuba).

그렇지만 통계는 '자영업(por cuenata propia)' 범주에 공식적으로 등록된
노동자들만을 포함하고 있다. 따라서 명백히 확대되고 있는 등록되지
않은 비공식 부문의 현상은 여기서 배제된다. 따라서 최근 2년에 관찰되
는 자영업 부문 감소의 경향은 도시 소규모 시장경제 종사자들의 감소
로 간주될 수는 없다. 같은 방식으로 통계는 자영업 부문에서 단지
자기고용만을 다루기 때문에 그의 다양성을 반영하지 못한다. 그러나
실시된 분석들은 비공식경제에서 어떤 활동들이 미니 기업처럼 기능하
고 있음을 확실히 보여준다. 이러한 기업들에서는 고용주, 주인(patrón)
혹은 소유주, 민간 봉급자, (임금을 받는 혹은 무임금의) 가족 보조자, 그리
고 심지어 견습생들, 즉 소유와 경영, 숙련공과 임금노동자 간의 위계질
서를 명백하게 구분하는 것이 가능하다.

2) 사회계급 거대 구성요소의 내부적 분열

이 새로운 시기에 사회주의 쿠바의 전형적 구성요소들(노동자 계급,
지식인, 관리자, 사무원) ― 이들은 전에 국가 소유물로 인해 연결되어 있었고,
그들 소득계층의 차이도 상대적으로 크지 않았다 ― 은 다양한 소유형태와의
연결과 새롭고 차별적인 소득수준의 결과로 이질화를 경험하게 되었다.

합작투자 기업은 경제에서 자신의 존재를 크게 증가시키지는 않았
다.4) 그것은 총고용의 1%에도 미치지 않는 낮은 고용률을 유지했다.
그렇지만 국가 부문과 비교하여 소득 수준과 노동과 삶의 조건이 더
양호했기 때문에 이 부문의 일자리에 대한 요구는 매우 높았다. 따라서
사회적 재계층화의 요소로서 그의 영향력은 엄격히 양적인 시각에서만
측정될 수는 없고, 대신 직업의 형태와 관련하여 복지에 대한 차별적
접근 기회를 창출하는 그의 능력에 따라 판단되어야 한다. 또한 비국가
부문의 장점과 정당성의 실증적 효과는 사회적 간주관성에 따라 판단할
필요가 있다.

사회주의 모델 전형적 구성요소의 이질화 경향의 또 다른 축은 직업
범주의 구조에서 드러난 변화들로 나타난다. 1990년과 2005년 사이
생산과 직접적으로 연결되거나 행정지원과 관련된 직업들의 비중이
감소했다. 동시에 서비스와 관련된 직업들, 적게는 기술자나 관리자와
같이 더 많은 전문적 경험을 요구하는 직업들이 증가했다. 이것은 중고

---

4) 외국인 자본과의 경제적 연합(Asociaciones Económicas con el Capital Extranjero:
AECE)의 수는 1990년에서 2002년 사이에 증가해서 2002년에는 그 수가 402개에
달했다. 그때부터 증가세가 역전되었다. 그 이유로는 허가된 사회적 목표의 미달
성, 재정수지에의 손실, 그리고 협약된 수출의 미완수 때문이다. 2006년에 쿠바에
는 약 258개의 AECE가 존재했다(Pérez Vullanueva).

〈표 6-2〉 쿠바. 직업 범주에 따른 직업의 구조

(단위: %)

	1990	2005
노동자	51.4	37.3
기술자	22.1	25.5
행정직	6.3	5.4
서비스	13.6	23.5
간부직	6.6	8.3

자료: ONE, 쿠바통계연보.

급 수준의 전문화된 서비스를 요구하는 경제의 3차 산업화 과정이라고
설명될 수 있다.

3) 농축산물 생산업자들의 이질화

국유지의 분할과 조합화를 통한 농축산물 생산의 재구조화, 소규모
소유의 허용, 그리고 시장 메커니즘의 도입 등은 새로운 사회집단(기본
적으로 국유지의 협동조합 조합원들과 소규모 경작자들로 구성)을 출현시켰다.
그것은 농축산업 부문을 다각화했고 가족단위의 소규모 상업생산을
강화했다.

농산물시장의 확대 과정에서 전통적으로 더 생산적이고 시장의 수요
에 더 유연하게 적응하는 소규모 개인 경작자들이 좀 더 큰 이익을
획득했다. 그것은 이 새로운 경작자들을 경제적으로 강화했다. 반면
전통적인 혹은 새로운 형태의 협동조합들이 진정한 비국가적 경제활동
가로서 공고화될 가능성은 적었다.

4) 소득의 차별화와 소비 접근의 분리화

전통적으로 축소된 경제적 차이와 더불어[5] 이른바 '사회적 기금(fondos sociales)'에 의해 보장된 소비의 확대, 광범위한 사회보조금, 보편적이고 무상인 공공서비스로 인해, 특히 1970년대와 1980년대의 개인적 그리고 가족단위의 소득은 경제사회적 차이의 요인으로서 의미를 가지지 않았다. 이것은 쿠바의 상대적으로 동질적인 사회구조를 더욱 공고히 했다.

그렇지만 1990년대 말부터 지니계수가 1980년대의 0.24를 넘어 0.38로 높아졌다. 그것은 전 시기의 소득 탈집중화 추세를 뒤엎는 소득의 집중화 경향을 두드러지게 했다(Ferriol, 2004).

한편 기본적 필수품의 많은 부분들 — 필수적 식료품, 의복, 세면도구, 거주지의 수리와 설치를 위한 물품의 최소 50% — 이 태환페소(CUC)를 사용하는 합법적 시장과 암시장에서 충족되었다. 이것은 (아직 회복되지 않은) 위기로 인해 야기된 실질임금 구매력의 하락과 가격상승과 더불어 소득과 시장을 매우 차별적으로 만들었다.

2005년에는 소득의 증가가 이루어졌다. 노동자 월평균 임금이 1996년 203페소에서 398페소로 증가했다. 최저 임금은 225페소로 올랐다. 연금과 최소 사회지원금이 각각 164페소와 122페소에 도달했다.[6] 그렇지만 이러한 증가는 국가보조에서 제외된 많은 1차적 필수품의 높아진 가격효과를 극복하는 데 도달하지는 못했다.

---

5) Nerey y Brismart(1999)는 1980년대 후반부에 전체 고용의 95%를 차지하는 국가 부문 종사자들 사이에 소득의 차이는 겨우 4.5배에 불과했다고 보고한다.
6) 경제기획부의 국가통계국이 제공한 자료들 참조.

5) 빈곤, 사회적 취약성, 소외 상황의 재출현

소득에서 빈곤층에 속하는, 따라서 기본적 필요를 충족시킬 수 없는 도시인구의 비율이 1988년 6.3%에서 2000년 20%로 증가했다(Ferriol, 2004). 빈곤 상황에 있는 다양한 그룹들의 차이를 단순화하지 않고서도 배제의 주요 메커니즘을 설명할 수 있는 기본적 틀에 도달하는 것이 가능하다.[7]

주요 경향으로서 언급할 수 있는 것은 평균보다 큰 규모의 가족, 가족의 핵심에 노인과 어린이들의 증가, 안정적 직업을 가지지 않는 여성이 이끌어가는 모자가정, 높은 출생률, 아버지의 지원을 받을 수 없는 청소년 미혼모의 높은 증가율, 가족의 도움 없이 혼자 사는 노인들, 저임금의 전통적 국가 부문 종사자, 외화소득에 전혀 접근할 수 없거나 접근의 기회가 매우 적은 경우, 과도하게 흑인이나 혼혈인의 외모를 가진 경우, 무능력이나 일할 조건이 되지 않아 일을 하지 않는 사람들, 전국 평균보다 상대적으로 낮은 학력 수준, 주거 불안, 삶을 위한 돈벌이 수단의 감소, 학업의 포기나 중단의 빈번한 증가, 어른들의 돈벌이를 돕기 위한 어린이들의 활동(동생 돌보기, 어른들이 만든 혹은 수확한 제품의 판매, 가사업무나 그 밖의 일들의 수행), 대부분 소외된 구역에 위치한 삶의 공간, 사회적 신분이 노동자이거나 비숙련 노동자인 사람들의 과다함 등이다.

미시사회적 측면에서 자산의 부재와 그것의 다음 세대로의 이전은 빈곤의 문제를 잘 설명해준다. 거시적 측면에서는 적절한 임금의 직업을 창출할 수 있는 원천을 만들기 위한 새로운 경제 메커니즘의 부재,

---

7) 이러한 내용들을 작성하기 위해 다음의 자료들이 통합적으로 활용되었다. Espina et al.(2003); Ferriol(2004); Zabala(2003); Rodríguez et al.(2004); y Espina(2008).

그리고 노동과 사회복지에 기반을 둔 사회적 포용의 구조적 메커니즘의 약화가 거론된다. 그럼에도 사회적으로 취약한 부문을 보호하기 위한 장치들이 아직 유지되고 있고, 혹은 심지어 확장되고 있는 한 총체적인 사회적 배제의 과정이라고 말하기는 어려울 것이다.

6) 성과 인종과 관련된 불평등의 심화

성에 따른 차이는 다음의 세 가지 측면 — 직업의 불리, 취약성, 권리강화 — 에 집중된다. 이런 모든 것은 숙련된 노동력에서 여성의 수가 절대적으로 적거나 고위 관리직 수준으로 올라가면 여성의 비중이 감소하거나, 생산과정을 관리하는 데 — 여기서 여성은 완전히 배제된다(Echevarría, 2004) — 힘이 비대칭적으로 배분되거나 빈곤층 여성의 비율이 과다하거나 하는 현상으로 나타난다.

인종적 불평등은 관광·합작기업과 같이 양호한 직업에서 백인 노동자들이 다수를 차지한다거나 제조업·건설과 같은 전통적 부문에서 흑인과 혼혈인들의 수가 압도적으로 많거나 전문직이나 새롭게 떠오르는 부문의 지적 직업에서 백인들의 수가 훨씬 많거나 고위직으로 올라갈수록 백인들의 비율이 증가하거나 해외송금이 백인가정에 집중된다거나 열악한 거주지에 사는 흑인과 혼혈인들의 비율이 과도하게 높거나 하는 등의 다양한 측면에서 관찰된다. 그리고 인종적 불평등은 또한 인종적 이미지에서 흑인에 대한 부정적 평가와 백인에 대한 긍정적 평가가 지배적이라는 데에서도 증명된다. 그것은 상징적 차원에서 불평등이 재생산되는 요소로 작동한다(Espina y Rodríguez, 2004).

교육 시스템에도 1980년대 말 흑인 학생들의 대부분은 9학년을 마치고 학교를 그만두는 반면, 혼혈인들은 기술전문대에서 다수를 차지하고, 백인들은 대학생의 다수를 차지하고 있음이 드러났다(Domínguez y Díaz, 1997). 대학교육의 지방화를 추진하는 현재의 정책이 대학생들의 인종적·사회적 구성에 변화를 가져오기 시작했다. 따라서 미래에 그러한 경향은 변화될 것이다.

요약하면 쿠바 사회주의의 통합적 사회정책이 유효함에도 불구하고, 보편적이고 동질적인 형태의 사회정책으로 인해 뿌리 깊은 어떤 차이들이 사회의 모든 측면에서 사라질 수는 없었다.

7) 공간성과 불평등의 연결 강화

1990년대 초의 위기와 경제개혁과 함께 쿠바 사회의 지역에 따른 계층화를 강화하는 선택적 메커니즘이 형성되었다. 이것은 이전 시기에 형성된 지역 간의 평등정책을 비록 완전히 사라지게 하지는 않았지만 약화시켰다.

연구들은 기회의 '불평등 조절장치'로서의 공간성을 설명하는 가장 중요한 요인들로 비전통적 소유형태의 확산, 시장 메커니즘의 확대, 비사탕수수농업 그리고 개인적·가족적 사업에서 개인적·조합적 소유의 강화 등을 들고 있다. 이러한 모든 것들은 광범위한 공식적·비공식적 시장을 강화하는 데 기여했다(Iñíguez y Pérez, 2006). 이것은 여러 가지 측면 중에서 어떤 지역의 빈곤층 비율이 더 높게 나타나는 공간적 취약성과 배제성이라는 지역적 도태의 형태를 만든다.

한편 지역적 인간개발지수(IDH)의 측정에 따라 쿠바 지방을 세 개의 발전 단계로 그룹화할 수 있다.[8] 그에 따르면 0.6 이상의 높은 IDH를

---

8) 지역적 인간개발지수를 보기 위해서는 Méndez y Lloret (2005) 참조. 저자들은

나타내는 지역으로는 아바나 시와 시엔푸에고스가 있고, 0.462와 0.599 사이의 중간 수준 IDH를 가진 지역으로는 아바나 주, 마탄사스, 비야클라라, 산티스피리투스, 시에고데아빌라, 이슬라델라후벤투드가 있으며, 0.462 이하의 낮은 IDH를 가진 지역으로는 피나르델리오, 카마구에이, 라스투나스, 올긴, 그란마, 산티아고데쿠바, 관타나모가 있다.

이러한 분석은 다음과 같은 결론을 유도한다. 첫째, 인간개발지수가 높은 지역은 적은 반면 낮은 지역의 수는 많다. 둘째, 불평등을 수정하기 위한 사회정책에도 불구하고 이러한 차이를 결정하는 데 경제적 요인의 무게가 더 중요하다. 이러한 사실은 역사적 발전의 수준과 연결되어 형성되는 지역적 불리함이라는 틀이 유지되고 있음을 의미한다. 그것은 동시에 과거로부터 유산된 그리고 날 때부터 타고난 불평등 조건을 변화시키는 것이 어려움을 말해준다.

8) 생존과 소득의 증가를 위한 가족적 전략의 다각화

일상적 삶의 사회학이라는 초점에서 보면 사회적 위기는 역사적으로 기본적 필요성을 충족시킬 목적을 가진 일상의 세부적 실천들이 대규모로 해체되고 유효성이 상실된 상황이라고 정의될 수 있다. 따라서 생존과 소득의 증가를 위한 가족적 전략의 다각화는 쿠바 사회의 재계층화를 이해하기 위한 결정적 측면이라고 할 수 있다.

알려진 미시적 전략들은 이 시기에 시작된 것은 아니다. 그러나 이

6개의 기본적 변수들(유아사망률, 고용지표, 투자 총액, 취학률, 평균임금, 모자사망률)에서 각 지역이 겪는 결핍의 정도를 측정해서, 그에 1에서 0까지의 점수를 매겼다.

시기에 확대되었고 합법화되었다.[9] 그 내용은 광범위하다. 그것들은 (일시적 혹은 영구적으로 해외송금과 지속적인 가족 이주의 망을 설립하기 위한) 내부적·외부적 이주, 사회적 신분 상승을 위한 결혼, 비국가 부문에서의 합법적 혹은 불법적 활동, 소규모 가족기업의 설립, 다양한 출처와 다양한 질의 생산물 암시장 판매, 가내수공업, 관광이나 식당과 같은 양호한 국가 부문 활동에서 불법적 하도급계약, 관광객이나 외국인들에 대한 불법 서비스 제공, 자신의 가정 내에서 집이나 방의 임대, 운송서비스 제공, 국가 자산이나 설비의 개인적 목적을 위한 개발 등이다.

이런 모든 전략에서 주목할 만한 사실은 공식적 서비스와 시장이 충족시킬 수 없었던 필요의 만족을 위한 틈새를 재빨리 인식하고 대처한 유연성이다. 한 가족이 가용할 자원을 충족하기 위한 그러한 전략들은 그것이 옳고 그름을 떠나 합법성의 전통적 인식기준으로부터 적절하게 이탈했다. 그것들은 효율성을 획득하기 위해서 가족이라는 행위자와 미시적 공간의 자율적인 구조적 힘을 활용했다. 이런 모든 활동들은 '공식적 개혁'과 연결된 변화와는 다른 공간에서 일어난다. 그러나 개혁을 그들의 미시적 실천의 장에 재적용한다. 이것은 개혁정책의 계획된 개입 활동에서는 기대할 수 없었던 다양한 결과들을 야기한다. 그것은 혼돈과 질서를 연결하는 변화를 위한 틀의 기초를 다지는 것이다. 즉, 그것은 조직화된 혼돈 형태의 결과로서 스스로 아래로부터의 개혁을 달성하는 것이다.

---

9) 그 내용들은 Departamento de Estudios sobre Familia(2001); Zabala(2003); Espina(2008); Espina et al.(2003)을 통해 구성되었다.

9) 사회적 불평등에 대한 인식과 주체적 측면의 다각화

불평등의 심화 과정은 필요를 충족시키기 위한 기회의 활용, 어려운 순간 이웃과 가족의 질적인 연대의 실현, 가치와 희망으로서 교육의 지속성, 다양한 사회그룹들이 경험하는 불평등에 대한 부정적 생활 체험, 일반적으로 음식과 물질의 소비와 관련된 과도한 욕구, 소득의 증가와 관련된 강력한 욕구의 존재, 삶의 수단 혹은 개인적 실현 요소로서 일에 대한 평가, 소득을 획득하기 위한 대안적 전략으로서 불법적 활동의 정당화, 일상의 문제 해결을 위한 중장기적 예방책의 부재와 일시적 대처가 대부분인 탓으로 인해 발생하는 불안감 등에 직면하기 위해 필요한 독창성과 창조성을 광범위하게 발휘할 수 있는 사회적 주체성의 능력 등에 의해 좌우된다.[10]

이러한 틀에서 더 높은 구매력을 가진 계층은 소비행태와 관련하여 더 큰 만족을 나타내고, 가족적 안정에 긍정적 평가를 보여주며 미래와 필요성의 향유와 만족에 대해 낙관적인 계획을 가진다. 반대로 좋지 못한 상황에 있는 부문들은 가족의 삶에 만족할 수 없고 소득을 획득하기 위한 전략도 부족하며 일상의 삶도 하루하루 살아가기에 바쁘고 중장기적 목표를 세우기 위한 저축의 가능성도 거의 없으며 미래의 계획도 세울 수 없다.

요약하자면 모순적이고 따라서 잠재적으로 갈등적인 교차적 사회 주체들이 존재한다. 가장 혜택을 본 그룹들은 높은 혁신적 능력과 기존의 제한을 위반할 수 있는 가치적 유연성을 보여준 반면, 다른 한편으로

---

10) Espinoza et al.(2003); Espinoza(2008); Ferriol(2004); Zabala(2003); Rodríguez et al.(2004) 참조.

낮은 소득 그룹들은 미래에 대해 비관적이고 예속적 비전을 보여주었다.

3. 개혁의 사회정책

혁명 시기 동안 쿠바의 사회정책은 평등정책이라고 평가될 수 있다. 그의 방향과 목적이 복지기회에 대한 평등한 접근 그리고 착취와 배제를 제거함으로써 모든 사회 부문의 필요성 만족이라는 균등 결과를 획득하는 것이었기 때문이다. 그것을 보장하기 위해서 다양한 수준에서, 즉 분배뿐만 아니라 생산과 생산과정의 기반이 되는 소유관계에서도 공적 통제가 필요했다.

이러한 정책의 축은 기본적 급식, 교육, 보건, 사회보장과 지원, 고용, 문화적 자산에 대한 접근 등의 완전한 제공을 보장받는 시민의 사회적 권리의 보편화이다. 이러한 권리는 기본적 수준에서 소득의 구별 없이 비시장적 메커니즘(무상 분배와 보조)을 통해 모든 국민들에게 제공된다. 이러한 정책은 사회적 통합과 평등이라는 의미에서 성공적이었다.

1990년대 초에 발생한 위기는 전체 국민의 기본적 필요성을 충족하기 위한 이러한 메커니즘의 가능성을 약화시켰다. 그렇지만 개혁이 사회정책을 완전히 해체하지는 않았다. 다만 그것을 좀 더 취약한 계층에 대한 보호를 보장하기 위한 도구로 활용했다.

1990년대의 개혁은 사회정책의 측면에서 두 시기로 나누어진다. 첫 번째 시기에는 경제적 회복을 위한 조건이 창조되고 위기의 사회적 비용에 대한 완충장치들이 생겨났다. 그것은 자영업의 확대와 또 다른 직업과 소득을 창출하기 위한 다양한 민간의 선택들을 포함한다. 또한 그것은 외화급여 시스템의 도입, 경제적·사회적으로 선호되는 역할로 선택된 직업이나 활동을 위한 임금의 증가, 폐쇄된 혹은 재구조화된 경제활동에 종사하는 노동자들을 위한 사회적 보호의 보장, 가족적 해외송금의 합법화, 외화보유의 허가, 저소득 계층 식량보조를 위한 공적인 공동체 망의 설립 등을 포함한다.

1990년대 말에 시작되어 2000년대 초에 심화된 두 번째 시기의 초점은 평등을 보장하기 위한 사회적 투자에서 국가의 적극적 행동에 맞추어진다. 그것을 위해 특히 보건과 교육에서 공공서비스의 회복과 근대화를 위한 새로운 사회적 프로그램들이 적용되고 사회정책의 장으로서 지역적·공동체적 공간이 우선시 되며 취약한 상황에 대한 보호가 완수된다. 이러한 개념 아래에서 통합적 공동체 직업 프로그램(Programa de Trabajo Comunitario Integrado), 문화와 정보에 대한 접근의 대중화, 특별한 필요성과 빈곤층 부문에 대한 선택적 보호 프로그램과 같은 활동들이 개발되었다. 또한 전반적 그리고 선택적 직업 그룹에서 임금과 연금의 증가와 함께 국가 메커니즘과 가족적 노력에 의한 주택 건설 능력의 확대가 결정되었다.

필자의 판단으로 이 두 번째 시기는 불평등에 대한 현실적 진단에서 시작되었다. 그리고 특히 사회적으로 열악한 지위를 재생산하는 세대 간의 연결을 끊고 사회적 계층 이동의 수단이 될 교육의 회복과 같은 중요한 개발활동들과 함께 보편적 그리고 선택적 도구들을 조화시킬 것을 결정했다. 이러한 의미에서 경제의 서비스산업화와 교육 진전의 조화가 이 사회의 광범위한 계층들에게 그들이 처한 상황을 개선할 가능성을 열어줄 것이라는 점은 기대할 만하다.

이러한 정책들의 적절함에도 불구하고 사회적 전략은 불평등의 이분법적 시각에 의해 발목이 잡혀 있다. 그러한 시각은 앞서 언급한 정책을 생산적 인센티브로 활용할 가능성을 고려하지 않는다. 즉, 동질적이고 극단적인 국가개입주의 방식을 고집한다. 이것은 불충분함을 대변하는 시각이다. 그중에서 우리는 발전의 경제적·사회적 차원과 사회적 프로그램의 경제적 지속성 부족 간의 약한 연결고리, 지역적·계층적으로 구체적인 특수상황에 적절하게 대처할 수 없게 만드는 과도한 중앙집권주의, 정부 소속이든 비정부 소속이든 지역 활동가들의 역할 부재, 사회정책의 실현과 재정 마련을 위한 국가 외 활동가들의 보완적 역할의 미약함, 참여적 메커니즘과 통제의 부족, 보건·교육과 같이 이미 어느 정도 충족된 영역을 강화하는 경향 — 이것은 주택, 고용, 소득과 같이 또 다른 필요한 영역에 추가 자본을 투입하는 것을 막는다 — 등을 언급할 수 있다.

4. 불평등의 전망

계속해서 필자는 국가적 상황에 대한 세 개의 논평을 통해 불평등 상태에 대한 평가, 그의 단기적 전망, 사회정책의 가능성에 대한 제안을 하고자 한다.[11]

---

11) 주어진 공간과 주제의 특수성으로 인해 여기서는 단지 내부적 본질의 요인과 과정 그리고 전국적·지역적 환경에서의 활동 제안에 대해서만 집중할 것이다. 그리고 국가 외적인 환경에서 오는 요인들은 물론 매우 중요하기는 하지만 여기서 그것들을 모두 언급할 수는 없다. 그것은 미국의 경제제재, 주변 지역의 상황, 국제시장에서 식품과 연료 가격의 상황, 세계화의 지역적 선택의 차별적 효과들, 무장 갈등의 증가와 같은 것들이다. 이런 모든 것들은 쿠바의 불평등과 빈곤에 매우 중요한 비중을 차지한다. 그리고 정책의 적용에 제한을 가한다. 따라서 소규모 주변부 경제로서 쿠바가 세계체제에 편입하는 것을 어렵게 만든다.

첫째, 고용과 임금의 통계 그리고 가정과 학력수준에 대한 앙케트 조사— 그중 일부는 이 글에 인용되었다— 는 사회적 재계층화를 특징짓는 다양한 경향들이 일시적인 것이 아니라 지속적이고 구조적인 성격을 가질 수 있음을 확실하게 보여주었다. 그러한 경향들은 위기에 직면한 일시적 장치들이 아니라 경제가 기능하는 새로운 조건들의 결과이다. 물론 경제적 요구가 변화할 수 없는 객관적 법칙과 같이 '본성'으로서 구조화될 수는 없지만 이러한 요구들을 받아들일 필요성에 대한 관심을 불러일으키는 것은 확실하다.

게다가 변화들은 거시경제적 구조와 계획된 행동들의 범위를 넘어서 미시적 실천들과 사회 주체들에 의해 흡수되고 재생산된다. 이것은 거시적 개혁과 관련하여 기대하지 않았던 결과들과 평행적·합일적·모순적 행동과정들을 만들어낸다. 따라서 그것들은 개혁을 좀 더 심화하거나 아니면 발목을 잡을 수도 있다. 그리고 사회적 구조의 형성에 중요한 영향을 미친다. 그 결과는 확연하게 드러나는 사회의 다주체적 계층화이다. 그것은 위기 이전의 출발점과는 너무나 달라졌다. 따라서 최소한 단기적으로 그것을 뒤집는 것은 매우 어렵게 되었다.

매우 중요한 두 번째 사실은 불평등의 애매모호한 성격이다. 불평등의 확대는 불공정한 경제사회적 차이(그것은 직업 때문도 아니고, 특별한 보호를 요하는 개인적 조건과 관련된 것도 아니다)를 강화함으로써 사회정의와 평등의 본질적 측면을 손상시켰다. 다시 말하자면 필요성의 충족 수단으로서 또 빈곤화 과정과 세대 간에 재생산되는 인종적·성별적·지역적 취약성의 강화 요인으로서 직업의 중요성이 그다지 크지 않음을 말한다.

그러나 동시에 이러한 불평등의 심화는 새로운 생산적 인센티브, 기본적 필요성을 충족하기 위한 고용과 소득 원천의 확대, 재화와 서비스

공급의 다각화를 가져왔고, 또한 일부 사회적 그룹에게는 개인적 노력으로 물질적 혜택에 접근할 수 있는 상황을 재설정해주었다. 따라서 1980년대의 평등 상태로 돌아가고자 하는 목적은 적절한 것으로 보이지 않는다. 그것은 평등과 모순되는 동질화 시도이자 다양성을 무시하는 것이다.

셋째, 쿠바 사회가 가고 있는 변화의 순간과 그것들이 만들어내는 불평등과 사회정책에서의 영향에 대해 신중히 고려할 필요가 있다. 이 순간에 변화의 축은 경제와 사회에 공산당(Partido Comunista)의 지도적 역할 강화, 국가구조와 임원 감축 그리고 개인적 행동(해외여행 허가, 재화의 판매와 구매, 주택의 교환 등)에 대한 제한권의 축소를 통한 국가기구의 탈관료화, 시민권과 개인적·가족적 소유권의 회복, 쿠바의 기준에서 사치품으로 고려되는 재화와 서비스(컴퓨터, 휴대전화, DVD와 비디오, 호텔이나 관광센터 이용 등) 시장의 확대, 진정한 자립경영의 능력을 갖춘 조합과 소규모 가족적 상업영농을 촉진하는 농축산업의 재조직화, 지역적 수준의 식료품 생산과 시장 확대를 위한 정책의 탈중앙집중화, 기업에 임금결정에 대한 좀 더 많은 자율권을 줌으로써 생산성에 더 많은 물질적 인센티브 창출, 토론과 공적비판 그리고 시민의 참여를 위한 공간의 확대와 같은 것들이다.

필자의 시각에서 이러한 변화는 본질적으로 경제적 절박함에 따라 소유의 다양한 형태와 연결된 경제적 주체들을 다각화하고 생산적 역할과 결정과정에서 그들의 상호 연결성과 보완성을 강조한다는 한다는 의미로서 다주체적 사회주의 모델을 회복하는 새로운 개혁적 자극을 만들어낼 수 있다. 이러한 노선은 이미 1990년대 초의 개혁에 포함되어 있었다. 그러나 그것은 그의 구체적 적용과정에서 불충분하게 전개되었고 왜곡되었으며 심지어 반개혁적으로 움직이기도 했다.

만약 변화의 이러한 기반이 구체적으로 조성된다면 높은 구매력을 요구하기 때문에 지금까지 비공식 시장에서만 구할 수 있었던 재화와 서비스의 수요를 충족시킬 수 있는 법적 메커니즘이 만들어질 것이다. 따라서 이러한 형태들의 활동이 사회적 불평등에 미칠 주요한 영향들이 더 두드러졌을 것이며, 기존의 체제 아래서 이미 존재했던 불평등이 공식적으로 인정되었을 것이다. 그로 인해 변화는 사회적 재계층화의 강화, 노동 - 소득 - 재화의 이용이라는 연결고리의 최소한 부분적 재연결, 사회적 의제 설립에 참여적 메커니즘의 재활성화 등으로 나아갔을 것이다.

5. 마지막 논평: 어떤 행동노선들

앞서 지적된 것들은 사회주의 틀 내에서 불평등과 다양성의 의미에 대한 새로운 이해를 향해 진전할 기회를 제공한다. 이러한 방향에서 어떠한 연구들은 사회적 취약성의 감소와 평등 수준의 개선에 국가 역할의 능력을 향상시키기 위한 제안들을 만들었다. 이 글을 마치기 위해 그중 가장 두드러지는 몇 가지를 언급하고자 한다.[12]

1) 사회정책에 경제적 지속가능성을 고려해야 한다.

그것을 획득하기 위해서는 기술집약적 제조품 판매를 우선시하는 수출 모델의 기반 위에서 쿠바 경제를 세계경제에 편입시킬 수 있는

---

12) 이러한 제안과 그의 근거에 대한 좀 더 광범위한 분석을 보기 위해서는 Espina(2008)을 참조.

변화를 촉구할 필요가 있다. 또한 경제계획과 국가와 시장과의 관계를 완벽하게 하는 것이 중요하다. 그를 위해 시장과 국가의 보완 메커니즘을 강화하고 비국가적 소유를 확대해야 한다. 그로 인해 국가는 그의 능력을 넘어서는 활동이나 과제들에서 벗어나서 필수적인 것들에 집중하고 소득의 산출 가능성을 다각화할 수 있다.

2) 사회정책에 대한 인식의 변화를 가져와야 한다.

여기서 가장 중요한 것은 사회적 동질성을 강조하는 개념으로부터 불평등의 사회주의적 규범을 받아들이는 것이다. 즉, 평등과 불평등 사이의 긴장을 다루기 위한 기본적인 틀을 먼저 설립해야 한다. 이러한 규범의 일반적 요소들은 다음과 같다. 그것은 지배 착취 관계와 관련된 모든 형태의 불평등 종식, 빈곤의 제거와 모든 국민의 기본적 필요성 충족의 보장, 시장 분배의 대상이 될 수 없는 사회계층을 위한 평등공간의 설립, 차이를 인정하는 분배의 간접적 메커니즘으로서 시장의 활용, 노동과 관련된 불평등의 정당성 인식, 다른 사람과 다른 그룹들의 평등권을 약화시키거나 침해하지 않는 범위 내에서 차이의 정당성 인식, 개인의 소득과 각각의 생산능력에 따라 공동의 선에 기여할 수 있는 개인적 권리와 의무 등이다.

3) 선택적 활동을 통해 보편적 정책을 완수한다.

이러한 선택적 활동은 지역에 따라 결정되어야 하고, 교육 - 노동 - 거주지의 연결에 집중해야 한다. (특히 인종, 성, 사회적 기원과 관련된) 평등의 간극들이 흔히 지역의 차이에 따라 심화되고 있기 때문에 침체

된 지역에 활동을 집중할 필요가 있다. 그러나 그것이 보편성을 소멸시켜서는 안 되며 단지 보완의 형태로 이루어져야 한다. 그를 위해 지역을 발전의 요인으로 인식할 필요가 있다. 그것은 변화의 추진자로서 지역의 경제사회적 활동가들과 지역경제의 요소들을 포함하는 지역의 내부적 발전을 강화하는 것을 의미한다. 또한 지역사회에 지속성의 전략을 수립하고 개혁의 잠재력 강화하고 자율성과 자율적 조직화를 이룰 필요도 있다.

4) 중앙집중화를 탈중앙집중화와 서로 보완해야 한다.

이것은 통합적·연대적·보편적 전략의 틀에서 국가의 주도적 역할을 유지하면서 동시에 지역민중권력(Poder Popular Territorial), 공동체, 가족들에게 사회정책의 재원 마련, 결정, 통제에 더 많은 책임을 부여하는 것을 의미한다.

5) 사회지출의 전략적 우선 사항을 변경해야 한다.

사회지출은 가족과 개인의 선택적 능력을 확대하는 방향으로 재조정되어야 한다. 그를 위해 다양하고 유연한 형태로(조합, 개인의 노력, 가족신용 등등) 기본적 필요성을 충족하고, 주거정책의 변화를 가능하게 하는 충분한 소득을 보장할 고용정책을 우선시할 필요가 있다.

6) 사회적 의제의 설립에 참여를 강화한다.

이것은 공동 행동, 전략적 형태, 사회정책의 과정과 결과에 대한 민중의 통제라는 요소들을 우선하는 것을 의미한다.

이러한 제안들은 지나치게 일반적인 것으로 보일 수 있다.[13] 그러나 그러한 일반화는 우연한 것이 아니다. 비록 내가 언급된 문제점에 대한 구체적 해답에 진전할 필요성을 인식하고 있었다고 할지라도, 실제로 어떠한 진전도 사전 인식의 변화에 의존하지 않는 것은 없다. 그러한 사전 인식의 변화는, 공간의 부족으로 여기서 그에 대해 다룰 수는 없지만, 경제의 사회적 의도성, 사회주의 틀에서 국가와 시장의 관계, 자율성의 과정, 평등과 사회정의를 진전시키기 위한 형태로서 전략적 참여와 자율성의 과정에 대한 근본적으로 다른 인식들을 하나로 묶어서 발생한다.

---

13) 쿠바 사회정책에 대한 필자의 글(Espina, 2008)에 대해 긍정적 평가와 함께 거시적 수준을 강조함으로써 빈곤 퇴치와 불평등 조정을 위한 특별한 정책의 구체적 제안이 없다고 비판적 논평을 해 준 카르멜로 메사-라고(Carmelo Mesa-Lago) 교수에게 감사드린다.

참고문헌

Departamento de Estudios sobre Familia. 2001. "Familia y cambios socioeconómicos a las puertas del Nuevo Milenio." *Informe de investigación.* La Habana: Centro de Investigación Psicológicas y Sociológicas.

Domínguez, María Isabel y María del Rosario Díaz. 1997. "Reproducción social y acceso a la educación en Cuba." *Informe de investigación.* La Habana: Centro de Investigación Psicológicas y Sociológicas.

Echevarría, Dayma. 2004. "Mujer, empleo y dirección en Cuba: algo más que estadísticas." en *15 años del Centro de Estudios de la Economía Cubana.* La Habana: Feliz Valeraa.

Espina, Mayra. 2008. *Políticas de atención a la pobreza y la desigualdad: Examinando el rol del Estado en la experiencia cubana.* Buenos Aires: CLACSO/CROP.

Espina, Mayra et al. 2003. "Componentes socioestructurales y distancias sociales en la ciudad." *Informe de investigación.* La Habana: CIPS.

Espina, Rodrigo y Pablo Rodríguez. 2004. "Raza y desigualdad en la Cuba actual." ponencia presentada al taller Pobreza y política social en Cuba. Los retos del cambio económico y social. La Habana: CLACSO/CIPS.

Ferriol, Ángela. 2004. "Politica social y desarrollo. Un aproximación global." en Cepal, INIE y PNUD. *Política social y reformas estructurales: Cuba a principios del siglo XXI.* México: Cepal/INIE/PNUD.

Iñíguez, Luisa y Omar Pérez Villanueva. 2006. "Espacio, territorio y desigualdades sociales en Cuba, precedencias y sobreimposiciones." en Omar Pérez Villanueva(comp.). *Reflexiones sobre la economía cubana.* La Habana: Ciencias Sociales.

Martínez, Osvaldo et al. 2000. *Investigación sobre desarrollo humano y equidad en Cuba 1999.* La Habana: Caguayo.

Méndez, Elier y María del Carmen Lloret. 2005. "Índice de desarrollo humano a nivel territorial en Cuba. Periodo 1985-2000." en *Revista Cubana de Salud Pública*, Vol. 31, No. 2, La Habana.

Mesa-Lago, Carmelo. 2008. presentación en el Panel "Social Justice in Cuba: Assessment of Current Situation." Seminario Internacional, Bellagio, Italia.

Nerey, Boris y Nivia Brismart. 1999. "Estructura social y estructura salarial en Cuba. Encuentros y desencuentros." trabajo de curso de la maestría en Sociología, Universidad de La Habana.

Pérez Villanueva, Omar. 2006. "La inversión extranjera directa en el desarrollo económico. La experiencia cubana." en Omar Pérez Villanueva(comp.). *Reflexiones sobre la economía cubana*. La Habana: Ciencias Sociales.

Rodríguez, Pablo et al. 2004. "¿Pobreza, marginalidad o exclusión?: un estudio sobre el barrio Alturas del Mirador." *Informe preliminar de investigación*. La Habana: Centro de Antropología.

Zabala, María del Carmen. 2003. "Los estudios cualitativos de la pobreza en Cuba." ponencia presentada al Taller XX Aniversario del Centro de Investigaciones Psicológicas y Sociológicas, La Habana.

제7장

쿠바의 초상들

사회적 재계층화의 양면성과 전망

레오나르도 파두라 푸엔테스 _김기현 옮김

나의 문학작품으로 인해 내게 인터뷰를 요청한 기자들은 항상 내게 똑같은 질문(멕시코, 코스타리카, 아르헨티나 작가에게는 아무도 하지 않을 그런 질문)들을 한다. 당신은 쿠바의 미래를 어떻게 보십니까? 나는 미래를 예측할 유리구슬을 가지고 있지 않고 또 미래에도 가지지 않을 것이기 때문에 합리적이라기보다는 감성적인 나의 답은 다음과 같은 바람일 수밖에 없다. 나는 그들에게 쿠바인들은 더 낳은 미래를 가질만한 자격이 있기 때문에 쿠바는 더 좋아져야 한다고 말한다.

레오나르도 파두라 푸엔테스 Leonardo Padura Fuentes 소설가, 시나리오 작가, 신문기자, 문예비평가, 수필가, 몇 권의 단편소설을 씀. 쿠바에서 가장 잘 알려진 작가 중 한 명. 쿠바 노벨라 네그라(암흑세계를 다룬 탐정소설의 일종)의 개혁가이기도 하다. 그의 소설들 중 탐정 마리오 콘데(Mario Conde)가 주인공으로 나오는『사계(Las cuatro estaciones)』시리즈물이 있다. 2009년에는 레온 트로츠키의 암살자인 라몬 메르카데르(Ramón Mercader)를 소재로 한『개를 사랑했던 남자(El hombre que amaba a los perros)』(Barcelona: Tusqueta)를 출판했다.

* 이 글은 ≪Nueva Socieda≫216호(2008년 7-8월)에 실린 글을 옮긴 것이다.

1.

　며칠 전 나에게 이메일 한 통이 도착했다. 거기서 내가 모르는 발송인은 나를 다른 수십 명의 수취인과 함께 특별한 투표에 참여하도록 초대했다. 세계에서 가장 아름다운 국기를 뽑기 위해 전자투표를 실시한다는 매우 기이하고 불합리한 생각이 유럽의 어느 한 나라 사람으로 생각되는 누군가에게 떠올랐다. 메시지를 보낸 사람은 현재 쿠바국기가 전 세계의 선호도 순에서 2위를 차지하고 있는데, 우리 국기가 그 이상의 영예로운 위치에 도달하기 위해서는 전 세계 도처에 있는 모든 쿠바인들이 지정된 전자주소에 투표할 ─ 물론 쿠바 국기에 ─ 필요가 있다고 전했다.

　확실히 그 메시지를 보낸 열성적 발송인은 그 투표가 언제 시작해서 언제 끝나는지 알지 못하며, 섬에 살거나 해외에 이주해서 사는 쿠바인들을 다 합쳐야 약 1,200만 혹은 1,300만 명에 지나지 않는다는 점을 크게 중요하게 생각하지 않는 것처럼 보인다. 게다가 쿠바에 사는 약 1,100만 명 정도 중에서 매우 적은 사람들만이 이메일에 접근할 수 있으며, 또한 단지 1%만이 인터넷에 접근할 수 있다는 사실도 별로 중요하게 생각하지 않는 것처럼 보인다. 내가 생각하기에 그는 또한 제안된 것과 같이 그렇게 통제되지 않은 투표에서 중국인, 러시아인, 미국인, 인도인, 브라질인들이 무제한적으로 투표하는 것을 막을 수 있는 아무런 장치도 없음을 잊어버리고 있다. 그에게 유일하게 중요한 것은 세계에서 가장 아름다운 국기가 쿠바 국기임을 확실하게 하는 것이다. 따라서 우리 모두는 그를 위해 투표해야 한다는 것이다. 그는 그의 메일을 다음과 같은 호소로 맺는다. "쿠바 만세, 제기랄!(¡Viva Cuba, carajo!)"

2.

　많은 사람들이 쿠바에서 발생하고 있는, 발생해야 할, 발생할 '변화'에 대해 매우 몰두하고 있는 것은 신기해 보인다. 쿠바 시민들이 결국 자기 나라의 호텔에서 숙박할 수 있게 되었고, 휴대전화를 자유롭게 계약할 수 있게 되었고, 성형수술을 통해 성을 전환할 수 있게 되었다는 소식은 수억 명의 사람에게 영향을 주는 전쟁, 대통령 선거, 혹은 자연재앙과 같은 문제에 대한 관심을 빼앗을 만큼 큰 동요를 불러일으켰다. 즉, 쿠바에서 나오는 모든 것 혹은 거의 모든 것이 뉴스가 되고 있다.

　그렇지만 섬 내부에서 그러한 많은 뉴스는 신문에조차 나오지 않았다. 그것을 알게 된 사람들은 효과적이고 제어할 수 없는 라디오 벰바(Radio Bemba)를 통해서이다. 라디오 벰바는 입에서 입을 통해 전달하는 대안적 소통 방식이다. 사람들이 상상할 수 있는 수준을 넘어서는 〔넘어서는(elusivo)이라는 단어는 여기서 사용 가능한 유일한 형용사이다〕 인쇄 매체, 라디오, 텔레비전의 체제를 유지하고 있는 쿠바인들은 최근 그와 같은 소통방식을 더욱 발전시켜야만 했다.

　그러나 쿠바인들의 일상의 삶은 틀을 짜기가 매우 복잡하며 독특함과 부조리로 가득 차 있기 때문에 그를 보여주고자 하는 국제 언론은 쿠바의 극적인 내부사정에 거의 제대로 손을 댈 수 없었다. 가장 중요한 이유는 일상의 현실을 매일매일 살아가고 있는 쿠바인들조차 어떤 답을 찾기가 쉽지 않기 때문이다. 하나의 예를 들어보자. 그 섬에 사는 시민들의 평균 임금이 높은 경우에 매달 20.25유로 정도에 불과하고, 외국환 표시 유통시장에서 식용유 단 1병의 가격이 그중 2유로에 달하는 상황에서 쿠바인들이 아무도 굶주림으로 사망하지 않고 일반적으로 옷을 잘 입고 다니며, 그들 중 어떤 사람들은 자식의 성년식 파티를 위해 수천 달러를 쓰고, 또한 많은 사람들이 수천 달러의 비용이 드는 아프리카계 쿠바인들의 종교적 입문식을 거행하는 것이 어떻게 가능한지 아무도 정확히 설명할 수 없었다.

또 다른 예를 들어보자. 공식적으로 쿠바에는 실업이 없다고 한다. 심지어 쿠바는 '완전고용'으로 평가되는 것을 달성한 데 대해 자랑스러워할 수 있다고 말한다. 이 글을 쓰려는 참에 나는 라피도(Rápido)라 불리는 마을의 카페테리아에 담배 ― 나는 담배를 끊으려고 필사의 노력을 하고 있다 ― 한 갑을 사러 가야 했다. 겨우 아침 10시였는데, 라피도에는 10명 이상의 사람들이 맥주를 마시고(맥주는 1태환페소, 즉 1달러 20센트 정도의 가격이다) 정신없는 리듬의 레게음악을 듣고 있었다. 종업원들이 그 음악의 리듬에 맞춰 몸을 놀리고 있었다. 한편 길에는 정치적 집회가 있는 것처럼 보였다. 길거리 상점에는 음식물을 사는 사람들이 있었고, 어버이날이 다가옴에 따라 (단지 외화만 유통되는 상점인) 쇼핑센터에는 사람들이 줄을 서 있었다. 많은 사람들은 노선당 10쿠바페소(약 50센트)가 드는 임대차를 기다리고 있었다. 사람들은 또한 교회의 담장에서 혹은 플람보얀 나무의 그늘 아래에서 서로 불만과 즐거움을 이야기하고 있었다. 이 사람들은 모두 어디서 일하는가? 필수품 혹은 심지어 사치품까지도 살 수 있는 돈은 어디서 나오는가? 모두 돈을 위조하거나 도둑질하거나 매춘을 해서 먹고 사는가? 어떻게 사람들이 나의 마을의 라피도와 모든 라피도에서, 상점에서, 나라의 모든 건물들에서 흘러나오는 레게음악의 소리를 1분 이상 거부할 수 있겠는가?

3.

쿠바 독립의 사도이자 민족의 영웅인 호세 마르티(Jose Marti)는 19세기 말에 스페인 권력으로부터 쿠바의 주권을 획득하고 미국의 쿠바에 대한 지배 의도를 막으면서 쿠바인들은 세계, 전 세계, 전 지구의 균형을 맞추어왔다라고 썼다.

나는 그것이 축복인지 벌인지 결코 확신할 수 없었고 앞으로도 결코 확신할 수 없을 것이다. 그러나 확실한 것은 쿠바가 본질적으로 그의 불균형적 성격을 계속 이어가고 있다는 점이다. 역사의 바로 그런 기원에서부터 현재까지 그의 특권적이고 특별한 지리적 위치로 인해 역사에 흔적을 남긴, 그의 농촌과 마을들에서 섞인 피와 문화와 종교의 특수한 혼합으로 다듬어진, 역사적으로 가장 중요한 보편적 토론의 장들 중 몇몇의 중심으로 선택된 카리브의 작은 섬 쿠바는 민족으로서 그의 영토보다 더 큰 공간성을 가지는 운명에 직면해야 했다. 그리고 그러한 예외적 상황이 그 결과들을 낳았다.

아메리카 스페인제국의 넓고 풍요롭고 인구가 많은 여러 소유지 중에서도 쿠바는 왕국의 가장 값진 보물로 간주되었다. 따라서 예전의 중심부에게 그의 최종적 상실은 스페인의 삶과 역사에서 가장 충격적이고 기억할 만한 상처 중 하나라는 의미를 가진다. 이러한 사실은 어떤 특별한 조건이 그 섬을 두드러지게 했음을 의미한다. 18세기에 아바나는 식민지 아메리카에서 가장 풍요롭고 영향력 있는 세 개의 도시 중 하나였으며 다음 세기에는 경제적으로 스페인의 가장 잠재력 있는 지역이 되는 기적을 획득했고 (마누엘 모레노 프라히날스의 논문에 따르면) 그와 함께 식민지적 종속의 전형적 관계를 타파했다는 사실은 반드시 고려해야 할 요소들이다.

바로 그때 당시 소위 충실한 쿠바 섬(Fiel Isla de Cuba)은 스페인 왕정에서 총독을 해임하고 섬에 이로운 법을 제정할 만한 정치적·경제적 로비력을 가지고 있었다. 또한 당시 쿠바는 창의성이 고갈된 스페인 시에 스페인 낭만주의의 아버지인 호세-마리아 에레디아(Jose-Maria de Heredia)와 같은 시인들을 배출할 능력을 가지고 있었다. 19세기 말에는 루벤 다리오(Rubén Darío)와 함께 모더니즘의 시적 혁명을 주도한 인물인, 앞서 언급한 호세 마르티와 훌리안 델 카살(Julián del Casal)과 같은 시인들을 배출할 수 있었다. 동시에 쿠바는 유럽, 북미, 남미를 향해 음악과 연주자들을 수출하는 체계적이고 잘 알려진 과정을 개설했다. 한마디로 역사와 쿠바의 관계는 단지 불균형이라고 평가될 수 있는 차원에서 진행되었음이 명백해졌다.

20세기 역사에서 쿠바가 의미 있었던 자취들은 그것 모두를 기록해야 할 필요가 있을 만큼 너무 최근의 것이다. 카리브의 한 섬이 천재 호세 라울 카파블랑카(José Raúl Capablanca)와 같은 서양장기 세계 챔피언의 조국이 될 수 있는가? 혹은 알리시아 알론소(Alicia Alonso)와 같은 발레리나와 알레호 카르펜티에르(Alejo Carpentier)와 같은 소설가, 그리고 우주를 여행한 최초의 흑인이자 라티노의 조국이라는 것이 가능한가? 정치적·경제적·사회적·지리적으로 미국과 매우 가까이에 있는 나라 중 하나임에도 불구하고 쿠바는 완전한 냉전의 시기 동안 그 혁명의 사회주의적 성격을 명백히 했다는 매우 잘 알려진 사실을 첨언하는 것만으로도 충분하다. 쿠바의 그러한 역사는 1962년 10월 제3차 세계대전을 발생시킬 수도 있을 상황까지 갔었던 그러한 불화의 결과였다. 그리고 그때부터 쿠바는 지구에서 가장 강력한 나라와 매우 강도 높은 불화를 유지해왔다. 쿠바의 그러한 무리에 따른 대가는 그 섬에 대한 거의 반세기에 이르는 미국의 정치적·상업적 제재조치라는 극단적 현실이었다. 한편 플로리다의 쿠바계 미국인의 로비와 작업으로 인해 미국도 최근 8년 동안, 많은 사람들의 의견에 따르면, 그 거대한 나라의 역사에서 가장 인기 없고 어울리지 않는 그러한 대통령을 참아내야만 했다.

4.

 나라와 마찬가지로 쿠바인들도 곧잘 전부 아니면 전무 성향의 사람들이 되곤 한다. 쿠바인들은 토론에서 "나의 의견은 좀 다르다. 나는 ~라고 생각한다"라고 말하지 않는다. 쿠바인은 "그것은 완전한 잘못이다. 나는 ~라고 확신한다"라고 말한다. 민족적 불균형이 쿠바인들의 피 속에 크게 잠재되어 있음으로 인해 며칠 전 텔레비전에서 한 평론가는 중국과 쿠바 간의 협정에 대해 언급하면서 그 둘의 균형을 맞추고자 중국을 '아시아의 거인'이라고 하면서 쿠바를 '안티야스의 최강국'이라고 불렀다.
 쿠바인들은 이 나라에서 삶의 모든 비밀은 '해결하다(resolver)'라는 한 단어에 요약되어 있다고 말한다. 쿠바에서 해결하는 것은 하나의 철학이자 삶의 방식이자 현실이자 종교이자 목적론이다. 모든 것은 해결될 수 있다. 그것은 사고 얻고 획득하고 받는 것과는 다른 것이다. 실제로 해결하는 것은 쿠바에서 삶의 예술이다.
 해결하기 위해서는 친구, 유창한 화술, 사야 할 사람에게 살 줄 아는 지혜, 소망과 의지의 보유와 같은 요소들이 필요하다.
 사회주의 반세기 동안 쿠바인들은 일상의 삶 거의 모든 부분에서 부족함을 겪어왔다. 그러나 그러한 삶은 멈추지 않았다. 그러한 리듬을 계속 이어가기 위해서 사람들은 문명화된 세계의 다른 국가들에서는 시장과 논리가 결정하는 직접적 방식을 통해 획득되지만 쿠바에서는 결핍과 정해진 법으로 인해 그것의 획득이 가능하지 않은 음식, 집, 옷, 심지어 무수한 무형의 필요 등 거의 모든 것을 '해결해야' 할 필요가 있다.

5.

현재 젊은 세대 쿠바인들의 삶을 가장 어렵게 만든 것은 아마 역사를 살아야 한다는 사실일 것이다. 수년 동안 이 섬에서 있었던 의회, 회합, 행사, 기념일, 사건들은 기쁘게도 '역사적'이라는 꼬리표가 붙었다. 바로 그러한 조건에서 쿠바는 세계에서 가장 교양 있는, 가장 연대적인, 가장 국제적인 나라라고 알려졌다.

쉽게 상상할 수 있는 것처럼 역사 속에서 산다는 것은 정부조차 살기에 충분하지 않다고 인정하는 공식적 월급을 받으면서 매일매일을 '해결해야' 하는 나라에 또 다른 긴장을 야기한다.

쿠바가 직면한 가장 큰 역사적 도전 중 하나는 소위 신인간(Hombre Nuevo)을 창조하는 것이다. 신인간은 오늘날 존재하는 미래의 인간이다. 그렇지만 쿠바 정부는 현 사회를 부식시키는 부패의 존재에 대해 크게 우려하고 있음을 보여주었다. 거의 모든 것이 국가에 속하는 나라에서 부패는 바로 국가 자신의 구조에서, 즉 거의 대부분 정치적 공을 세움으로써 다양한 권력과 결정권을 쥐고 국가를 관리하도록 임명되고 선출된 사람들 사이에서 나서 자란다.

매춘의 재탄생은 쿠바 관광지에서 명백한 현실이다. 폭력 혹은 이른바 '사회적 규율의 문란'이 전국적으로 번지고 또 다양한 형태로 나타나고 있다. 공식적 교육과 타인의 권리 존중의 부재 그리고 사람 간에 동물과 또 자연과의 연대감 심지어 인간성 상실이 반복되고 매일매일 눈에 띈다. 게으름, 피로, '해결하기' 위한 가장 쉬운 길을 찾는 것이 수많은 사람들의 일상의 태도이다. '과도한 구매(especular)'(도둑질의 결과이든 '조작'의 결과이든 가진 것을 과시하고자 하는)의 열정이 젊은이들 중 두드러지는 1%의 영혼을 잠식하고 있다. 매일매일 수십 명 혹은 수백 명의 쿠바인들이 다양한 심지어 위험한 형태의 망명이라는 모험을 단행한다. 사람들이 책 한 권을 사기 위해 혹은 영화관에 들어가기 위해 서로 경쟁하는, 동시에 고전발레 공연이 완전히 매진되는, 또한 어떤 곳에서나 사람들이 지구 기후변화의 심각한 문제점에 대해 토론할 수 있는 바로 그런 나라에서 이런 모든 것들이 일어나고 있다.

"삶은 역사보다 더 넓다"라고 그레고리오 마라뇬(Gregorio Marauón)이 썼다. 비록 쿠바에서 사회적·인간적 성과의 긴 목록이 자랑스럽게 보일 수 있을지라도, 삶의 무게는 역시 많은 꿈을 사라지게 했고, 신인간을 아직 생각하지 못한 현실에 직면하게 했다. 최소한 매일매일 나의 눈으로 보는 것은 최소한 윤리적 관점에서 완전히 새롭거나 개선된 인간과는 아주 거리가 멀다.

6.

사회주의 반세기를 지나, 그리고 1990년대의 어려운 경제위기[공식적으로는 '평화시대의 특별시기(Periodo Especial en Tiempos de Paz)'라는 완곡어법으로 표현된다]를 거친 후 쿠바는 정상상태(Normalidad)로 들어가기 위해 역사적 시기(Historia)로부터 빠져나오고 있는 것처럼 보인다. 정상상태라는 것은 불 없이 닭 요리를 시도하거나 또는 단순히 불로 혹은 불 없이 먹는 것이 결정됨에 따라 생닭을 먹어야 하는 역사적 해결의 상태가 아니라 닭을 요리하기 전에 가스 불을 켜는 합리성이 있는 상태를 말한다.

사람들에 의해 실현된 매우 다른 생존의 전략들은 비록 상처를 남기기는 했지만 수년 동안 모든 것이 부족했던 1990년대와 같은 위기가 의미하는 힘든 경험으로부터 그래도 살아서 나올 수 있게 만들었다. 시민들의 가장 비참했던 활동과 행동들과 함께 연대의 가장 감동적 실현이 위기의 탈출을 가능하게 했다.

최근에 도입된 변화로 인해 기대하는 현실에 점점 다가섬에 따라 변화가 오고 있고, 또 그로 인해 쿠바인들의 삶이 조금 더 정상화될 수 있을 것으로 기대됨에 따라 사람들은 과거로부터 대대로 내려온 쿠바적 불균형이라는 압력의 수준이 점점 더 줄어들고 있음을 느낀다. 그리고 동시에 일상의 삶, 즉 각각의 사람들이 가지는 그 유일한 삶이 좀 덜 힘들었으면 하는 어떤 바람을 키워나간다.

길고 희생으로 가득한 길 그리고 그러한 민족적 역사와 불균형으로 인한 지속적 긴장은 사람들을 지치고 쇠진하게 했다. 따라서 사람들은 맥주와 레게음악과 같은 정상의 상태를 찾으면서 그러한 어려움을 완화하고자 한다. 어려움에서 조금이라도 벗어나고자 하는 것은 정치적 변화의 가능성에 대해 관심이 없고 그에 대해 생각조차 하지 않는 많은 사람들— 아마 지나치게 많은 사람들— 의 요구일 것이다.

7.

나의 문학작품으로 인해 내게 인터뷰를 요청한 기자들은 항상 내게 똑같은 질문(멕시코, 코스타리카, 아르헨티나 작가에게는 아무도 하지 않을 그런 질문)들을 한다. 당신은 쿠바의 미래를 어떻게 보십니까? 나는 미래를 예측할 유리구슬을 가지고 있지 않고 또 미래에도 가지지 않을 것이기 때문에 합리적이라기보다는 감성적인 나의 답은 다음과 같은 바람일 수밖에 없다. 나는 그들에게 쿠바인들은 더 나은 미래를 가질 만한 자격이 있기 때문에 쿠바는 더 좋아져야 한다고 말한다.

제8장

쿠바

구술역사와 일상의 삶

엘리자베스 도어 _김기현 옮김

일반적으로 사회주의 국가에서 구술역사는 사람들이 자신의 삶에 대해 말하는 것을 두려워함으로 인해 어쩔 수 없이 실패할 수밖에 없다고 믿고 있지만, 이 작업은 쿠바인 들이 혁명의 공식 담론에 빈번히 도전하고 있음을 보여준다. 처음의 우려에도 불구하고 인터뷰 대상자들은 쿠바에서 삶의 기쁨과 어려움에 대해 꽤 솔직하게 대답했다. 또한 이들은 불평등의 증가와 같이 논쟁적인 문제들에 대해서도 언급했다. 정부정책에 반대 하면서 이들은 젊은 시절 평등의 시기와 현재 불평등의 고통에 대해서 언급했다. 그들은 현대 쿠바에 대해 이중적 감정을 가지고 있음을 보여주었다.

엘리자베스 도어 Elizabeth Dore 유니버스티 칼리지 런던의 아메리카연구소 부교수. *A People's History of the Cuban Revolution: Young Cuban Speak*를 저술 중에 있음. 이미 출판된 그녀의 책 중에는 *Mitos de modernidad. Tierra, peonaje y patriarcado en Granada, Nicaragua*(2008)가 있다.

이 글은 *Oral History*, vol. 40, no. 1, 2012년 봄호에 처음 영어로 출판되었다. '쿠바의 목소리' 프로젝트는 저자가 라틴아메리카연구 명예교수로 있는 영국의 사우샘프턴 대학교와 마리엘라 카스트로 에스핀이 이끄는 아바나의 국립성교 육센터(Centro Nacional de Educación Sexual: Cenesex)와 공동 작업의 결과이다. 포드재단과 스웨덴 국제발전기구가 이 작업을 위한 국제기금의 대부분을 제공 했다. Cenesex와 심리사회연구센터(Centro de Investigaciones Psicológicas y Sociológicas: CIPS)는 쿠바 정부 차원의 자원을 제공했다.

* 이 글은 ≪Nueva Sociedad≫ 242호(2012년 11-12월)에 실린 글을 옮긴 것이다.

1. 사회주의하에서 구술역사

사회주의국가에서 구술역사는 사람들이 그들의 삶에 대해 말하는 것을 두려워하기 때문에 불가피하게 실패할 수밖에 없다는 견해에 대한 합의가 있다. 이러한 생각은 소련과 동구에서 수집된 수많은 사례에서 증명되었다. 연구는 사람들이 인터뷰 실시자 앞에서 공식 역사를 되풀이해서 말하지 않으면 강제노동수용소나 공동묘지에 가게 될지도 모른다고 두려워하고 있음을 보여주었다. 예견한 것처럼 베를린 장벽이 무너지기 전 소위 '철의 장막' 뒤에서는 구술역사의 집필이 드문 일이었다. 그러나 후에 사람들이 그들의 삶에 대해 큰 소리로 외치기 시작했을 때 구술역사는 크게 번성했다.[1]

소련 붕괴 이후 나온 공산주의하에서 삶에 대한 이야기들을 연결하는 고리는 두려움이 전 사회에 넘쳐났다는 것이다. 이러한 이야기들 사이에 유사성이 두드러지는 것을 보면서 루이사 파세리니(Luisa Passerini)는 "기억들이 서로 다른 경험들을 매우 비슷한 방식으로 이야기하고 있기 때문에 전체주의 개념과 관련해서도 유사한 결론에 도달하는 것처럼 보인다"고 말했다.[2] 한편 어떤 구술역사가들은 공산주의하에서 삶에 대한 우리들의 이해를 초라하게 만드는 것처럼 보인다.[3] 그와 관련하여

---

1) Daniel Bertaux, Anna Rotkirch y Paul Thompson(eds.), *On Living Through Soviet Russia*(Londres-Nueva York: Routledge, 2004); Luisa Passerini(ed.), *Memory and Totalitarianism [1992]*(New Brunswick-Londres: Transaction Publishers, 2005).

2) L. Passerini(ed.), "Introduction," en *Memory and Totalitarianism*, p. 10.

3) 기억과 구술역사는 서로 연결되어 있지만 똑같은 것은 아니다. 간단히 말하자면 구술역사는 개인과 사회적 그룹들이 어떻게 과거를 기억하고 현재를 이해하는지에 대한 증거를 수집하기 위한 방법론이다. 초라함의 결과는 화자가 말하는 것과

다음 세 권의 수상작, 오르란도 피지스(Orlando Figes)의 『속삭이는 사람들: 스탈린 치하 러시아에서의 억압(Los que susurran: La represión en la Rusia de Stalin)』, 아나 푼델(Anna Funder)의 『비밀경찰의 땅: 베를린 장벽 또 다른 쪽의 이야기(Stasiland: Historias del otro lado del Muro de Berlín)』, 바버라 데믹(Bárbara Demick)의 『친애하는 지도자: 북한에서의 삶(Querido Líder: Vivir en Corea del Norte)』이 생각난다.[4] 하지만 이 책들은 많은 장점에도 불구하고 그들이 받은 상이 부분적으로 공산주의 지배 동안 기록된 무자비한 야만성과 두려움에 대한 이야기 때문만이라는 점은 다소 의심스러운 측면이 있다.

마리안느 릴제스트롬(Marianne Liljestrom)은 그의 도발적 에세이 『마진스로부터의 성공 이야기: 소비에트 시기 후반부 소비에트 여성의 자서전적 스케치(Success Stories from the Margins: Soviet Women's Autobiographical Sketches from the Late Soviet Period)』에서 그러한 초라함의 결과에 대해 경고했다.[5] 그는 소비에트 이후 사회에서 집단적 기억의 대량적 세탁이 있었다고 주장한다. 거기서는 고통, 억압, 반대의 이야기만이 진실한 것으로 생각된다. 전문가적 실현, 우정, 기쁨과 같은 다른 성격의 기억들은 잘못된 것, 이데올로기적으로 강요된 것, 역사적 이야기로 정화된

말하지 않는 것에서 나올 수도 있고, 구술역사가들이 듣는 것과 사람들이 그들에게 말하는 것을 해석하는 방법에서 혹은 무시하는 것에서 기인할 수도 있다.

4) O. Figes, *Los que susurran. La represión en la Rusia de Stalin*(Barcelona: Edhasa, 2009); A. Funder, *Stasiland: Historias del otro lado del Muro de Berlín*(Barcelona: Roca, 2009); B. Demick, *Querido Líder. Vivir en Corea del Norte*(Madrid: Turner, 2011).

5) D. Bertaux, A. Rotkirch y P. Thompson, *On Living Through Soviet Russia*, pp. 235~251.

것이라는 의심을 받는다. 릴제스트롬은 우리에게 남은 것은 소비에트 시기 후반부의 삶에 대한 불완전한 이해뿐이라고 경고한다.

파세리니의 고찰이 있은 지 20년이 지난 지금 새로운 구술역사의 바람이 사회주의 사회에서의 삶에 대한 우리의 인식을 더 풍요롭게 해주고 있다. 러시아나 구소비에트 블록 국가들에서 일하는 구술역사가들은 다음과 같은 사실을 알아냈다. 어떤 사람들이 공산주의 붕괴 이후 열기로 인해 수면 아래로 가라앉은 기억들을 다시 끄집어내면서 그의 과거를 재평가한다. 그것은 러시아의 도시 사라토브(Saratov)의 경제학자 나탈리아 프로리나(Natalya Pronina)가 도날드 로울리(Donald Raleigh)에게 "소비에트 시기는 미덕이 …… 있었다. 물론 나쁜 것도 많았지만, 또한 좋은 것도 많았다. 그때도 오늘날처럼 좋은 것도 있고 나쁜 것도 있었다"고 말하는 것과 같다.6)

2. 쿠바 사람들은 다르게 말한다.

나의 동료와 내가 2004년부터 지금까지 쿠바에서 수집한 110개의 인터뷰는 쿠바에서 두려움이 구술역사를 의미 없는 것으로 만들지 않았다는 점을 보여준다. 쿠바 사람 대부분은 처음의 우려에도 불구하고

---

6) D. J. Raleigh, *Soviet Baby Boomers: An Oral History of Russia's Cold War Generation*(Oxford-Nueva York: Oxford University Press, 2012), p. 15, V. tb; Alexander Freund, "Interview with Miroslav Vanêk, Guadalajara, Mexico, 26 September 2008," *Oral History Forum d'Histoire Orale*, No. 28(2008); Dagmar Herzog, *Sex After Fascism: Memory and Morality in Twentieth-Century Germany* (Princeton: Princeton University Press, 2005), pp. 216~219.

그들의 삶에 대한 이야기를 매우 솔직하게 해주었다. 심지어 그들의 이야기가 혁명에 대한 공식적 입장과 다를 때조차도 그러한 솔직함을 보여주었다. 어떤 때는 그럴 때 오히려 솔직함이 더 두드러졌다. 이러한 인터뷰는 현재와 과거의 복잡함을 단순화하기보다는 혁명에 대한 이해를 더 심화시킨다. 내가 아는 한 쿠바는 국민들이 인터뷰실시자와 어느 정도 솔직하게 말할 준비가 되어 있는 유일한 사회주의 국가이다. 사회주의 사회의 삶에 대한 다른 연구들은 대부분 체제 붕괴 이후에 이루어지거나 혹은 망명자들과의 인터뷰를 통해 이루어진 것들이다.

우리들의 프로젝트 이전에 쿠바에서 구술역사를 실현한다는 것은 거의 금기사항이었다. 혁명이 권력을 장악한 지 10년이 지난 1968년 피델 카스트로는 쿠바인들과 그들의 삶에 대해 인터뷰할 수 있도록 미국의 유명한 인류학자 오스카 루이스(Oscar Lewis)를 초대했다. 그리고 카스트로는 루이스에게 다음과 같이 말했다.

쿠바 국민이 느끼고 생각하는 것을 객관적으로 기록하는 것은 쿠바 역사에 중요한 기여가 될 것이다. ······ 쿠바는 사회주의 국가이다. 우리는 감출 것이 하나도 없다. 여기서 당신은 어떤 탄식의 소리나 우는 소리도 다 들을 수 있다.[7]

---

7) Ruth M. Lewis, "Foreword," Oscar Lewis, Ruth M. Lewis y Susan M. Rigdon, *Four Men: Living the Revolution: An Oral History of Contemporary Cuba*(Urbana: University of Illinois Press, 1977), pp. VIII-XI. 이 프로젝트에 기반을 둔 또 다른 세 권의 책은 다음과 같다. O. Lewis, R. M. Lewis y S. M. Rigdon, *Four Women: Living the Revolution: An Oral History of Contemporary Cuba*(Urbana: University of Illinois Press, 1977); *Neighbors: Living the Revolution: An Oral History of Contemporary Cuba*(Urbana: University of Illinois Press, 1978); Douglas Butterworth, *The People of Buena Ventura: Relocation of Slum Dwellers in Postre-*

이렇게 기운찬 시작에도 불구하고 18개월 후 정부 고위 관리는 이 프로젝트를 갑자기 취소해버렸다. 혁명 지도자들은 후에 루이스가 CIA 의 요원이었다고 발표했다. 쿠바 밖에서는 아무도 그것을 사실로 믿지 않았다. 정부가 이 프로젝트를 종료시킨 진정한 이유는 쿠바인들이 피델이 앞서 언급한 것과 똑같은 행동들을 했기 때문이다. 그들은 탄식의 소리를 했고 우는 소리를 냈으며 혁명(지역적 코드에 따르면 '혁명'은 1959년 이후의 쿠바를 의미한다)의 성취와 실패에 대해서 이야기했다. 이러한 솔직함에 대해 이 프로젝트의 공동 책임자인 루스 루이스(Ruth Lewis)는 다음과 같이 썼다.

사회주의 쿠바에서 솔직하고 믿을 만한 삶의 역사를 쓰는 것이 가능할까? …… 우리는 쿠바에 대한 삶의 역사가 …… 다른 곳에서 우리가 수집한 그 어떤 역사만큼이나 정직하고 분명한 것이라 믿는다. 긴 자서전의 장점은 자료제공자의 견해와 본질적 특징을 두드러지게 할 수 있다는 것이다.[8]

다음에 언급하는 구술역사 프로젝트도 역시 쿠바인들이 그들의 삶에 대해 솔직히 말했기 때문에 갑자기 중단되었다. 카스트로의 친한 친구인 가브리엘 가르시아 마르케스는 쿠바 혁명에 대해 저술하기 위해 쿠바 전역에서 사람들을 인터뷰했다. 그런데 1년 후 그는 그 프로젝트를 포기해야 했다. 그가 친구들에게 이야기한 포기 이유는 사람들이 말했던 것이 그가 생각하는 책에 담기에 적합하지 않기 때문이라는 것이다.[9]

---

volutionary Cuba(Urbana: University of Illinois Press, 1980).

8) R. M. Lewis, "Foreword," *Four Men: Living the Revolution: An Oral History of Contemporary Cuba*, p. XXVIII.

9) Gerald Martin, *conferencia en la Universidad de Southampton*(26 de abril de

이러한 실패 이후 쿠바 정부는 우리들의 프로젝트 전까지 구술역사에 대한 다른 대형 프로젝트들을 허용하지 않았다.[10] 고위 정치 지도자들이 사회주의하의 삶에 대해 "국민이 생각하고 느끼는 것들을 기록하지 않기를" 결정했다고 생각할 수 있다.

쿠바 정부가 쿠바에서 구술역사를 기록할 어떤 의도도 허용하지 않을 것이라고 경고했음에도 불구하고 나는 2003년 우리가 '쿠바의 목소리(Voces Cubanas)'라 부르는 프로젝트를 구상하기 위해 쿠바와 영국의 학자들을 모았다. 그 팀의 쿠바인 다수가 정부 당국과 연결되어 있었음에도 불구하고 우리는 거의 2년이 넘도록 정부의 허가를 받아낼 수 없었다. 마지막 방법으로 우리는 이미 금기를 깬다는 평판을 받고 있던 마리엘라 카스트로 에스핀(Mariela Castro Espín)에게 우리 프로젝트를 제출했다. 그의 삼촌 피델과 마찬가지로 마리엘라 카스트로는 쿠바 일반인들의 삶의 이야기를 문서화할 중요성을 즉각적으로 이해했다. 그리고 필요한 허가를 받기 위해 몰두했다. 당시 국방부 장관이자 형 피델의 알려진 계승자였던 라울 카스트로 대통령과 당시 쿠바여성동맹(Federa-

---

2010); Gabriel García Márquez, *Una vida*(Nueva York: Vintage, 2009); Jon Lee Anderson, "The Power of Gabriel García Márquez," *The New Yorker*, 27/9/1999, pp. 56~71.

10) 쿠바에 대한 소규모 구술역사들 중에는 다음과 같은 것들이 있다. Margaret Randall, *Las mujeres cubanas, hoy*(La Habana: Instituto Cubano del Libro, 1972); Daisy Rubiera Castillo, *Reyíta: La vida de una mujer negra cubana en el siglo XX*(La Habana: Verde Oliva, 2006); Eugenia Meyer, *El futuro era nuestro: Ocho cubanas narran sus historias de vida*(México DF: FCE, 2007); Yohanka Valdés Jiménez y Yuliet Cruz Matínez, *50 voces y rostros de líderes campesinas cubanas* (La Habana: Caminos, 2009); Ana Vera Estrada, *Guajiros del siglo XXI*(La Habana: Instituto Cubano de Investigación Cultural Juan Marinello, 2012).

ción de Mujeres Cubanas: FMC)의 리더였던 빌마 에스핀(Vilma Espín) 사이에서 태어난 딸로서 권력 상층부에 접근이 쉬웠음에도 불구하고 그 과정은 많이 지연되었다. 우연히도 우리 팀이 막 포기하고자 할 무렵에 이 프로젝트가 허용되었다.

'쿠바의 목소리'는 공식적으로 2005년 아바나 대학 강당에서 대대적 선전과 함께 시작되었다.[11] 이런 화려한 출발 이후 프로젝트는 이런저런 복잡함을 겪으면서 처음과 다른 방식으로 전개되었다. 우리는 인터뷰 대상자 선택에서 첫 번째 어려움에 직면했다. 팀의 어떤 동료들은 공식적 혹은 반공식적 루트를 통해 후보자를 선정해야만 했다. 한편 또 다른 이들은 지인에게 인터뷰를 할 사람을 추천해달라고 요청했고, 인터뷰 대상자가 다음에 또 다른 사람을 소개하는 방법을 적용했다. 즉, 우리는 '눈덩이 굴리기(bola de nieve)' 방식을 적용했다고 말할 수 있다. 물론 각 연구자는 의도적으로 각각 다른 지역에서 눈덩이를 굴렸다. 마지막에 가서는 인터뷰 대상자의 대부분을 무작위로 선택했다. 물론 이런 무작위성은 수적 그리고 실증적으로 우연적 표본을 의미하기보다 실제로 다양한 나이, 직업, 사회적 계층, 정치적 전망을 가진 사람들 그룹의 세트 선정이라는 차원에서 무작위성을 말하는 것이다. 프로젝트를 진행하는 동안 팀은 아바나, 산티아고, 올긴, 바야모, 마탄사스, 산티스피리투스와 같은 주의 도시와 시골지역에서 인터뷰를 수행했다.[12]

---

11) 마리엘라 카스트로 에스핀과 폴 톰슨(Paul Thompson)의 연설을 포함하는 개회식 비디오를 보기 위해서는 이 프로젝트의 인터넷 사이트 <www.soton.ac.uk/cuban-oral-history>를 참조하시오. 폴 톰슨과 엘리자베스 젤린(Elizabeth Jelin)이 연구 프로젝트를 지도한다.

12) '쿠바의 목소리' 프로젝트에 대해서는 Carrie Hamilton, *Sexual Revolution in*

많은 사람들은 쿠바에 사는 사람들이 그들의 삶에 대해 말하는 데 두려움을 가지고 있기 때문에 이 프로젝트가 결국 실패할 것이라고 판단했다. 어떤 사람들은 이중 담론에 대해 주의를 주었다. 그것은 쿠바 인들이 생각하지 않는 어떤 것을 말하고, 말하지 않는 어떤 것을 생각할 것이라는 주의였다. 그러나 놀라운 사실은 쿠바인들이 보복의 두려움 때문에 말하지 못한 것보다 그런 두려움에도 불구하고 말한 것이 더 많았다는 점이다. 처음부터 우리는 일반적으로 인터뷰 대상자들의 소통 능력이 뛰어남을 알게 되었다. 인터뷰를 시작할 때는 그렇게 이야기를 많이 하지 않았지만 끝날 무렵에는 거의 대부분 많은 것들을 말해주었다. 인터뷰를 시작할 때 대부분의 사람들은 긴장한 것처럼 보였다. 그들의 목소리, 얼굴, 몸짓, 침묵이 두려움을 말해주고 있었다. 우리가 익명을 보장하기 위해서 모든 이름을 바꿀 것이라고 그들에게 설명했을 때 어떤 사람들은 쿠바와 같이 작지만, 보안 당국의 영향력이 매우 큰 나라에서 어떻게 자신의 정체를 위장할 수 있겠느냐고 물었다. 그렇지만 처음의 그러한 우려에도 불구하고 인터뷰 대상자 대부분은 그러한 걱정을 극복했다. 시차는 있지만 삶에 대한 이야기를 풀어놓게 되는 결정적 순간들이 있었다. 한 여자는 말을 돌리지 않고 이렇게 말했다. "어제 당신에게 한 말들은 잊어주세요. 어제 나는 이 모든 것들을 생각하느라 한숨도 잘 수 없었어요. 그리고 곰곰이 생각해본 결과 지금

Cuba: Passion, Politics and Memory, Chapel Hill: University of North Carolina Press, 2012; Daisy Rubiera Castillo, Antonio Moreno Stincer, Mercedes López Ventura y Pedro Jorge Peraza Santos, *Aires de la memoria*, La Habana: Cenesex, 2010; Niurka Pérez Rojas (comp.), *Historia oral: Debates y análisis sobre temas afrocubanos, religiosos, sexuales y rurales*, La Habana: Cenesex, 2011과 나의 논문들을 참고하시오.

실제로 있었던 일들을 모두 당신에게 말씀드리고자 합니다."[13]

여러 달 혹은 여러 해 동안 하나, 둘, 셋 혹은 그 이상의 인터뷰를 끝낼 때 인터뷰 대상자들의 대부분은 의도적이든 그렇지 않든 그들이 쿠바에서 살면서 좋은 점과 나쁜 점을 모두 밝혔다. 인터뷰 대상자와 실시자가 시간이 지나자 서로 잘 알게 되고, 그럼으로써 서로 신뢰감을 형성하게 됨에 따라 솔직함이든 정직성이든 그 어떤 것이 드러났다. 인터뷰 녹음에서 개방적으로 말할 준비가 된 쿠바인들의 의지는 정부 당국자와 프로젝트 조사자뿐만 아니라 심지어 인터뷰 대상자 자신들까지를 포함한 관련자 모두를 놀라게 했다. 심지어 정부 채널을 통해 선정된 사람들조차 혁명의 성과뿐만 아니라 실패에 대해서 우리들에게 말한다는 것이 알려지자 이 프로젝트는 중단되었다. 나는 쿠바에서 기피인물(persona non grata)이 되었고, 우리 팀의 어떤 사람들은 나를 피하기 시작했고 또 다른 사람들은 프로젝트를 포기했다. 나는 오스카 루이스에게 일어났던 것과 똑같은 일이 나에게도 일어날까 봐 두려웠다. 그러나 다행스럽게도 몇 달 후에 비록 전과 달리 덜 공식적 성격이긴 하지만 다시 시작해도 좋다는 허가가 떨어졌다.

3. 가부장주의(paternalismo)

그때 우리 모두는 쿠바인들 다수가 그들의 삶에 대해 매우 솔직하게 우리들에게 이야기할 것이라는 것을 알았다. 어떤 사람은 구술역사가

---

13) 올가(Olga): 1948년 산티아고 출생, 교사, 2005년 3월 아바나의 한 구역에서 필자에 의해 녹음된 인터뷰.

다른 공산주의 국가에서 불가피하게 실패할 수밖에 없었다면 쿠바에서도 당연히 그렇지 않겠냐고 의문을 가지기도 했다. 하지만 쿠바인들은 다음과 같은 요인들 때문에 질문에 기꺼이 대답하려는 태도를 보였다. 인터뷰를 통해 우리가 발견한 사실에 따르면 가장 중요한 요인은 피델 카스트로가 강력한 대중의 지지를 기반으로 통치한다는 점이다. 물론 이러한 대중의 지지는 억압적 기구들에 의해 더욱 강화된 것으로 보인다. 다른 나라에서와 마찬가지로 대중의 합의에 따라 통치한다는 것은 국가가 때때로 시스템적 방식보다는 강력한 억압에 호소한다는 것을 의미한다. 그렇지만 쿠바 국가는 대중조직, 대중매체, 공공기관뿐만 아니라 후원, 인센티브, 질책 등 온건한 방식의 통제를 통해 그의 권위를 유지해왔다. 결과적으로 보복에 대한 두려움으로 인해 인터뷰 대상자들이 자신의 삶을 말하고 싶은 대로 혹은 기억나는 대로 이야기하는 것을 포기하지는 않았다. 그럼에도 프로젝트 초기에 특히 그들 중 상당수가 조심스러움을 보여주었던 것도 사실이다. 일부는 어휘를 매우 조심스럽게 선택했으며, 또 다른 사람들은 말하는 것이 녹음되는 것을 원하지 않는다는 것을 '우리들에게 말하기' 위해 몸짓으로 표현하기도 했다.

삶에 대한 이야기를 통해 나는 혁명에 대한 지지가 부분적으로 애국심과 민족주권 방어를 위한 열망에 기반을 두고 있음을 알아차렸다. 또 부분적으로는 거대한 유토피아적 경험, 즉 에토스와 평등주의의 일상적 실천에도 기반을 두고 있다. 그리고 억압에 대한 두려움도 부분적으로 지지의 요인이기도 하다. 그러나 삶에 대한 이야기는 쿠바 국가가 피통치자들의 지지를 받으면서 통치할 수 있었던 가장 중요한 요소는 무엇보다 가부장주의였음을 밝혀주었다. 쿠바인들을 다소 개방적으로 말할 수 있게 한 것은 결국 피델의 선의에 대한 그들의 믿음 때문이라는 것을 이해하게 되었다.

많은 시민들 특히 노인들은 교육, 보건, 주거, 음식 등 한마디로 말해 일반적 복지에 대해 피델에게 감사해야 한다고 우리들에게 말했다. 그들은 피델에게 감사의 마음을 가지고 있었다. 국가가 가부장주의를 조장했다고 말하는 것은 불충분할 것이다. 프로젝트를 진행하는 동안 우리는 쿠바인들이 피델에게 감사를 권고하는 선전포스터들을 쿠바 전역에서 볼 수 있었다. "피델에게 감사하고, 혁명에도 감사한다(Gracias a Fidel, Gracias a la Revolución)"라는 포스터를 우리는 쿠바 전역에서 보았다.

팀 내 두 명의 영국인 조사자들이 아바나 동쪽의 한 마을에서 마리아(María)라는 60세의 여성과 인터뷰를 했을 때 그녀는 그들에게 다음과 같이 말했다.

나는 혁명에 매우 감사를 드립니다. 심지어 나는 코만단테[14]가 죽기 전에 내가 먼저 죽고 싶은 마음이에요. 왜냐하면 우리가 살아온 슬픈 역사를 볼 때, 또 내가 농촌에서 지내온 삶을 볼 때, 그리고 혁명 이전에 있었던 모든 것과 비교해볼 때 현재의 나는 그래도 지붕이 있는 집에서 살고 있고, 또 혁명이 나에게 준 토지도 소유할 수 있게 되었기 때문이랍니다. 이 집은 내가 지었어요. 물론 소유권도 가지고 있죠. 그리고 안정적 일자리도 가지고 있습니다. 또한 젊었을 때는 대학을 다닐 수 없었지만 혁명 후에는 늙었어도 비로소 그러한 기회를 가질 수 있게 되었지요. 그러니 이성적으로 판단할 수 있게 된 이래 유일한 사령관인 피델에게 감사함을 표시하는 것 외에 내가 더 할 수 있는 것이 무엇이 있겠습니까! 그는 국민들을 위해 많은 일을 했습니다. 만약 그가 하지 않은 일이 있다면 그것은 그가 그렇게 할 생각이나 의지가 없었기 때문이 아니라 그렇게 할 여건이 되지 않았기

---

14) 혁명군 사령관이라는 의미로서 특히 피델을 상징함. ― 옮긴이

때문입니다. 그는 항상 국민을 위해 무엇인가 하려고 생각합니다. 최소한 내 생각은 그렇습니다.[15)]

가부장주의는 삶의 역사에서 많이 나타난다. 그러나 위의 경우에는 특히 더 두드러진다. 그럼에도 사령관에 대한 그녀의 찬사는 의심스러운 면이 있다. 그녀는 그녀 자신과 남편이 함께 지은 집 때문에 피델에게 감사한다고 말했다. 그러나 집의 치장은 그의 아들들이 마이애미에서 보내온 돈으로 했다. 또한 그녀는 안정된 일자리 때문에 감사한다고 했지만 사실 그녀는 자영업으로 하는 옷 만드는 일로 생활비를 번다. 그리고 그 일은 거의 불법으로 이루어지고 있다. 그래서 나는 인터뷰할 때 함께 있었던 쿠바인 동료에게 왜 그녀가 삶에 큰 영향을 미치지도 못하는 조그만 혜택을 받았음에도 불구하고 그렇게 열렬하게 피델에게 감사하느냐고 물었다. 공산당의 모토를 반복해서 말하는 것이 조심성 있는 태도라고 판단해서일까? 밤새 텔레비전에서 들었던 슬로건들을 단지 앵무새처럼 반복하는 것일까? 아니면 정말 진심으로 말하는 것일까? 마리아의 이야기 내용과 스타일을 곰곰이 생각해본 결과 우리는 그녀의 말이 조심스러움, 공산당 모토의 반복 그리고 피델에 대한 열정, 이 세 가지 요인의 결합에 의한 것이라는 결론에 도달했다.

좀 더 젊은 사람들은 대부분 가부장주의가 국민을 수동적으로 만든다고 비판한다. 아바나 대학교 학생인 하이데에(Haydeé)는 우리들에게 다음과 같이 말했다.

---

15) 마리아는 1940년대에 출생했다. 옷 만드는 일(바느질)을 하고 있다. 2005년 9월 산 마테오(San Mateo)에서 녹음한 인터뷰다.

당신은 당신의 아버지 아니, 할아버지, 이웃들, 노인들이 조금 더 달라고 요구하면서 길게 줄 선 것을 볼 것입니다. 그들은 작은 빵 조각에 감사하면서 이런 불행을 참아내고 있는 거예요, 제기랄. 이러한 사실이 나를 고통스럽게 합니다. 나는 그것이 어리석고 불행한 일이라고 생각합니다. 그것은 복종하려고 하는, 그리고 복종이 강요된 태도입니다. 당신의 부모님들이 이런 모든 일들에 순종하고 있는 모습을 생각해보세요. 그건 정말 아닙니다! 부끄러울 뿐이지요. 그들은 자존심도 없는 것처럼 보입니다.[16]

30세가 조금 넘은 마리오(Mario)는 공산당원으로서 당에 대해 실망을 느끼고 있다. 그는 쿠바의 정치 시스템이 가부장주의에 기반을 두고 있으며, 그는 그것이 싫다고 직접적으로 표현했다. 그의 생각에 따르면 가부장주의는 젊은이든 노인이든 총체적으로 쿠바 국민 전체를 탈정치화한다. 따라서 쿠바인들의 불만은 정치나 민주주의가 아니라 음식, 옷, 이동전화기 같은 것에 집중되는 경향이 있다고 격분해서 말했다. 마리오는 정부가 쿠바인들이 대부분 정치적으로 수동적으로 남아 있다고 믿는 한 어떤 근본적 처방도 취하지 않을 것이라고 예견했다.[17] 결국 마리오와 또 다른 사람들이 말하는 것처럼 다른 부류의 쿠바인들이 감히 행동하기 시작한다면 정부는 그들이 말하는 것을 금지시킬 것이라고 우리는 결론지었다.

---

16) 하이데에는 1983년에 태어났으며 현재 대학생이다. 2006년 아바나의 한 구역에서 영국 연구자에 의해 녹음된 인터뷰이다.
17) 1975년생인 마리오는 국가 공무원이다. 2010년 12월 아바나 비에하에서 필자와 쿠바인 연구자에 의해 녹음된 인터뷰이다.

4. 그들은 솔직하게 말한다: 과거와 현재의 소통

'쿠바의 목소리' 프로젝트의 목적 중 하나는 쿠바 혁명 이후 50년 동안 삶의 과정에 대한 사회적 기억들이 어떻게 변화해왔는지 분석하는 것이었다. 얀 반시나(Jan Vansina)의 유명한 구절인 "구술의 전통은 과거와 현재의 소통이다"라는 말을 상기하면서 우리는 쿠바인들의 기억이 어떻게 현재에 의해 영향을 받았으며, 또 현재가 어떻게 인터뷰 대상자들이 과거에 대해 말하고자 하는 의지에 영향을 미쳤는지를 이해하고자 했다.[18]

소련의 원조가 사라진 이후 국민의 필요를 충족시키기 위한 국가 능력의 감소는 쿠바인들의 솔직함을 증가시키는 데 기여했다. 이런 솔직함은 우리들의 프로젝트가 점차 진행됨에 따라 점점 커졌다. 소련의 해체는 쿠바에 거대한 경제적 위기의 시작을 알렸다. 그리고 그러한 위기는 비록 정도는 다르지만 지금까지 계속되고 있다. 1990년 이전에 쿠바인 대다수의 생계수단은 국가가 직접적으로 그리고 거의 배타적으로 제공했다. 즉, 국가가 모든 일자리와 식량과 교육과 보건서비스 들을 제공해주었다. 그러나 위기가 발생하자 국가는 국민들이 익숙한 삶의 수준을 보장하는 데 필요한 재원을 마련할 수 없었다. 1990년 이후 국가에 의한 보급품은 급격히 감소했다. 따라서 사회적 차이가 심화되었다. 우리가 작업을 시작한 2004년에 국민 대다수의 구매력은 1980년대의 구매력보다 훨씬 낮았다. 가정의 소비와 국가 보급품 사이의 연결이 점차 약화됨에 따라 쿠바인들은 그들의 삶을 유지하기 위한 대안적

---

18) J. Vanisa, *Oral Tradition as History*(Madison: University of Wisconsin Press, 1985), p. XII.

수단들을 변통해낸다. '변통하는 것(inventar)'은 공식적 직업의 안팎에서 그들의 소득을 보완하기 위한 합법적 그리고 비합법적 수단들을 언급하기 위해 인터뷰 과정에서 사용된 단어이다. 국가 자원을 다른 곳으로 '돌리는 일〔desvío: 사실상 robo(도둑질)〕', 관광업에서 일자리 찾기, 외국인과의 우정 그리고 결혼 등은 쿠바인들이 빈곤에서 벗어나기 위해 선택하는 여러 가지 방법 중 몇 가지이다. 주로 백인들로 구성된 운 좋은 소수에게 외국에 거주하는 친척들이 보내주는 해외송금은 중요한 소득의 원천이 되고 있다.[19] 국가에 대한 의존이 감소함에 따라 불만의 표시도 늘어났다. 많은 인터뷰 대상자들은 그들의 월급이나 연금이 이 제는 큰 의미가 없기 때문에 인터뷰 때 그들이 말한 내용으로 인해 그것을 더 이상 받을 수 없게 되더라도 크게 문제될 것은 없다고 말했다. 그들은 또 국가의 경제적 위기가 그들을 더 자유롭게 말할 수 있도록 '해방시켰다'(liberar, 즉 '해방시키다'는 그들이 직접 사용한 단어이다)고 설명 했다. 인터뷰 대상자들 중 일부는 그들이 어떻게 불법적으로 소득을 획득했는지 그 창의성에 대해 자랑스럽게 이야기해주었다.[20]

프로젝트가 끝날 무렵 많은 인터뷰 대상자들은 확실히 국가의 경제적 능력에 비례해 감시도 줄어들었다고 말했다. 심지어 농담 삼아 내무부 가 전기료를 낼 수 없기 때문에 그들이 과거에 흔히 사용했던 도청기를

---

19) 1990년대부터 발생한 인종적 불평등에 대해 더 많은 자료를 참고하려면 Esteban Morales Domínguez, *Desafíos de la problemática racial en Cuba*(La Habana: Fundación Fernando Ortiz, 2007); Alejandro de la Fuente, "Race and Income Inequality in Contemporary Cuba," *Nacla Report on the Americas*, Vol. 44, No. 4(2011), pp. 30~33을 보시오.

20) 카리다드(Caridad)는 1952년생으로 실업자이다. 2006년 11월과 2010년 12월 아 바나 비에하와 구아나보에서 필자와 쿠바인 연구자에 의해 녹음된 인터뷰.

이제 쓸 수 없으므로 지금 사람들은 집에서 사실 무엇이든 말할 수 있다고 했다. 그의 유일한 직장은 암시장이며 두 번이나 마이애미로 탈출하려고 했던 31세의 청년 에스테반(Esteban)은 자신은 감옥에 가지 않을 운명이라고 여러 번 농담 삼아 말했다.[21] 에스테반은 유별나게 솔직히 말해주었다. 그러나 다른 사람들이 말한 내용도 그와 크게 다르지 않다. 쿠바에서 우리들의 작업이 끝날 무렵 많은 사람들은 형의 직위를 물려받은 라울 카스트로가 강경파 지도자로 보이는 것을 피하려고 노력하고 있다고 우리들에게 말했다. 결론적으로 이들과 다른 모든 사람들은 매번 더 솔직하게 그들의 궁핍함에 대해 말했다.[22] 2010년까지 녹음된 인터뷰들을 통해 볼 때 분위기가 좀 더 느슨해진 것은 확실한 것처럼 보인다.

5. 정신적 정화

나는 항상 내가 100% 쿠바인이라 믿었습니다. 나는 항상 그렇게 믿었지만, 그것은 거짓이었습니다. 또 나는 항상 내가 진정한 쿠바인으로서 혁명을 사랑한다고 믿었습니다. 그렇게 믿었지만, 그것 또한 사실이 아니었습니다. 그렇다면 나는 집단적 히스테리에 의해 최면술에 걸려 있었던 것입니다. 왜냐하면 내가 당신에게 말했던 것처럼 현실이 믿게 만들었기 때문

---

21) 에스테반은 1974년생으로 독립적으로 일한다. 2005년 9-10월과 2006년 3월에 아바나 시의 한 구역에서 영국인 연구자에 의해 녹음된 인터뷰.
22) 이미 언급한 마리오와 카리다드와의 인터뷰. 야디라(Yadira)는 1983년생으로 국가 공무원이다. 2010년 11월 아바나 비에하에서 필자와 쿠바인 연구자에 의해 녹음된 인터뷰.

입니다. 그러나 그때 나는 여기에 심리적 조작이 존재하며, 사람들이 진실이 아닌 것을 보게 만드는 것이 있다는 점을 인식하기 시작했습니다. 그러나 나는 심리학 혹은 집단적 심리 조작이라 불릴 만한 것이 실제로 존재하는지는 잘 모르겠습니다. 네가 사랑하는 것을 좋아하게 만들고, 네가 환호하고 있다고 믿게 만들고, 네가 좋아서 펄쩍 뛰고 있다고 믿게 하며, 네가 기뻐한다고 믿게 하는 그런 것이 존재하는지 모르겠습니다. 그들은 네가 믿도록 그 일들을 반복했습니다. 이제 이런 일들은 전혀 흥미롭지 않습니다. 나는 이제 정치에 대해 무관심합니다. 정치적으로 나는, 어떻게 말해야 하지? 그러니까 나는 정치를 믿지 않습니다. 정치인들은 그들의 이익만을 찾고, 그들의 이익을 모두에게 강요합니다. 정직한 정치인은 없습니다. 모두가 사실을 숨기고 비밀을 간직하지요. 내가 생각하기에 모든 정치인들은 거짓말과 조작으로 일관하는 것 같습니다. 나는 이제 아무것도 믿지 않습니다. 혹시 누가 이 말을 듣지 않을까요?[23]

카를로스는 2005년 두 명의 쿠바인 인터뷰 실시자가 그들이 사는 동네에서 한 인터뷰에서 쿠바를 '작은 나라, 큰 지옥(Pueblo chico, infierno grande)'이라고 농담조로 씁쓸하게 말했다. 혁명에 대해 더 이상 환상을 가지고 있지 않다고 고백했을 때 그는 심적으로 매우 불안해졌다. "누가 이 말을 듣지는 않을까요?" 인터뷰를 시작할 때도 그는 이 질문을 했었다. 그러나 그때 그는 진심을 털어놓기 시작했다. 그럼에도 몇 분 후 인터뷰가 끝나갈 때 카를로스는 연구자들에게 다시 오라고 말했다. 그는 더 많은 것을 털어놓기를 원했다. "나는 이런 일들을 말하는 것이

---

23) 카를로스(Carlos)는 1954년생으로 국가 공무원이다. 2005년 3월 산마테오에서 두 명의 쿠바인 연구자에 의해 녹음된 인터뷰.

좋다. 사실 지금까지 나는 누구와도 이런 일들을 말하지 않았다. 하지만 이 인터뷰는 익명이기 때문에 나는 처음으로 자유롭게 이런 말들을 하는 것이다."[24]

카를로스는 그의 감추어왔던 삶에 대해 말하는 것이 자신의 마음을 정화한다는 것을 알았기 때문에 솔직하게 모든 것을 다 털어놓았다. 두 번의 긴 인터뷰 동안 많은 금기사항들을 타파했다. 가명이라는 보호하에 마음이 가벼워진 그는 반체제적 생각들을 숨김없이 모두 털어놓았다. 그런 생각들을 큰 소리로 말할 수 있다는 사실 자체만으로 그는 해방감을 느꼈다. 카를로스는 이런 느낌을 '자유(libertad)'라고 표현했다. 그는 해방의 짜릿한 느낌을 여러 번 경험하고자 했다. 다른 사람들도 과거에 대해 이야기하는 것이 감동적이고, 해방의 느낌을 들게 하며, 마음을 움직이게 한다고 말했다.[25] 어떤 이는 그 느낌을 묘사하기 위해 '마음의 정화(catarsis)'라는 단어를 사용했다.

소련과 동독과 북한 그리고 다른 매우 억압적 국가에서는 두려움이 그런 정화적 충동에 대해 고삐를 채고 있다는 많은 증거들이 있다. 그러나 쿠바에서는 그렇지 않다. 쿠바에서는 21세기 초부터 그러한 두려움이 극적으로 감소했다. 쿠바인들은 마음의 정화를 느끼고자 했고, 따라서 그들의 삶에 대해 개방적으로 말하기 시작했다.

---

24) 위의 인터뷰.

25) E. Dore, "Cuba's Memories of the 1960s: The Ecstasies and the Agonies," *Havard Review of Latin America*, Vol. VIII, No. 2(2009), pp. 34~37.

6. 반체제적 평등의 기억들

21세기 첫 10년 동안 정부 당국에 도전하는 방식은 평등을 찬양하고 불평등을 비난하는 것이다. 삶에 대한 이야기를 시작했을 때 대다수는 바로 그러한 것들을 말했다. 혁명의 설립 원칙인 평등에 대한 쿠바인들의 애도가는 체제에 대한 반대의 목소리를 띠고 있었기 때문에 잠재적으로 위험해 보였다. 이는 정부의 경제정책에 대한 거부의 목소리였다.

쿠바 혁명은 30년 이상 계급 평등을 성공적으로 추진해왔다. 1960년대 말부터 1980년대 말까지 쿠바 사회는 세계의 다른 어떤 사회보다 평등했다. 이는 임금과 소득의 차이, 식량, 의류, 교통, 교육, 가정용품 등의 분배와 같은 다양한 지표에서 드러났다. 소유와 소득과 부의 관계에 기반을 두고 계급을 정의한다면 1980년대 쿠바에서 계급적 차이는 매우 적었다. 그러나 1990년대 정부가 불평등을 야기하는 정책들을 도입하기 시작하면서 모든 것이 변화하기 시작했다. 우리 프로젝트가 이루어지는 동안에도 쿠바 사회는 진보적으로 (혹은 퇴행적으로) 더욱 불평등하게 변모했다.[26] 거의 모든 인터뷰 대상자들은 나이에 상관없이 이러한 변화에 대해 반대하는 사회적 입장과 정치적 견해를 표명했다.

삶의 역사에서 반복되는 주제는 평등이 기쁨의 원천이었으며, 불평등의 증가는 고통의 원천이라는 점이다. 모든 지역에서 쿠바인들은 평등한 환경에서 행복했던 삶의 기억들에 대해 이야기한다. 똑같은 음식을 먹고, 똑같은 옷을 입고, 똑같은 선물을 받으며, 심지어 다른 사람과 똑같은 고생을 하는 것에서 오는 만족함을 표현했다. 또한 부정의와

---

26) Mayra Espina Prieto, "Changes in the Economic Model and Social Policies in Cuba," *NACLA Report on the Americas*, Vol. 44, No. 4(2011), pp. 13~15.

소외의 느낌에 대해 말했으며, 심지어 다른 사람들은 빈곤에 허덕이는 동안 한 이웃이 부를 과시할 때 느끼게 되는 박탈감에 대해서도 말했다. 나는 쿠바인들이 매우 신중하게 자신의 기억들을 다른 사람들의 것과 대조한다고 느낀다. 이런 방식으로 그들은 삶의 역사에서 지도자에 대한 비판을 서로 교환한다. 정부가 평등의 종식을 명백하게 선언했을 때,[27] 평등을 찬양하는 삶의 목소리는 이제 반체제적 이야기가 되었다.

7. 에스테반(Esteban): 반체제적 인물

한 영국인 연구자가 아바나에서 조금 떨어진 한 교외 마을에 있는 그의 집에서 에스테반을 인터뷰했다. 그는 암시장에서 의류, 보석, 연장, 자동차 부품과 같은 다양한 상품들을 판매함으로써 소득을 얻고 있다. 그는 두 번이나 쿠바를 탈출하고자 했다. 그때 경찰은 그가 국가의 일을 가지지 않는다면 그들 태만으로 고소해서 감옥에 보낼 것이라고 경고했다. 그래서 에스테반은 중국제 텔레비전을 조립하는 공장에서 일했다. 그러나 인터뷰하기 얼마 전에 해고되었다. 그의 해고는 무능력함 때문이 아니라 불복종 때문이었다고 그들은 발표했다.

에스테반은 정부에 대한 그의 반대를 단정적으로 말했다. 또한 마이애미에 살고 있는 많은 가족들이 그에게 편지 한 장 보내지 않고, 돈도 한 푼 부쳐주지 않았음을 한탄했다. 에스테반은 동정을 바라지 않는다

---

27) "제안된 경제정책에서 사회주의는 평등주의가 아니라 모든 시민에게 주어진 권리의 평등과 기회의 평등을 의미한다." 2011년 4월 18일 쿠바공산당 제6차 당대회에서 승인된 당과 혁명의 경제사회정책 노선. www.prensa_latina.cu

고 강조했다. "이것은 나의 비극이 아니라, 쿠바 국민의 비극이다. 쿠바는 이미 죽은 나라이다. 사회적 차이로 인해 이미 상처받은 나라이다. 해외로 이주는 가족에 대혼란을 야기했다. 과거에 소규모였던 가족이 지금은 대규모로 확대되었다."[28]

에스테반은 한 세대의 목소리를 대변했다. 그는 이미 떠나 버린 친구들의 이름을 하나씩 떠올리면서 쓸쓸하게 말했다.

이주한 쿠바인들은 망각의 사과를 먹는다. 떠난 후에 그들은 여기 있었던 모든 것들을 잊어버린다. 우리들에 대해서 잊어버리고, 나에 대해서도 잊어버리고, 우리들의 우정도 그리고 함께 했던 시간들도 잊어버린다. 나는 그렇게 하기가 쉽지 않다. 여기서 우리는 그들과 함께 했던 순간들을 기억하면서 시간을 보낸다. 그러나 물론 지금은 단지 기억뿐이다. 이것이 우리의 운명이다. 여기에서의 삶은 의미가 없다. 모두가 떠난다. 나도 숨이 막힌다. 나는 새로운 공기가 필요하다. 잘 모르겠지만 새로운 환경이 필요하다. 이주는 매우 전염성이 강하다. 많은 쿠바인들이 어떻게 이 나라를 떠날지 방법을 찾고 있다. 그들은 항상 그것을 공모하고 있다. 나는 항상 머릿속에 그러한 생각을 가지고 살지는 않는다. 왜냐하면 그렇게 한다면 나는 미치지 않으면 (웃으면서) 더 이상 움직이지 않는 순간에 도달할지도 모르기 때문이다.

에스테반은 떠들썩했던 반정부 시위에 적극적으로 참여했던 이야기도 했다. 또한 그가 포함된 반정부 조직과 지도자의 투옥에 대해서도 말했다. 그가 감옥에 가는 것을 피할 수 있었던 것은 매우 큰 행운이었다

---

28) 이미 인용된 에스테반과의 인터뷰.

고 여러 번 반복해서 말한 후에 그는 다음과 같이 언급했다.

우리는 변화가 필요합니다. 그러나 우리는 두세 명에 불과하기 때문에 변화를 이루는 것이 불가능합니다. 왜냐하면 다른 사람들은 그렇게 할 결정을 내리지 않고 있거든요. 당신에게 한 가지 말씀드릴 것이 있습니다. 나는 조직을 만들기도 했고, 또 그것을 어떻게 만들 것인가 여러 번 생각도 해보았습니다. 그러나 나는 그것을 할 수 없었습니다. 때때로 사람들은 무모하게 도전하지 않습니까? (웃으면서) 뭔가 조금 되는 듯했지만 조직을 만드는 일은, 글쎄요. 또 변화를 이루는 것도, 글쎄요. 그러나 나는 그것이 어려운 것 이상이라고 생각합니다. 사실 그것은 매우 어렵습니다. 그것은 지금 이룰 수 없는 일입니다. 변화를 이루기 위해서는 앞으로 더 많은 해가 지나야 할 것입니다. 아주 많은 해가요. 이제 저는 더 이상 정치에 관여하지 않습니다. 나는 의지를 잃었습니다. 왜냐하면 그것이 아무것도 해결할 수 없다고 생각하기 때문이지요. 또 나는 여기 쿠바 사람들이 변화를 위한 행동을 결정하리라는 희망을 거의 가지고 있지 않습니다. 그렇지 않나요? (긴장된 웃음을 지으면서 말한다) 사실 그러한 희망을 내게서 뺏어 갔죠. 실제로 나는 이제 현실주의자입니다. 아니 현실주의자 그 이상입니다. 이제 나는 내 개인적 삶의 길을 찾고 있습니다. 그 길을 열어감으로써 삶의 새로운 전환을 꾀하고자 합니다. 나는 이제 역사에서 중요한 역할을 하는 누군가가 되기를 바라지 않습니다. (웃으면서 말한다) 이해하시겠죠? 나는 이제 그러한 일에 관심이 없습니다. 나는 그것이 아무것도 해결하지 않는다는 것을 압니다. (긴 침묵) 아무것도요.

이런 말에는 진지함과 허세가 동시에 존재한다. 어쨌든 쿠바에서의 삶에 대한 에스테반의 생각은 우리가 체제반대파 사람들에게서 듣기를 바랐던 내용과는 다르다. 쿠바 탈출 시도, 반정부 시위, 홀로 남게 된 고독에 대한 이야기와 함께 에스테반은 비록 최신 유행의 옷을 입을 수는 없었지만 그러나 사회적 평등이라는 더 중요한 가치를 가졌던 시기에 대한 달콤한 기억을 되새긴다.

내가 젊었을 때는 돈이 그렇게 부족하지 않았습니다. 그럼에도 우리는 사회주의 국가들의 지원을 받았었죠. 그것은 매우 중요합니다. 따라서 쿠바에는 그 어떤 것도 부족하지 않았죠. 절대적으로 아무것도 부족한 것이 없었습니다. 그러나 임금의 문제는 있었습니다. 임금 문제는 늘 존재합니다. 그러나 음식과 같은 것들을 구하기 위해 많은 노력을 할 필요는 없었습니다. 의복도 비록 아디다스나 나이키와 같은 유명 제품은 없었지만, 그러나 부족함은 전혀 없었습니다. 지금 상점에서 파는 그 어떤 것도 그때는 팔지 않았었죠. 그런 것 없이도 잘 살았습니다. 그러나 페레스트로이카 이후 모든 것이 바뀌었습니다. 자본주의 세계의 영향은 나와 같은 당시 젊은 세대에게 심리적 붕괴를 가져왔습니다. 물론 나는 이러한 영향을 가치 있는 것으로 봅니다. 지금 청년기를 보내고 있는 사람들은 모든 것을 원하고, 모든 것을 알고 싶어 합니다. 우리는 지금 자본주의와 사회주의 두 정치 시스템의 중간에 있습니다. 내 세대 사람들은 그 중간 위치에 있습니다. 한편 젊은이들이 그 대가를 치르고 있죠. 어떻게 대가를 치르는지 한 번 생각해 보세요. 자본주의 사회는 역시 파괴적이고 매우 잔혹합니다. 우리는 이를 잘 알고 있습니다.

자본주의에 대해 그렇게 심한 독설을 내뱉은 이후에 에스테반은 계급과 인종 불평등의 증가를 계속 비난했다.

사회적 변화로 인해 이미 많은 돈을 가진 사람들이 있습니다. 나는 그들이 누군지 모릅니다. 그러나 그건 너무 지나친 수준에 이르렀습니다. 여기저기서 보는 흑인들과 가난한 사람들은 훨씬 적은 것을 가지지요. 이미그들은 버려졌습니다. 그렇지 않나요? 좀 더 많은 돈을 가진 사람들은이미 그들을 무시하고 있습니다. 그들은 자동차를 가지고 있고, 우리보다훨씬 더 잘삽니다. 이미 당신은 그것을 보았고, 또 느끼고 있지 않습니까? 이것이 바로 당신이 현재 살아가고 있는 현실입니다. 한 번 생각해보세요..

에스테반은 자신을 '물라토'라고 했다. 그리고 소외된 사람들이 주로흑인이라는 점을 지적하면서 불평등을 인종차별과 연결시켰다. 그는자신의 생각에 인종차별이 국가 지도부의 인종적 구성이나 일상의 삶에반영되고 있다고 비난한다. 특히 인터뷰를 함께 한 백인 친구가 그가쿠바의 인종차별주의를 과장한다고 말했을 때 크게 화를 냈다.29)

8. 바르바라(Bárbara): 당 간부로 예정

바르바라가 그의 삶의 이야기를 시작했을 때 그녀의 말투는 사실비록 어색하긴 했지만 정중했다.

---

29) 쿠바의 인종과 인종차별주의에 관한 논의를 보기 위해서는 E. Morales Domín-
guez, *Desafíos de la problemática racial en Cuba* ; Tomas Fernández Robaina,
Cuba: Personalidades en el debate racial(La Habana: Editorial de Ciencias
Sociales, 2007); Pedro Pérez Sarduy y Jean Stubbs(eds.), *Afro-Cuba Voices:
On Race and Identity in Contemporary Cuba*(Gainsville: University Press of
Florida, 2000)를 참고하시오.

나는 (잠시 멈춤) 흑인 노동자 계급입니다. 우리는 매우 가난했지만 그래도 매우 성실하게 살았습니다. 부모님들은 단순 노동자였습니다. 그들은 각자 자신의 일에 종사했습니다. 막내들은 학교에 다녔고요. 가족 모두가 각각 사회의 각 부문에 속해 있었습니다. 그야말로 전형적인 가족 이미지 그대로였습니다.[30]

1970년대의 어린 시절을 그의 삶에서 최고의 시기였다고 기억하면서 바르바라는 자신의 마을에서 있었던 자원봉사대와 청년캠프단과 같은 연대활동의 행복한 기억들을 떠올렸다.

나는 행복한 어린 시절을 보냈습니다. 그 시기에 나는 혁명이 우리들에게 주었던 모든 것들을 누릴 수 있었습니다. 그 시절에 우리는 (학교 - 캠프인) 타라라(Tarará)로 갔습니다. (공식 어린이 조직의) 선구적인 어린이들이 그곳에 갔었지요. 그때까지 우리는 사회주의 진영과 관계를 가지고 있었고 그 혜택을 누릴 수 있었습니다. 그러나 지금 국가가 처한 상황에서 어린이들은 더 이상 과거 우리가 누렸던 것과 같은 혜택을 받을 수 없습니다. 물론 학교와 같은 것들이 부족하지는 않죠. 그러나 우리들의 어린 시절처럼 그렇게 좋다고는 할 수 없습니다. 우리들은 어린 시절 즐길 것들이 많았습니다. 다른 도시의 어린이들과 선구자 캠프에서의 만남 그리고 여러 가지 경연대회 등 많은 과외활동에 참여할 수 있었습니다. …… 마을에서는 여자 어린이로서 거리를 가꾸는 계획과 자원봉사 활동 등에 항상 참여했습니다. 정말이지 나의 어린 시절은 매우 좋았습니다.

---

30) 바르바라는 1971년생으로 국가 사무직 공무원이다. 2005년 4월 레글라(Regla)에서 두 명의 쿠바 연구원에 의해 녹음된 인터뷰.

젊은 시절을 기억하면서 바르바라는 모두가 실제로 똑같은 음식과 옷과 가구들을 가졌던 것을 당연히 생각했었음을 강조했다. 부족함이 있었을 때도 그녀의 친구들이 모두 같은 상황에 있었음을 알면 힘이 들지 않았다고 한다.

바르바라가 말을 시작하면서 그녀의 신중함과 조심스러움은 사라지기 시작했다. 그녀는 우리들을 믿었다. 그녀의 어머니가 돌아가신 후 최근 2년 동안 그녀의 삶은 극단적으로 어려워졌다. 그녀는 혼자임을 절망적으로 느꼈다고 고백했다. 그녀는 직장과 자식들 그리고 남편과 집안일들이 요구하는 모든 것들을 헤쳐나갈 수 없다고 느꼈다. 과거에 좋아했던 정치적인 일들도 이제 시간이 없어서 더 이상 할 수 없었다.

나의 곁에는 이제 더 이상 아무도 없다고 생각했습니다. 나는 혼자라고 느꼈지요. 엄마가 죽은 후로 나는 아무도 없는 삶에 직면하기 시작했습니다. 그래서 나는 가능한 최선의 방식으로 이러한 상황에서 벗어나고자 했지요. 나는 어떤 누구의 도움도 받지 않았습니다. 나를 도울 수 있는 사람도 많지 않았고요. 사람들은 각자 자신의 삶이 있고 자신의 문제를 가지고 있습니다. 그들은 도와주지 않으려는 것이 아니라 각자 자신의 일에 바쁘기 때문에 도울 수 없는 것입니다. 그래서 나는 일에 균형을 잡아야 했습니다. 나는 내가 빨래를 해야 하고 요리를 해야 하며 직장에서 돌아온 오후에 많은 일들에 치이지 않기 위해서 하루 전에 일들을 어느 정도 미리 해놓아야 한다는 것을 알게 되었습니다. 나는 빨래를 오전에 조금씩 해놓고, 팥을 미리 불려놓고, 음식 일부를 미리 준비해놓으려고 했습니다. 남편도 할 수 있는 한 나를 도와주었습니다. 그러나 남자들이란 …… 차라리 내 남동생이 조금 더 많이 도와주었죠.

바르바라는 말을 하다 중간에 이야기를 멈추었다. 자제심을 잃고 무장해제된 채 낯선 여자들에게 그녀의 고독과 절망에 대해 말한 것을 망연자실해하는 것처럼 보였다. 오랫동안 그녀는 침묵을 지켰다. 그리고 다시 말했다.

나는 지금 당의 일을 맡고 있습니다. 내가 이미 일한 적이 있다고 언급한 다양한 지역에서 당의 일들을 점검하지요. 초등학교에서 했던 것과 똑같은 일인데 지금은 직장에서 하고 있습니다. 그것은 나의 일생입니다. 긴 이야기도 아닙니다. 불행한 삶이 아니었습니다. 그러나 위대한 삶을 산 것도 아니지요.

바르바라는 이 인터뷰가 당원 후보를 평가하기 위한 업무 중 일부이므로 자신이 지나치게 한탄을 많이 한 것에 대해 두려움을 느꼈을 가능성이 있다. 그러나 그녀는 그 자리에서 인터뷰를 끝내고, 작은 현대식 녹음기를 가진 두 여자에게 작별 인사를 고하기보다는 오히려 전보다 더 솔직하게 자신의 이야기를 계속해서 털어놓기 시작했다. 자신을 이해하는 사람들에게 자신의 문제를 털어놓는다는 것은 일종의 마음 정화작용이었다. 바르바라의 목소리는 커졌고, 그녀의 말투는 더욱 과감해졌다.

지금 여기서 사람들은 외국에 가족이 있는 경우 자신의 경제적 문제를 조금 개선할 수 있습니다. 1990년대에 많은 젊은이들이 여기를 떠났죠. 레글라(Regla)는 비록 혁명에 통합되지는 않았지만 그렇다고 어떤 누구도 화나게 하지 않는 사람들이 사는 마을이었습니다. 여기서 당원을 만날 수는 없습니다. 만약 당신이 여기서 당을 위해 일할 사람을 찾는다면 겨우 두세 명 정도 만날 수 있겠지요. 이 마을은 그런 것과는 별 상관이 없습니다. 그래서 많은 사람들이 1994년 해외로 이주를 했습니다. 그리고 그들은 지금 해외송금으로 가족을 돕고 있습니다. 그로 인해 이들 가족은 그의 삶과 경제를 개선할 수 있었습니다. 지금 이들 중에는 자동차와 비디오 그리고 컬러텔레비전과 좋은 옷 등 모든 것을 가질 수 있는 사람들도 있습니다.

바르바라는 그녀의 삶이 만족스럽고, 혁명은 전진하고 있는 것처럼 말하려고 하지 않았다. 그녀는 진실을 말하고자 했다. 그때 그녀에게 중요한 진실은 혁명에 반대했던 이웃들이 '모든 것(todas las cosas)'을 가지게 되었고, 반대로 혁명을 지지하고 그를 위해 공직에서 열심히 일한 그녀는 매우 적은 것을 가진다는 사실이다. 바르바라는 그녀의 유일한 사치(그렇게 부르기에도 민망하다)가 부족한 월급을 절약해서 구입한 작은 선풍기뿐이라고 말하면서 불평을 털어놓았다.

바르바라는 에스테반처럼 모든 것을 털어놓지는 않았다. 그러나 그녀의 의사는 명확했다. 그녀는 불평등의 증가를 매우 싫어했다. 비록 간결한 삶이지만 모두가 똑같은 것을 가졌던 젊은 시절을 에스테반처럼 그녀도 좋은 때였다고 기억한다. 진실을 말하는 정신에 따라 바르바라는 정부 당국에 대한 그녀 가족의 긴 싸움에 대해 이야기했다. 그녀의 아버지 때부터 집을 수리하기 위해 정부 지원을 요청했다.

이 집은 무너지고 있습니다. 이것이 나의 가장 큰 문제입니다. 우리는 오래전부터 이 문제를 해결하기 위해 노력해왔습니다. 할아버지가 살았을 때부터 시작해서 어머니가 죽을 때까지 그리고 지금은 내가 그 노력을 하고 있습니다. 어머니가 죽은 이후 이제 내가 역시 이 상황을 해결하기 위해 노력하고 있지요. 나는 이미 여러 번 주택위원회(Instituto de Vivienda)에 가서 왜 우리 집은 아직 「주택법(Ley de Vivienda)」의 적용을 받지 못하는지를 물어보았습니다. 사실 주택부(Ministerio de Vivienda)의 관리들이 이미 어머니에게 그 이유를 설명해주었습니다. 주택 소유권을 받기 위해서는 집이 거주 가능해야 합니다. 그러나 거주 가능한 집을 가지기 위해서 사람들은 그것을 거주 가능하게 만들어야 합니다. 그러나 그렇게 수리할 수 있도록 따라서 거주 가능한 집을 만들기 위해 필요한 자재를 주지 않습니다.

바르바라는 법의 수동성을 묘사하기 위해 적절한 단어를 찾지 못했다. 인터뷰 실시자 중 한 명이 다음과 같이 제안했다. "그것은 모순이지요. 모순." 바르바라는 그 단어를 반복했다. "그래요. 모순과 같은 것이지요."

5년 후, 2010년에 나는 쿠바 동료 연구원과 함께 바르바라를 다시 인터뷰했다. 그녀는 같은 구역의 새로운 집에서 살고 있었다. 2005년 정식 당원이 되었고 최근에는 당 간부가 되기 위한 훈련을 받기 위해 또 밤새워 새로운 집을 짓기 위해 직장에서의 사무원 업무를 일 년 이상 면제받았다. 인터뷰가 끝날 즈음에 나는 그녀가 어떻게 집을 얻게 되었는지 물어보았다.

인민권력 시의회(Asamblea Municipal del Poder Popular)를 통해 집을 얻었지요. 나를 개혁 프로젝트에 끌어들이기 위해 그들이 나에게 접근했습니다. 그리고 우리 집이 매우 낡았으므로 새로운 집 두 채를 지을 수 있게 지원해주었습니다. 그중 하나가 바로 이 집입니다.[31]

9. 쿠바의 예외성

사회주의 국가에서 구술역사는 결국 실패할 수밖에 없다는 정통파적 견해에도 불구하고 혁명 이후에 쿠바인들은 여러 차례 인터뷰 실시자들에게 내심에 있는 말들을 잘 털어놓았다. 그 첫 번째 사례가 1960년대 말에 실시된 오스카 루이스의 프로젝트였고 그다음이 1970년대 중반 가르시아 마르케스의 조사였으며 마지막이 21세기 초부터 우리들이 실시한 프로젝트이다. 이 세 번의 노력은 쿠바인들의 예외적 측면을 잘 보여준다. 쿠바인들은 그들의 삶에 대해 말하는 것이 보복을 불러올 것이라고 두려워하지 않는다. 그것이 아니라면 최소한 과도하게 두려움을 가지지는 않는다. 쿠바 예외성의 또 다른 측면은 그들의 이야기가 특히 나이 많은 사람들의 이야기가 모두 공산주의 사회하에서 살아가는 기쁨과 고통을 함께 강조한다는 점이다. 나는 기쁨의 이야기에는 크게 집중하지 않았다. 왜냐하면 쿠바인들이 다른 공산주의 국가의 사람들과 달리 국가와 사회를 비판하고 있음을 보여주는 것이 나의 유일한 목적이었기 때문이다.[32]

불평을 터놓고 말할 준비가 된 쿠바인들의 태도는 공산주의 국가에서 구술역사를 조사하는 데 있어서 두려움의 요소가 과장되었다는 문제점을 제기한다. 그러나 한편으로 나는 쿠바가 예외적 경우라고도 생각한다. 왜냐하면 쿠바에서는 상대적으로 강경한 수단을 적게 사용하고도 사회적 통제가 가능했기 때문이다. 나는 가능하다면 공산주의 국가에서도 구술역사 연구를 재개할 필요가 있다고 제안한다. 나는 사회주의하

---

31) 2010년 바르바라와의 인터뷰.

32) E. Dore, *A People's History of the Cuban Revolution*, 곧 출판 예정.

에서 삶에 대한 구술역사와 관련된 참고문헌들을 모두 체계적으로 다시 살펴볼 것을 요구하려는 것은 아니다. 또한 소련과 동독 그리고 북한에서 두려움이 일상의 삶을 지배한 형태를 최소화하려는 것도 아니다. 나의 의도는 두려움을 핑계 삼아 화자의 기억과 구술 역사가들의 해석이 역사적 이야기가 가지는 복합성을 단순화시켜 버린 형태들을 찾아보고자 하는 것이다.

구술 역사가들에게 베를린 장벽 붕괴 25주년을 기념하는 가장 유효한 방법은 아마 '철의 장벽' 뒤에 있었던 다양한 삶에 대한 연구를 재개하는 것이 될 것이다. 비교연구는 어디서 어떻게 기억과 구술역사가 역사적 이야기들을 꾸미는 데 기여했는지 혹은 그 반대인지를 밝힐 것이다. 구술역사 관련 문헌들을 다시 살펴보면서 우리는 광범위한 의미의 사회주의하에서 삶의 기억들에 대해 더욱 복합적인 분석을 발전시킬 수 있을 것이다.

제 **2** 부
쿠바 변화의 방향

제9장

쿠바의 민주주의

1959~2010

훌리오 세사르 구안체 살디바르 _김기현 옮김

1959년 혁명의 승리는 정치적으로 배제된 대다수 국민들의 적극적 정치 참여 보장이라는 새로운 민주주의 개념을 쿠바에 가져다주었다. 그를 위해 보편적 성격의 사회통합정책이 발전되었다. 민중의 정치적 참여로 인해 국가의 부가 가난한 자들의 손에 쥐어졌고, 대대적인 사회적 신분 이동이 이루어졌다. 그러한 과정은 민중의 참여 확대를 위한 비결이었다.

그러나 제국주의의 침략과 쿠바 내부의 발전과정이 민중의 참여를 제한하는 조건들을 고착화시켰다. 그것은 관료정치의 부상 그리고 부분적으로 소련식 마르크스주의 경향에 따라 단일성을 만장일치와 감시라는 의미로 이해하는 등의 이유 때문이다.

훌리오 세사르 구안체 살디바르 Julio César Guanche Zaldívar "쿠바 국가, 정치적 참여, 정치적 대표성: 1992년 헌법 개혁을 통한 제도적 구상과 정치적 실천"이라는 연구 프로젝트로 2009~2011년 라틴아메리카 사회과학위원회 - 스웨덴국제협력기구(CLACSO-ASDI)의 B2 등급 장학생이다. 주요 저술로는『규범에 반대하는 상상력: 1902년 공화국에 대한 8가지 초점(La imaginación contra la norma: Ocho enfoques sobre la República de 1902)』(2004),『처마 끝에 쓴 인간(El hombre en la cornisa)』(Hilario Rosete Silva와 공동 저술, 2006),『모든 것의 갈림길에서: 쿠바 혁명의 현재와 미래(En el borde de todo: El hoy y el mañana de la revolución en Cuba)』(2007),『가능성의 대륙: 혁명 조건에 대한 진단(El continente de lo posible: Un examen sobre la condición revolucionaria)』(에세이 모음집, 2008),『메야: 반란의 삶(Mella: vidas rebeldes)』(2009) 등이 있다.

* 이 글은 ≪Crírica y Emancipación≫ 3권 6호(2011년 하반기)에 실린 글을 옮긴 것이다.

1.

1959년 이후 쿠바 혁명의 정치는 정치에 참여하는 사람의 수를 확대하고 사회정의를 민주정치의 기반으로 설정하는 양과 질 두 가지 키워드에 기반을 둔 민주주의 개념을 설정했다.

그 과정을 통해 자유주의에서는 대부분 정치적 엘리트들 사이의 경쟁으로 생각되는 정치의 주체, 즉 민주주의의 행위자들이 다각화되었고, 정치는 평등주의 이상을 실현하기 위한 것이 되었다.

새로운 정치문화는 사적 소유의 배타적 영역을 인정하지 않았고 국가 소유의 형태를 취했으며, 그로 인해 국가를 생각하고 조직하고 국가에 요구하는 새로운 실천 방향들을 제시했다. 따라서 새로운 정치문화 아래에서 국민은 스스로 권력을 가진 또 스스로 기획하는 정치행위자로서 조직되고 통합되었다.

사회정의 프로그램에 따라 혁명의 정치는 부의 사회적 권리와 특정 계급이 향유하던 경제적 권력을 종식시켰다. 그리고 그것을 인간(hombre) 그리고 시민(ciudadano)의 지위를 가진 전체 시민들에게 부여했다.

국가적 담론에서 사회정의의 가치는 다른 모든 이상들, 특히 '개인의 권리'와 같은 정치적 이상보다 우위에 있었다. 평등화 원칙에 따라 그 중심에는 전체 사회를 평등하게 만들고자 하는 급진적 열망이 있었다. 쿠바식 민주주의의 이상은 '하나로 통합된 계급사회'를 만드는 것이었다. 그 밖에도 그것은 자코뱅주의 이전에 있었던 사회적 평등화의 혁명적 전통들도 다시 불러왔다.

그러나 시간이 흘러감에 따라 동질성의 원칙에 부여된 중요성이 내재적 한계를 드러내기 시작했다. 그중에서는 혁명적 '다양성'보다 '단일성'의 지배, 국가에 대한 과대평가(과도한 관료주의), 국가이데올로기의 성문화 등의 문제가 나타나기 시작했다.

2.

쿠바 혁명은 당시 유효했던 전통적 마르크스주의와 일치하지 않았다. 따라서 사람들은 그것을 소부르주아 혁명으로 이해하기도 했다. 그러나 쿠바 혁명은 사회정의의 과업에 마르크스주의 프로그램들을 많이 적용했다.

쿠바 혁명은 처음부터 장차 그들의 지배 윤곽을 보여줄 수 있는 모습들을 미리 많이 드러냈다. 그것은 합법적 투쟁수단의 고갈에 따른 변증법으로서 무장투쟁, 농촌에서의 무장반란, 도시게릴라 운동, 파업수단을 통한 사회적 갈등의 정치적 동원, 시위·억압 희생자와 연대운동, 사보타주, 선전활동 등을 정치적 수단으로 받아들였다. 또한 민중 출신자들로 구성된 혁명군을 설립했고, 또 해방된 지역에서 시민정부를 조직했다.

혁명집단은 기득권 세력(establishment)의 권력에 맞서는 또 다른 대응권력기관을 설립하는 데까지 나아갔다. 그것은 마르크스주의가 국가권력 장악의 유효성을 보여주기 위한 사전 필요조건으로 간주하는 과정이다. 즉, 대응권력의 설립은 권력 장악이 단지 일시적 급습이 아니라 사회적 변화를 위한 조건이자 결과가 되기 위해 필요한 과정이었다.

정치권력을 획득한 이후에 쿠바 혁명은 마르크스주의 시나리오를 계속 이어갔다. 군사독재와 가장 가까운 인물들의 소유재산을 몰수했고, 민병대를 무장시켰으며, 정규군과 경찰 그리고 그와 연결된 기관들을 해체함으로써 부르주아의 직접 지배도구들을 사라지게 했으며, 부르주아 국가기구를 허물어버리고 그곳에 독립적 외교정책을 방어할 민중 기반의 새로운 국가질서를 건립했다. 그리고 민간소유를 뿌리째 흔듦으로써 구체제 사회적 기반의 재생산을 근본적으로 불가능하게 하는 기반을 다졌다. 그를 위해 대토지소유제(라티푼디오)를 금지하고 농지개혁을 실현했다. 또한 토지, 지하자원, 정유, 사탕수수, 전력, 전화, 주거, 시멘트, 은행, 무역 등을 불과 4년 만에 모두 국유화했다. 동시에 매춘·도박·고리대금업의 금지, 성과 피부색에 따른 차별 엄벌, 더 많은 사람에게 교육 기회를 제공하기 위한 교육시스템의 재구성, '문맹 퇴치운동', 역사적으로 소외된 사람들을 돌보기 위한 농촌의사 파견대(Contingente de Médicos Rurales)의 설립, 더 많은 직업의 제공, 최저임금 인상, 외화와 수입 통제, 그리고 새로운 시장의 탐색을 통한 민족주의 경제정책의 촉진 등을 통해 공적 삶을 새롭게 재편했다(Bell Lara et al., 2006/2007).

이러한 정책들은 하나의 의미로 통합되었다. 그것은 국민을 집합적 정치주체로 설립하기 위해 그들의 사회적 통합을 추구하는 것이다.

민중의 참여를 확실하게 하기 위해서 다양한 변화는 필수적이었다. 인구의 대다수가 구조화된 조직들을 통해 정치에 참여했다. 그것은 적극적 정치활동, 정치적 실천과 발언권의 획득과 통제, 정치적 기획에의 집합적이고 직접적 참여, 그러한 경험으로부터 오는 가치의 사회화 등을 통해 이루어졌다. 민중의 대부분은 노동조직에 가입했을 뿐만 아니라 국가 방어 혹은 재난이나 경제적 생산으로부터의 보호와 같이 엄밀하게 말해 정치적 목적을 가진 대중운동에도 참여했다(Arena, 1996: 108).

3.

쿠바의 제도적 시스템은 시민참여를 확대했고, 대중의 의사를 반영하는 메커니즘을 적용했으며, 정책결정에 시민이 그의 한 부분이 될 수 있도록 그들을 정치화했으며, 연대와 협약의 가치를 촉진시켰고, 사회적 신분 변화를 가능하게 했으며, 높은 수준의 평등과 사회적 통합을 달성했고, 정치활동을 공공서비스화했다.

민주적 이상은 경제 제재, 군사적 침략, 체제 불안정을 위한 체계적 흔들기와 같은 외부적 공격과 쿠바 내부의 역사적 전개에 따른 극도의 긴장하에서 이루어졌다. 여기서 쿠바 혁명의 발전에 영향을 준 '혁명적 단일화' 전략, 관료주의, 국가이데올로기의 형성과 같은 세 개의 문제가 발생했다.

그에 따른 결과는 매우 복잡하다. 그것은 민주주의 의미의 제한적 해석, 정책결정의 국가 독점, 사회적 이해관계의 독립적 표현에 대한 제도적 인식 부족과 같은 형태로 나타났다.

4.

혁명적 스펙트럼 내부에 존재하는 차이를 규정하는 데 '혁명적 단일화'의 개념은 매우 중요한 역할을 했다.

1959년 1월의 승리를 가능하게 했던 다양한 정치세력들 사이의 차이를 해소하기 위해 역사적으로 전개된 '혁명적 단일화'의 의미는 다음의 두 가지 문제와 관련되어 있었다. 첫째는 이전의(1868, 1895, 1933) 사회적 반란들에서 다양한 위기를 야기했던 분열이었고, 둘째는 '제5대대'[1]의 역할을 할 수 있는 사회적 분열 없이 응집된 하나의 민족적 집합체로서 적의 공격에 대응해야 할 필요성이었다.

1959년의 상황에서 7월 26일 혁명운동(Movimiento Revolucionario 26 de Julio), 3월 13일 혁명지도부(Directorio Revolucionario 13 de Marzo), 민중사회주의당(Partido Socialista Popular), 그리고 그 밖의 주요 혁명세력들 사이에서 통합을 획득하는 일은 불가피했다. 그럼에도, 이들은 혁명에서 각자의 공에 대해 신랄하게 논쟁했다. 그에 따른 정치적 전략은 각각의 혁명적 공을 모두 인정하는 것이었다.

혁명적 필요조건으로서 단일성은 지금까지도 여전히 주장되고 있다. 그렇지만 몇십 년 전부터 그 개념은 1959년의 그것과는 달라졌다. 그때부터 단일성의 기반은 조직원 중 특별한 권력을 가진 사람이 있거나 고유의 대중매체를 가진 정치조직을 통해 자신의 존재를 대변할 가능성을 가진 사람들에게 제한되었다.

1967년 '소분파주의 소송' 이후 혁명 세력 내부에서 명백한 입장 차이의 존재 ─ 그것이 권력을 향한 정치적 전략을 가지는 한 ─ 가 더 이상 인정되지 않았다.[2] 실제로 통합은 출발부터 본질적 차이를 사전에 인정하지 않았다. '혁명적 단일성'의 개념은 1959년에 시작된 혁명과정에서 보여준 생존능력의 기반이 되었던 것은 확실하다. 그러나 그 그늘 아래 있는 문제점에 대해서는 거의 고민하지 않았다. '혁명적 단일성'은 공적

---

1) 스페인 내전에서 프랑코군의 마드리드 공격 시 공화국 체제하의 마드리드 내부에서 프랑코를 지지하는 세력들을 말함. ─ 옮긴이
2) '소분파주의(microfracción)'는 쿠바 혁명을 소련식 관료주의 지배의 사회주의 '모델'로 이끌어가려고 시도했던 구쿠바공산당(Partido Comunista Cubano)의 당원들에 의해 형성된 세력들에게 붙은 이름이다. 그것은 1962년 '당파주의(sectarismo)'라는 이름으로 정치적 비판을 받았으며 1967년에는 법적으로 처벌받았다.

조직에서 시민들의 의견 불일치, 혁명적 입장 간의 공개적 갈등, 혁명과
정의 정책들에 대한 지속적 비판을 야기하지 않기 위해 필요한 것으로
간주되었다.

'만장일치로서 단일성' 개념의 사용은 시민들이 그의 구체적 이해관
계를 대표하기 위해 자발적으로 참여하는 민주적 가능성을 제한했다.
따라서 단일성의 공고화는 국가정책을 사회로부터 나오는 실천 가능한
다양한 정책들보다 절대적 우위에 서게 만들었다.

역사적 경험으로 볼 때 '프롤레타리아 독재'의 가치보다 '프롤레타리
아 민주주의'의 가치를 강조하는 것이 더욱 바람직했던 것처럼 오늘날
'혁명적 단일성'의 가치보다 '혁명적 다양성'의 가치를 강조하는 것이
더 바람직하다. 정치적 참여를 통한 정의의 기반 위에 설립된 그러한
다양성은 1959년에 '단일성'이 만들어냈던 것과 같은 이익을 가져다줄
수 있다. 아마 지금은 오직 다양성만이 그렇게 할 수 있을 것이다.

문제는 '만장일치로서의 단일성'과 반대되는 '다양성으로서의 단일
성'으로 정리될 수 있을 것이다. 그것은 그러한 다양성을 재생산하고,
그에 따라 활동하고, 그것을 재확인하고, 그럼으로써 단일화된 연대를
설립하는 과정으로 나아가기 위해 필요한 물질적 조건들을 공고히 하는
활동들에 의해 실현될 것이다.

5.

'만장일치로서의 단일성'의 실현은 그 결과로 제도 현실에서 다양한
수준의 관료화를 가져왔고 그에 따라 시민 참여 수준의 질적 하락을
야기했다. 그것은 쿠바에서 아직 비슷한 의미로 사용되는 '관료주의

(burocratismo)' 혹은 '관료정치(burocracia)'라는 용어들로 혼돈되어 설명된다. 그렇지만 공무원과 공무처리 절차의 과도함을 의미하는 관료주의는 효율적 기술행정관료의 존재 필요성으로 정당화되는 한편, 관료정치는 결정과정에 대중의 통제 부족이라는 의미를 지닐 뿐이다.

피델 카스트로가 1965년에 이미 인식했던 국가권력과 시민권력 사이에 제도적 중재 메커니즘의 부재가 관료정치를 급속히 성장하게 만들었다.[3]

쿠바 혁명의 승리는 이 주제를 분석하기 위해 새로운 기회를 제공했다. 그것은 마르크스주의 철학에 새로운 기준을 제시하는 것이었다.

1963년에 체 게바라(Che Guevara)는 관료주의의 원인으로 '내부 동력의 부족'을 지적했다. "국가에 봉사하려는 개인의 관심 부족, 조직의 부족, 단기간에 올바른 결정을 내릴 수 있게 충분히 발전된 기술적 지식의 부족 등의 요인으로 인해 주어진 상황에 직면하기 위한 수단들이 실패로 돌아가고 만다"(Guevara, 2001: 177~179).

한편 피델 카스트로는 다음과 같이 정의했다. "소부르주아 정신이 공공행정에서 관료주의 발전에 책임이 있다. 왜냐하면 소부르주아 정신은 대중의 참여를 지양하기 때문이다. 사회주의 혁명은 그러한 악이 일반화됨으로써 그것이 가능한 모든 해악을 발생시키는 것을 막기 위한 처방들을 취하는 것이다"(Castro, 1965).

이와 같이 쿠바 혁명은 다음과 같은 테제를 현실화하는 것처럼 보였다. "혁명을 위협하는 두 개의 요소(제국주의 반혁명과 관료주의화) 중에 관료주의화의 위협이 더 나쁘다. 왜냐하면 그것은 좀 더 음흉한 형태로

---

3) 피델 카스트로는 "이미 우리는 민족국가 이상의 수준에서 생각하고 쿠바 사회주의 국가의 헌법적 형태를 만들기 시작해야 할 것이다"라고 말했다(1965).

나타나고, 또 혁명의 가면을 쓰고 나타나기 때문이다. 따라서 관료주의
화는 혁명을 내부에서부터 무력화시키는 위험을 안고 있다"(Mandel, s/f:
33~61).

쿠바 사회주의 관료정치의 정점은 국가권력의 한계에 대한 사회법적,
문화·이데올로기적 기본 방침이 부재함에 따라 더욱 공고화되었다. 이
런 상황에서 혁명 국가는 사회적 삶과 관련된 프로그램들의 크기와
영향력과 정도에 따라 커져갔다.

시민은 시민의 권리를 규정하는 법적 권한을 누릴 수 없었다. 주요
정치적 권리가 시민권에 관한 법적 조항에 따라 부여된 것이 아니라
혁명가들의 정치적 지위에 따라 주어졌다. 즉, 혁명가의 권리가 국가
권력으로 그대로 넘어갔다. 그러나 혁명가의 권리보다 더 광범위한 범
주로서 시민의 권리는 권력에서, 권력의 권한에서, 권력의 통제에서
혁명가의 권리와 같은 방식으로 법제화되지 않았다.

'관료주의' 문제는 현재도 유효하다. 그것은 쿠바 변화 과정에 대한
비판에서 반복적으로 제기된다. 또한 그것은 현재 '경제 모델의 현실화'
를 추구하는 공식 담론의 주제 중 하나이기도 하다(Castro, 2009).

효율성을 확보하기 위해서 '관료정치에 대한 투쟁'은 시민의 정치적
참여권 확보, 시민권을 실행하고 국가 행위를 통제할 수 있는 직접적
수단의 발전에서 출발해야 한다. 그리고 그를 통해 국가, 사회운동,
시민단체 등과 같은 다양한 사회적 주체들 사이에서 권력이 배분되어야
한다. 그것은 사회주의에서 국가의 탈중앙집중화된 역할을 강조하는
개혁적 민주주의 사상에 기반을 두고 있다.

6.

앞서 언급한 것은 사회주의 국가의 역할을 민주적으로 설정하도록 한다.

쿠바 혁명은 역사적으로 존재하는 사회주의 국가 이론을 자기 것으로 만들었다. 쿠바 혁명은 국가를 도구로 보지 않고 그것은 신성화했다. 혁명이 국가로 화신하는 것처럼 혁명의 속성들이 국가로 이전되었다.

그러한 주장에 따르면 우선 혁명은 국민의 의지에 의해 규정된 질서이다. 즉, 국민이 혁명의 주체이자 그의 보증인이다. 혁명의 힘은 무력과 민중의 지지를 통해 공고화되었다. 따라서 혁명은 국민의 필요성에 따라야 하고, 또 민중민주주의를 수립함으로써 국민 다수의 합의에 따라야 한다. 그럼으로써 혁명은 자본주의의 배타적이고 파괴적인 성격을 극복하는 합리성의 틀에서 정립된다.

그에 따라 혁명은 모든 것의 존재 이유, 즉 선의 기준을 나타내는 보편적 질서를 실현해야 한다. 그리고 그러한 특징은 국가에 이전된다.

만약 혁명이 그로 인해 설립된 국가와 서로서로 분리될 수 없을 정도로 하나로 합쳐져 있기 때문에 둘이 반드시 함께 나아가야 한다면 그러한 필요성은 미덕이 되고 국가와 혁명은 서로 융합된다.

따라서 사회적 대표성은 국가로 흡수된다. 그리고 사회정책은 국가에 의해 형성되고 그 정책은 사회조직들을 통해 전달된다.

이데올로기적 관점에서 이러한 주장의 일차적 결과는 혁명이데올로기를 국가이데올로기화하는 것이다.

최근에 시작된 쿠바 국가의 재구성 작업에 '탈국가'라는 이름이 붙었다(Guevara, 2010). 지금까지 그것은 경제적 영역에서만 언급되었다. 순수하게 정치적 제도(국가 대표기구들의 기능, 부문별·그룹별 이해관계의 대표

메커니즘, 정부와 민간 활동의 새로운 영역에 대한 공적 통제 과정)에서 그러한 변화는 아직 토론 단계에 있다.

민주적 발전을 위해 국가는 사회적 변화에 결정적으로 중요한 행위자가 되어야 할 것이다. 그러나 유일한 행위자가 되어서는 안 된다. 국가정책과 사회적으로 혹은 개인적으로 형성된 정책들 사이에 설립된 관계의 형태를 더욱 명확히 할 필요가 있다. 그것은 체제의 행위자와 시민들 사이에서 권력을 배분하기 위해서도 매우 유효하다.

따라서 지금 가장 중요한 도전은 국가 교리가 아니라 혁명의 이데올로기를 발전시키는 것이다. 그것은 "사회적 다양성, 민족의 역사와 문화, 사회주의 경험, 우리들의 정치문화, 자본주의와 분파주의에 반대하는 영원한 '이념 논쟁'을 받아들일 만큼 충분히 비정통적이고 절충적인" 혁명이데올로기를 설립하는 것을 말한다(Valdés Paz, 2009: 214).

7.

민주정치는 행복이 아니라 자유를 말한다. 그것은 공동체적 삶의 가능성을 연다. 공동체적 삶은 행복에 대한 하나의 이념에 매몰되지 않고 다른 패러다임도 받아들일 가능성을 보여주는 것이다.

민주주의와 관련된 1959년 쿠바 혁명의 약속은 현재 권력의 사회화, 사회적 다양성의 장려, 혁명이데올로기의 발전과 같은 자유의 환경 아래에서 그 목표를 재설립할 수 있다.

이러한 세 가지 핵심요소의 촉진은 다음과 같은 민주적 도전에 직면하게 된다. 그것은 권력의 사회화를 위해 그것이 아래로부터 만들어지고 관리될 수 있게 권력 기반을 재조정하고, 쿠바 사회 내부에 존재하는 계급, 인종, 성, 세대, 문화적 차이 등의 요인으로 형성된 사회적 지배 관계를 해체하기 위해 권력 모태의 탈식민지화를 추진하는 작업이다.

동질성의 가치를 권력 사회화의 가치, 사회적 다양성의 가치, 비규율적 이데올로기 논쟁의 가치로 대체하는 것은 평등의 정치적 가치에 다시 의미를 부여하는 것이다. 그것은 사회적 평등을 의미한다. 그러나 또한 권력 실행에서 정치적 권리의 평등을 의미하기도 한다.

따라서 민주정치에 대한 다음과 같은 질문들을 강조하는 것이 매우 중요하다. 불평등과 다양성과 민주주의의 관계는 무엇인가? 자본주의와 민주주의 사이에 어떤 관계가 존재하는가? 생존하기 위해 타자에 의존하는 것은 종속을 의미하지 않는가? 그러한 종속의 본질은 사회주의 국가냐 혹은 자본주의 모델이냐에 따라 변화하는가? '경제'가 시민권의 보편화를 지지할 것인가? 시장이나 관료와 같은 민간 권력의 손에 정치권력이 강탈되는 것을 어떻게 막을 수 있을까? 어떻게 강요 없이도 스스로 자유로운 존재가 될 수 있는가?

민주주의는 보편적 체제의 또 다른 이름이다. 그것은 인간적이고 자연적인 삶의 가치의 전체적 틀을 보여주고, 그러한 가치를 공존적 삶의 가능성에 기초를 둔 정치적 형태로 이끌어갈 수 있는 유일한 체제이다.

50년의 경험을 통해 2010년 이후 쿠바 혁명의 정치는 1959년의 핵심 가치들을 재정립할 수 있을 것이다. 그것이 정치에 접근할 수 있는 사람의 수를 확대하는 것이든, 사회정의를 민주정치의 기초에 놓는 것이든, 둘 다 모두 시민권을 보편화하고, 개인적·사회적·민족적 독립을 촉진하는 방향으로 재형성될 수 있을 것이다.

참고문헌

Arenas, Patricia. 1996. "La participación vista desde un ángulo psicosocial." en Haroldo Dilla(comp.) *La participación en Cuba y los retos del futuro*. La Habana: Ediciones CEA.

Bell Lara, José, Delia Luisa López, y Tania Caram. 2006/2007. *Documentos de la Revolución Cubana 1959 y 1961*. La Habana: Editorial de Ciencias Sociales.

Castro, Fidel. 1965. "Discurso Pronunciado por el comandante Fidel Castro Ruz, primer secretario del PURSC y primer ministro del Gobierno Revolucionario, en el XII Aniversario del ataque al Cuartel Moncada, en la ciudad de Santa Clara, el 26 de julio de 1965." Departamento de visiones taquigráficas del Gobierno Revolucionario, en <www.cuba.cu/gobierno/discurso/1965/esp/f260765e.html> acceso 28 de junio de 2008.

Castro, Raúl. 2009. "En la actualización del modelo económico cubano no puede haber espacio a los riesgos de la improvisación y el apresuramiento." 20 de diciembre, en Rebelión <www.rebelion.org/noticia.php?id=97443> acceso 10 de julio de 2010.

Guevara, Alfredo. 2010. "Fundar es nuestra tarea." en Rebelión <www.rebelion.org/noticia.php?id=115284> acceso 25 de octubre.

Guevara, Ernesto. 2001. *Contra el burocratismo*, Obras Escogidas Vol. 2. La Habana: Editorial de Ciencias Sociales.

Mandel, Ernest s/f. *Análisis marxista de la burocracia socialista*, Buenos Aires: Editor 904.

Valdés Paz, Juan. 2009. *El espacio y el límite. Ensayos sobre el sistema político cubano*. La Habana: Ruth Casa Editorial/ICIC Juan Marinello.

제10장

쿠바

경제발전 모델의 '현실화'?

후안 트리아나 코르도비 _김기현 옮김

이 글은 쿠바에서 '경제사회 작동 모델의 현실화'로 알려진 최근의 변화들을 살펴본다. 독특한 성격을 가진 쿠바 사회에서 이러한 과정이 제기하는 의문점은 매우 많다. 이 글은 우선 그러한 변화의 논리를 설명할 것이며 나아가 변화의 시대구분을 짓고 1990 년에 시작된 제1기의 변화와 2007년 여름부터 가동되기 시작한 최근 변화와의 차이를 알아볼 것이다. 그 밖에도 경제발전과 쿠바 사회주의 건설 간의 관계에 대한 생각들을 덧붙이고자 한다.

후안 트리아나 코르도비 Juan Triana Cordoví 경제학 박사. 쿠바경제연구센터 (Centro de Estudios de la Economía Cubana) 전임교수. 발전과 경제성장의 문제, 특히 쿠바 경제와 관련하여 많은 연구 활동을 해왔다.

* 이 글은 ≪Nueva Sociedad≫ 242호(2012년 11-12월)에 실린 글을 옮긴 것이다.

1. 초기의 변화들: 변화가 2007년에 시작되지는 않았다.

쿠바가 변화의 과정에 직면한 것은 처음이 아니다. 실제로 2007년 여름에 시작된 그 과정은 사회주의권 붕괴 이후인 1980년대 말과 1990년대 초 쿠바에 닥친 위기로 인해 도입하지 않을 수 없었던 변화에서 이미 그 전례를 찾을 수 있다. 사실 현재의 과정은 그 과정의 지속이자 단절로 볼 수 있다. 쿠바는 이미 그때 생존을 위해 세계 경제의 게임규칙에 따라 세계 경제에 가입하는 것 외에 다른 대안이 없었다.

이러한 전망에서 볼 때 현재의 과정은 변화의 제3기라 할 수 있다. 1990년대에 시작된 제1단계는 21세기 초반까지를 포함한다. 제2단계는 이념전쟁(Batalla de Ideas)의 시작과 베네수엘라와 경제관계 강화와 관련되어 있다. 한편 현재의 제3단계는 라울 카스트로 대통령 시기와 직접적으로 연결되어 있다. 어쨌든 이러한 과정이 일관되지는 않는다.

경제규제 형태에 대해서 고려하자면 제1기의 개혁은 탈중앙집중화로의 진전과 비국가경제 형태로 개방의 시작(외국자본과 국내경제에서 활동하는 외국 민간기업과의 연합, 그리고 자영업의 근본적 재개)이라고 정의될 수 있다. 제2기는 고도로 집중화된 경제운영형태로의 전환(국가 외화소득 계좌의 단일화, 외국자본과 연합의 축소, 자영업 부문에 대한 강력한 통제)과 관련되어 있다. 현 단계의 개혁은 다시 탈중앙집중화로의 전환에 기반을 두고 있다.

경제적 추이의 전망에서 보자면 제1기는 위기와 성장이 교차했던 시기이다. 이 시기에는 (관광업, 바이오테크놀로지, 니켈, 통신, 석유채굴과 같은) 새로운 경제 부문의 출현과 공고화 및 일부 기존 부문의 재활성화를 통한 중요한 구조적 변화가 일어났다. 이러한 부문에서 규제의 변화는 효율성 증가와 성장에 여지를 주었으며, 외화 산출 부문과 그를 적절하게 활용하는 국영기업 간에 새로운 생산연계가 생겨났다. 경제는 부분적으로 성장 능력을 회복했으며, 개인 소비에서도 상대적 개선이 이루어졌다.

역시 경제적 전망으로 볼 때 제2기는 교육, 보건, 후에 에너지 부문에 대규모 투자가 이루어짐에 따라 성장률 기준으로 가장 동적인 시기였다. 동시에 이미 만들어진 일부 생산망은 붕괴되었으며, (사탕수수산업을 포함해) 쿠바 산업의 중요한 부문에서 탈자본화가 발생했고, 달러와 태환페소 간 통화 교환에서 원칙이 사라졌다. 그로 인해 2008년 쿠바는 그 후의 경제활동에 매우 부정적 충격을 가져다주게 될 지불위기에 직면하기도 했다. 또한 이 시기에 쿠바는 중국, 베네수엘라 양국과 강력한 국제경제 관계를 재구성했다. 이는 여러 가지 측면에서 1990년 이전 쿠바가 처해 있었던 일방적 종속의 취약성을 다시 상기시키는 것이었다. 제2기 개혁의 가장 중요한 성격은 거시경제적으로 양호한 성장률에도 구매력이나 개인 소비 능력으로 볼 때 국민 삶의 수준은 개선되지 않았다는 점이다.

현재 제3기 변화의 특징은 지금까지 상대적으로 낮은 성장률과 국가 대외수지 재편성으로 정의될 수 있다.

사회주의권의 붕괴로 국제적 지원이 사라짐으로써 다른 대안이 없었던 제1기 변화와는 달리 현 시기의 가장 중요한 동인은 내부적 제약이다. "생산력의 발전을 방해하는 매듭을 풀자"는 말이 현재 가장 많이 반복되고 있다. 이러한 생각은 쿠바에서 사회주의를 공고화하기 위해서는 생산성과 경제의 총체적 효율성을 본질적으로 증대시키고, 국가는 단지 사회주의를 공고화하고 방어하기 위해 결정적인 것에만 역할을 집중해야 한다는 확신이 무엇보다 필요하다는 믿음에서 나온다. 그러나 역시 쿠바가 경험했고 1990년대 말까지 발전시켜왔던, 그리고 그 후 새로 '회복한' 사회주의가 경제적 시각에서뿐만 아니라 사회적·정치적 시각에서도 더 이상 유효하지 않다는 믿음도 존재한다.

현 시기와 사회주의권 붕괴 직후 시기의 또 다른 본질적 차이는 경제 개혁을 지지했던 이데올로기의 변화와 연결되어 있다. 1990년에서 1999년 사이 비국가적 형태는 상황이 개선될 경우 제거될 수 있는(실제 로 2001년에서 2007년 사이 그러한 일이 일어났었다) '필요악'으로 받아들여 졌다. 그러나 오늘날 쿠바공산당(Partido Comunista de Cuba: PCC)과 국가 의 최고 지도부는 법적 영역에서뿐만 아니라 일상의 삶에도 다양한 소유 형태를 합법화할 방법을 찾고 있다. 그 결과 그러한 다양한 소유 형태를 촉진하는 정책과[1] 그러한 정책을 지지하고 그러한 방향에 더 명확한 가이드라인을 제시해주는 법적 틀이 마련되었다.

2. 변화의 제3기: 일시적 해결에서 신개념 발전과 신개념 사회주 의로

2007년에 시작된 변화의 제3기는 최소한 4개의 소 시기로 나눌 수 있다. 첫 번째 시기는 2007년 여름부터 '경제사회정책 노선(Lineamientos de la Política Económica y Social)'을 공포하고 그에 대한 논의가 진행된

---

1) 이론적으로나 이데올로기적으로 가장 첨예한 논쟁 중 하나가 바로 사회경제적으로 비국가적 소유형태에 관한 다양한 입장들과 관련된 것이다. 이러한 논쟁에서 가장 유익했던 점은 그의 개방적·자유적 성격이었다. 또 다른 흥미로운 점은 변화의 의도에 가장 가까운 형태로 조합주의가 가장 주목을 끌었음에도 불구하고 국가나 정부가 경제를 끌어가는 데 전에 없던 실용주의적 시각에서 주체의 다각화를 촉구했다는 점이다.

시기이다. 두 번째 시기는 최초 발표 자료에 대한 자체 토론 과정을 거쳐 PCC가 제6차 공산당대회에서 그를 허용할 때까지이다. 세 번째 시기는 경제사회 모델을 '현실화'하기 위해 그 노선을 적용하는 시기이다. 네 번째 시기는 정당과 정부 최고위층이 단지 생존의 문제(좋지 않았던 것을 수정하고, 모델의 기능을 현대화하는 것)를 넘어 국가 미래에 대한 총체적 계획이 필요하다는 확신을 가졌음을 명백히 하는 공식 선언을 한 때부터 시작된다. 즉, 그것은 사회주의를 공고화할 목적과 쿠바가 세계경제에 성공적으로 가입하고 또 그 과정에서 지금까지 경험했던 구조적 기능적 오류들을 제거할 목적 둘을 통합하는 미래의 발전 계획이다.

첫 번째 소 시기에는 제도를 강화하고 개선하며, 쿠바 시민들의 일상의 삶에 걸림돌이 되는 여러 제한들을 제거하는 데 집중된 처방들이 높이 평가되었다. 그러한 처방들은 다음과 같다.

▶ 국가와 정부의 재조직을 포함한 제도성의 강화
▶ 경제계획이 가용한 자원에 따라 조정되어야 한다는 개념의 강조
▶ 성장, 수출 다각화, 수입대체 등에 우선권을 부여하고, 그를 지원하기 위한 특별 프로그램과 처방들의 기획. 그중에는 탈중앙집중화된 형태의 외화 사용을 가능하게 하는 폐쇄적 금융구조가 두드러진다.
▶ 투자정책에 더 큰 통합성을 주고 자원의 부동화와 비효율성을 피하기 위한 투자정책의 수정과 재방향화.

그를 위해 다음과 같은 것들이 촉진되었다.

▶ 단기적으로 국제수지 개선에 영향력이 큰 부문에 가용한 해외 자산을

집중적으로 배분

▶ 외채 지불 재조정

▶ 식량생산을 증대하고 수입을 줄이기 위해, 수익이 떨어지는 국가소유토
  지의 양도를 규정하는 행정명령 259조 공포 등의 농목업 부문에서 일련
  의 구조개혁과 합리화

▶ 화물운송 재조직과 같은 조직적 부문을 포함한 전체 에너지 사용 절약을
  위한 추가적 조치의 추진

▶ 국가의 미래 발전과 관련된 전략적 성격의 중요 산업 부문에 투자 시작

▶ 노동자 식당과 수송을 다른 방법으로 대체, 특정 서비스 제공에서 국가
  의 짐을 덜기 위해 피고용인에게 이발소, 미장원, 택시 등의 임대

  '노선'의 설립과 논의 과정은 2007년에 시작된 변화의 일시적 중단을
의미했다. 그로 인해 기본적 아이디어들의 정리와 2010년까지 실현된
것들에 대한 평가, 그리고 국가경제의 변화 필요성에 대한 진단이 가능
했다. '노선'은 실현할 개혁의 방향을 제시해주었다. 또 그 후 국민의
논의를 거쳐 PCC의 제6차 공산당대회와 전국인민대회에서 통과하는
과정을 통해 이러한 과정에 대한 정치적·사회적 합의(허용할 수 있는
최대 한계)를 설정하는 기준을 마련했다.
  '쿠바 경제 작동 모델의 현실화'라는 목적에서 부각되는 세 개의 기본
방향은 다음과 같다.

▶ 경제에서 국가의 존재를 감소시키기 위해 소유구조와 형태의 변화.
  이러한 틀에서 국가소유토지를 10년 동안 무상으로 개인 경작자에게
  임대한다(최근에 기간을 20년 이상으로 연장하는 안이 검토됨). 자영업
  부문의 확대, 비농업 부문에서 조합의 촉진, 카페에서 이발소까지 다양

한 서비스를 제공하는 공간의 개인 임대 허용 등의 처방이 이러한 변화의 일부분을 구성한다. 국영기업에 더 큰 결정의 자유를 허용하는 것 또한 이러한 변화를 최종적으로 보완할 것이다. 그러나 국영기업의 변화는 다른 것에 비해 아직 진전이 미루어지고 있다.

▶ **국가기구의 재구조화와 근대화.** 이를 위해 일부 부처의 재구조화(혹은 폐지)가 필요하다. 또한 여전히 과거처럼 남아 있는 국영기업들에 더 큰 경제적 독립을 부여하기 위해 간접적 규제기구를 통해 경제를 운영하게 할 제도와 규범의 설립을 요구한다.

▶ **국민의 기회를 제한하는 금지조항들의 근절.** 최근에 민간 자동차시장을 설립하는 법과 민간 주택시장을 설립하는 또 다른 법이 통과되었다. 이러한 법은 「이민법」의 변화와 함께 국민의 상황을 개선하는 데 기여해야 할 것이다. 또 국내 민간투자를 통해 이런저런 형태로 경제 규모의 확대도 꾀할 수 있을 것이다.

'노선'의 적용은 소유구조와 함께 사회구조의 재구성화를 야기했다. 그리고 국가의 크기와 존재에 본질적 변화를 가져왔다. 동시에 경제와 사회에 행위자 다양성이라는 아이디어를 공고화했다. '노선' 적용 1년 후 인민권력 전국인민대회(Asamblea Nacional del Poder Popular) 제1회기에서 쿠바 경제를 '근대화(modernizar)'할 목적에 지속성을 부여하는 새로운 처방들이 공포되었다. 허용된 그러나 아직 적용되지 않은 새로운 처방들 중에는 다음과 같은 것이 있다.

▶ **신용이나 도·소매가 측면에서 거시적 재조정을 위한 정책과 재정정책.** 이 경우 새로운 「세제법(Ley Tributaria)」의 의회 공포로까지 나아갔다. 이 외에 새로운 통화정책의 기본적 원칙들이 검토되었다.

▶ 고용 노동자 5인 이하 요식업을 비롯해 이발소, 미장원, 신발수리업 등 개인서비스업 개업 시 임차계약의 허용. 기본적으로 부동산은 국가의 소유이다(이는 사업자에게 10년 동안 양도될 수 있다). 소유와 경영의 기능이 분리된다. 즉, 소유는 국가가 하고 경영은 조합이 한다. 미래의 조합들이 실현해야 할 보상비와 유지비 지불을 쉽게 하기 위해서 「세제법」의 변화가 검토된다.

동시에 경제적·재정적 운영에 충분한 자율권과 광범위한 권한을 가지는 실험을 경험하게 될 일단의 국영기업들이 선발되었다. 그리고 기업과 국가 간의 새로운 관계구조가 설립되었다. 이는 다음과 같은 기본적 아이디어를 통해 촉진될 것이다.

▶ 기업, 기업 운영의 상위조직, 정부부처 간의 새로운 관계구조의 설립
▶ 기업 기획시스템 개념의 변화, 그를 위해 기획 간부직에 더 많은 권한 부여
▶ 기업의 사회적 기여에 좀 더 유연성을 주고, 국제적 상황과 생산비용을 고려한 가격결정을 가능하게 함
▶ 획득한 수익의 일부분을 자율적으로 활용할 수 있게 허용

이러한 기업운영은 모두 쿠바페소로 실현될 것이다. 여기서 아직 공개되지 않은 하나의 사실은 이러한 기업들의 수출입 업무에서 태환페소로 거래하는 다른 기업들과의 거래에서 또 중앙은행이나 국내외 납품업자들에 대한 채무상환이나 대금지불에 적용될 환율이다. 한편 노동력을 지속적으로 비국가적 기업들로 이전시킬 것을 고려하여 노동자의 권리와 의무를 새로운 조건에 맞게 조정하기 위한 「노동법(Código del Trabajo)」

의 초안이 만들어졌다. 그 밖에도 두 개의 부처(에너지광업부와 산업부)가 신설되었다. 이 두 부처는 산하에 그와 같은 국영기업들을 두겠지만 과거와 같이 그를 직접 운영하는 것이 아니라 단지 그를 관리 감독하는 기능만을 가질 것이다. 따라서 국가의 역할에서 기업운영의 역할을 분리시킬 것이다. 그를 위해 다양한 적용 단계를 가진 새로운 규범들이 만들어졌다.

▶ 3월에는 (아직까지 언론에 공포되지 않은) 17개의 새로운 처방들이 통과될 것이다. 이 처방들은 (UBPC로 알려진) 조합적 생산 기초단위들의 역할과 경영에 대한 제한요소들을 삭제할 것이다. 나아가 이러한 생산단위들은 농업생산조합(Cooperativas de Producción Agropecuaria: CPA)이나 신용과 서비스조합(Cooperativas de Crédito y Servicios: CCS)에까지 확대 적용될 것이다. 그로 인해 쿠바의 농촌에 존재하는 다양한 소유형태가 모두 같은 조건으로 조정될 것이다.

▶ 아바나, 아르테미사, 마야베케와 같은 지역에서 생산된 농산물의 상업적 유통을 위한 정책이 도입 단계에 있다. 이는 다양한 생산조직들(조합, 자영농 등)의 직접적 시장접근을 더욱 쉽게 만들 것이다. 준비 중인 이러한 처방들 중에는 다음과 같은 것들이 알려졌다.

a) 장기적인 국가 경제사회 발전 프로그램 설립

b) 노선 적용을 위한 전략적 기획(Proyección Estratégica de Implementación de los Lineamientos)을 통합적이고 점진적으로 적용하기 위해 일정표에 따라 2012~2015년 기간 동안 그의 설립과 통과

c) 자영업자들을 위해 (규정에 어긋날 때마다 범하게 되는) 낡은 금지조항이나 위반사항들을 유연화함으로써 자영업을 증가

d) 사용하지 않는 토지를 사용권자에게 이전하는 259조 「행정명령법」의

현실화. 그와 관련해서는 새로운 규범이 발표될 것이다. 그에 따르면 무엇보다 국영농장과 연결된 사용권자(UBPC 혹은 CPA)에 토지 양도가 67.1헥타르까지 확대될 것이다. 또한 그곳에서 일하는 농민들을 위해 비엔에추리아(bienhecuría)[2] 수준의 영구 거주지 건설이 허용될 것이고, 또한 그곳에서 일하는 가족이나 사람들에게 토지의 지속적 사용권이 보장될 것이다. 공식 자료에 따르면 최근 15만 명의 새로운 농민 사용권자들에게 총 150만 헥타르의 토지가 양도되었다. 그리고 그중 약 75%가 이미 생산 활동을 시작했다.

국영기업의 운영에 적용되기 시작한 변화들은 미래의 변화에 결정적 역할을 할 것이다. 쿠바에서 '국영기업의 운영 근대화' 시도는 처음이 아니다. 그렇지만 이러한 시도들은 국민소유물의 대표자로서 국가 역할에 대한 명확한 이론이 부재했을 뿐 아니라, 이미 1980년대부터 국가경제의 실질적 필요성에 따르지 못하는 조직들을 타성적으로 재생산해옴에 따라 항상 제동이 걸리곤 했다.

3. 사회주의와 발전

이 마지막 시기의 또 다른 결정적 과업은 발전과 사회주의의 관계를 설정하는 것이다. 쿠바에서 지배적인 이론적 해석에 따르면 사회주의는 그것 없이 발전이 불가능한 필요조건이다. 이는 결국 사회주의를 건설하면 발전은 자동적으로 도달된다는 생각을 기계적으로 받아들이는

---

2) 미개간지에 세워진 소작인의 건축물. ─ 옮긴이

것을 의미한다. 그러나 1980년대 말부터 현실은 그러한 해석을 더 이상 받아들일 수 없음을 보여주었다. 1960년대부터 1980년대 말까지 쿠바의 경험은 어떤 형태로든 어떤 수준이든 어떤 부문이든 성장만 하면 발전이 이루어진다는 생각이 옳지 않음을 오늘날 명백히 보여주었다. 예를 들어 세계경제의 동력을 주도하는 부문이나 그러한 주도적 부문과 밀접하게 연결된 부문에서 성장을 촉진하려는 노력은 더 좋은 결실을 맺을 수 있고 따라서 발전의 목표에 도달하는 데 기여한다. 또한 발전을 위해서는 경제구조의 변화가 필요하다. 그러나 아무런 변화나 다 되는 것이 아니라 더 높은 생산성을 올릴 수 있는 부문이나 분야로의 변화, 동시에 같은 부문 내에서라도 생산성의 증대를 가져올 수 있는 방향으로의 변화가 필요하다. 결론적으로 경제적 전망에서 발전을 위한 미래 어젠다를 생각하면서 개인적으로 변화의 모델에 다음의 최소한 네 가지 요소가 꼭 포함되어야 한다고 믿는다.

▶ 국가의 변화과정에서 투명성과 사회적 통제를 보장할 규범적 노력(법과 제도의 설립)
▶ 자본 축적 원천의 사전 파악, 그리고 그와 밀접하게 연결된 경제정책의 규정
▶ 경제성장 동력의 규정
▶ 발전 실행의 주체와 그의 역할 규정. 즉, 누가 혁신을 이룰 것인가, 국가가 계속해서 혁신을 이룰 유일한 행위자가 되어야 하는가 혹은 이 과정에서 국영기업과 민간기업이 활동할 공간을 인정해야 하는가 하는 문제의 규정

쿠바가 현재 경험하고 있는 새로운 변화의 성공과 '경제운영 모델

현실화'의 지속적 추진 가능성은 상당 부분 발전전략의 구조화 능력과[3] 존재하는 현실을 변화시키고 새로운 현실을 발전의 목적에 맞게 동화시킬 수 있는 제도적 능력에 달렸다.

---

3) 이미 통과된 '노선(Lineamientos)'이 변화의 과정에서 반드시 필요한 전제임은 의심의 여지가 없다. 그러나 '노선'의 결정으로 문제가 다 끝난 것은 아니다. 오히려 그것은 발전전략을 위한 또 다른 논의의 시작을 의미한다.

제11장

미국의 대쿠바정책

변화와 전망

김기현

쿠바의 변화를 전망하기 위해 미국의 대 쿠바정책에 대한 분석은 필수이다. 미국의 대 쿠바정책을 결정짓는 요인은 다양하다. 그를 분석하기 위해 우선 이 글은 쿠바와 미국 양국 간의 역사적 관계를 살펴본다. 다음으로 쿠바혁명이 미국에 주는 진정한 의미를 파악하는 것이 필요하다. 냉전의 종식이 미국의 대 쿠바정책에 미치는 영향도 분석되어야 할 것이다. 어쨌든 미국의 대 쿠바정책 변화에서 가장 핵심은 결국 경제제재 조치의 철폐일 것이다. 이 글은 이를 둘러싼 미국 내 다양한 이해관계에 대해서도 살펴볼 것이다.

김기현 멕시코 국립자치대학교(UNAM) 정치사회과학대학에서 중남미지역학 석사와 박사학위를 받았다. 현재 선문대학교 스페인어중남미학과 교수이며, 한국라틴아메리카학회 부회장, 외교부 중남미국 정책자문위원으로도 활동하고 있다.

* 이 글은 ≪라틴아메리카연구≫, 제17권, 2호(2004년 6월호)에 실린 논문을 일부 수정한 것이다.

1. 서론

쿠바가 우리의 관심을 끌기 시작하고 있다. 쿠바는 라틴아메리카 33
개국 중 유일한 미수교국으로서 최근까지 쿠바에 대한 우리의 관심은
주로 피상적인 것에 불과했다. 그러나 최근 쿠바와의 경제교류가 급속
히 증가하고 수교 가능성이 제기되면서부터 쿠바에 대한 우리의 관심은
더욱 현실적인 것이 되었다.

대한무역투자진흥공사(KOTRA, 2001)의 최근 보고서에 따르면 우리나
라와 쿠바와의 교역은 비록 멕시코나 파나마를 통한 간접교역 방식일지
라도 이미 가전제품과 자동차 등에서 각각 쿠바 내 시장 점유율 70%,
30%를 차지할 정도로 급성장했다. 또한 매년 개최되는 중소기업 국제
박람회 등을 통한 다각적인 진출이 예상되고 있기도 하다.

경제적 교류의 활성화와 함께 1959년 쿠바 혁명 이후 단절된 양국
간의 외교관계 재수립 가능성 또한 우리가 쿠바에 대해 관심을 가지지
않을 수 없는 주요한 이유이기도 하다. 인구가 1,000만 명[1]이 넘는
카리브의 대국으로서 그의 역사적 중요성이나 전략적 위치, 경제적 시
장성 등을 고려해 볼 때 쿠바와의 외교관계 재설립은 우리의 대중남미
외교의 가장 중요한 현안 중의 하나일 것으로 생각된다.

그러나 쿠바와의 정치적·경제적 교류의 활성화는 미국과 쿠바와의
관계 개선과 사회주의 국가로서 쿠바의 대외개방과 경제개혁 진전과정
에 크게 좌우될 것으로 보인다. 여기에 바로 쿠바의 변화 전망에 대한

---

1) 쿠바 인구는 2002년 1,130만 명으로 라틴아메리카 33개국 중 브라질, 멕시코,
   콜롬비아, 아르헨티나, 페루, 베네수엘라, 칠레, 에콰도르 다음으로 8번째이다(한
   국수출입은행, 2003).

심도 있는 분석의 필요성이 제기되는 것이다.

쿠바의 변화 전망에서 가장 중요한 변수는 아무래도 미국의 대쿠바정책이라 할 수 있다. 쿠바의 변화는 아무래도 내적 요인보다는 외적 요인에 의해 더 많은 영향을 받게 될 것이므로 미국의 대쿠바정책의 변화는 향후 쿠바의 변화에 가장 중요한 변수임이 틀림없다. 그중 특히 「헬름스-버튼법」으로 대변되는 미국의 경제제재조치의 지속성 여부는 쿠바의 미래 변화를 진단하는 데 가장 중요한 고려 대상이다.

따라서 이 글은 우선 미국의 대쿠바정책의 변화과정을 살펴보고 나아가 미국의 대쿠바 경제제재조치의 지속 여부에 대한 전망을 시도해보고자 한다. 이를 위해서 우선 부시 행정부 이전 미국의 대쿠바정책들을 살펴봄으로써 그의 본질적 측면들을 먼저 짚어보고 나아가 부시 행정부 이후 미국의 대쿠바정책이 9·11테러 사태와 같이 변화하는 환경하에서 어떻게 바뀌어가는지를 분석하게 될 것이다.

2. 냉전 시대의 미국과 쿠바

1) 역사적 원한 관계

1898년 쿠바는 미서전쟁의 결과로 스페인의 오랜 식민지 지배에서 벗어났다. 그러나 라틴아메리카 주요 국가 중에서 가장 마지막으로 독립을 달성했음에도 불구하고 쿠바는 완전한 독립국가로서의 삶을 획득할 수는 없었다. 스페인의 손에서 벗어난 쿠바는 이제 미국의 사실상 속국으로 전락했다. 1898년부터 1902년까지 미국은 쿠바에 자유민주주의를 훈련시킨다는 구실로 쿠바를 식민지처럼 지배했다.

쿠바를 지배했던 미군정은 쿠바의 협력자들을 무시했고 이들을 주요 결정에서 배제시켰으며 쿠바 군인들에게는 허드렛일만 맡겼다. 미국은 쿠바 독립군의 실체를 인정하지 않았으며 평화협상이나 전쟁위원회 등에 쿠바지도자들의 참여를 거부했다. 이러한 사실은 그 후 60년간 쿠바와 미국 간 관계의 본질을 미리 암시하는 것이었다. 이에 호세 마르티(José Martí)를 비롯한 쿠바의 독립 운동가들은 독립에 있어 자신들의 역할이 무시된 데 대해 미국에 깊은 반감을 가지게 되었다.

결국 1902년 쿠바는 미국으로부터 명목상의 독립을 얻어냈으나 그 또한 완전한 독립과는 거리가 먼 것이었다. 미국은 쿠바를 스페인으로부터 독립시킨 장본인으로서 또 쿠바인들이 스스로 통치할 능력이 없다는 구실을 들어 쿠바의 대내외정책에 대한 개입을 당연한 권리로 생각했다. 따라서 4년간의 군정 이후 쿠바를 떠날 때도 「플랫 수정안(Platt Amendment)」을 통해 쿠바의 주권을 제한했다.

다른 라틴아메리카 국가와 달리 쿠바는 외부의 힘에 의해 독립을 달성했고 또 그로 인해 독립 후에도 약 30년간 외부세력에 의해 주권을 제한당해야만 했다. 「플랫 수정안」은 합법적으로 미국이 쿠바의 내정에 개입할 권리를 보장하고 있었다.

후에 독재자가 되는 헤라르도 마차도(Gerardo Machado)를 비롯한 쿠바의 민주개혁 그룹들은 1933년 쿠바의 더 많은 자치권을 요구하게 되었고 그에 대한 응답으로 1934년 프랭클린 루스벨트(Franklin Roosevelt) 대통령은 그의 선린정책 원칙에 따라 「플랫 수정안」을 폐지하게 된다. 「플랫 수정안」은 폐지될 때까지 쿠바의 주권을 합법적으로 제한했다.

그 후 쿠바는 일련의 쿠데타를 거친 후 풀헨시오 바티스타(Fulgencio Batista)의 장기 독재를 맞이하게 된다. 하지만 바티스타는 민주주의와 민족주권의 확립에 대한 열정이 부족했다. 따라서 미국은 여전히 쿠바에 대해 영향력을 행사했고 쿠바는 사실상 반식민지 상태를 벗어날 수 없었다.

이런 쿠바의 반식민지 상태의 지속은 쿠바가 왜 다른 어떤 라틴아메리카 국가들보다도 미국에 대해 뿌리 깊은 반미의식을 가지고 있는지를 설명해준다. 카스트로의 등장은 바로 이런 미국의 영향에서 벗어나고자 하는 쿠바인들의 민족주의적 열정의 표현이었다. 카스트로는 바로 이런 민족적 수치에 종지부를 찍었다. 카스트로의 미국에 대한 격렬한 반감은 다른 라틴아메리카 국가들이 느끼는 강자에 대한 약자의 단순한 반발이나 앵글로색슨에 대한 히스패닉의 반발 정도의 문제가 아니라 뿌리 깊은 역사적 배경에서 나온 산물이다(Horowitz, 2002: 61~62).

2) 카스트로: 라틴아메리카 반미주의의 상징

쿠바 혁명 이후 1961년 1월 미국 대사관의 일부 인사가 쿠바 내에서 혁명에 대한 음모를 꾀한다는 이유로 카스트로 정부가 이들의 출국을 요구한 것을 결정적 계기로 미국은 쿠바와의 외교 관계를 단절했다. 그리고 그때부터 미국은 쿠바에 대한 경제제재를 위한 기초를 마련하기 시작했다. 그리고 그해 4월에 피그만에 대한 공격이 실패하자 미 의회는 같은 해 9월에 쿠바에 대한 경제제재조치를 승인했다. 그리고 다음 해인 1962년 2월에는 케네디(John F. Kennedy) 대통령이 양국 간의 무역 중단을 선언하면서 다른 나라들도 이에 동참할 것을 종용했다.

이러한 미국의 군사적·외교적·경제적 압박은 결국 쿠바가 소련과 동구 국가들과 더욱 가까워지게 된 결정적 원인이 되었다. 군사적·경제적으로 매우 취약했던 쿠바는 미국의 개입으로부터 혁명을 방어하기 위해 소련 및 동구에 접근하게 되었고 그를 계기로 미국에 대한 뿌리 깊은 적대감을 노골적으로 드러내기 시작했다.

또한 카스트로는 라틴아메리카 독립의 영웅인 시몬 볼리바르(Simón Bolívar)처럼 국제주의 이상에 따라 국제정치의 장에서도 미국에 반대하는 제3세계주의의 선봉으로 등장했다. 비록 세계무대에서 쿠바의 영향력 강화는 거의 실패로 돌아갔지만 라틴아메리카에서 쿠바의 영향력은 무시할 수 없는 수준에 이르렀다. 카스트로는 라틴아메리카 반미주의의 상징이 된 것이다. 본질적으로 반미주의의 성격을 가지는 쿠바의 카스트로주의는 미국에게는 라틴아메리카에서 공산주의보다 훨씬 더 위협적이었다.

이에 따라 미국도 쿠바를 '소련의 위성국'으로 간주해 동서갈등의 구도하에서 쿠바를 서반구 공산화의 거점으로 적대시하기 시작했다. 이때부터 소련 및 동구권의 붕괴 시점까지 미국의 쿠바에 대한 입장에는 국민적 합의가 존재했다. 공화당이건 민주당이건, 자유주의자이든 보수주의자이든 모두 쿠바에 대해서는 안보적 차원에서 적대적 입장을 견지했다.

3. 냉전 이후 미국의 대쿠바정책

1) 안보 이데올로기에서 인권과 민주주의 이데올로기로

냉전 종식의 의미는 국가 규모에 어울리지 않게 세계 정치 무대에서 큰 역할을 했던 쿠바의 위상이 축소됨을 의미한다. 쿠바는 소련의 원조 중지와 함께 쿠바의 해외 주둔군을 모두 철수했다. 냉전의 종식은 최소한 미국의 국제전략에 쿠바가 이제 더 이상 안보 위협 요인이 아님을 의미한다.

1989년부터 특히 1991년 소련의 붕괴 이후 미국은 쿠바에 대한 강경한 입장을 누그러뜨리고 양국 간의 긴장을 완화할 수도 있었다. 사실 미국은 소련의 붕괴 이후 쿠바가 더 이상 미국의 안보에 위협이 되지 않음을 인정했다.[2] 그리고 냉전 이후 지속적인 양국 간의 안보 문제 해결 노력에 힘입어 최소한 안보 문제에서는 이제 양국은 서로 협력 관계에 도달했다고 볼 수 있다.

그러나 냉전 이후 미국은 쿠바에 대한 압력을 오히려 강화했다. 심지어 미국은 아프리카와 중남미의 쿠바 동맹국들이 쿠바와 외교를 단절하도록 압력을 행사했다. 또한 러시아와 쿠바의 군사동맹 관계 단절에도 미국은 압력을 가했다. 1996년 「헬름스-버튼법」은 구소련에서 독립한 국가들도 쿠바와 관계를 단절하도록 압력을 행사했다.

냉전 이후 미국의 대쿠바 전략의 핵심은 쿠바도 동구와 소련처럼 붕괴하도록 카스트로 정부를 조속히 몰아내는 것이었다. 냉전 시 쿠바가 맡았던 세계적 역할의 포기만으로 미국은 만족할 수 없었다. 쿠바가 더 이상 해외에서 영향력을 행사할 수 없게 된 것을 축하하기보다 미국은 오히려 쿠바의 카스트로 체제가 조기에 붕괴되지 않음에 분노했다. 쿠바에 대한 미국의 적대감은 냉전이 종식되고 쿠바가 더 이상 미국의 안보에 위협이 되지 않게 되자 오히려 더 심해졌다(Domínguez, 1997: 53~55).

---

2) 미국이 쿠바가 미국의 안보에 실질적 위협이 아님을 공식적으로 인정한 것은 1998년 국방성 보고서를 통해서이다(Defense Department Report, 1998). 그러나 의회에서는 1990년부터 이미 그러한 인식이 널리 퍼져 있었다.

당시 부시 행정부의 대쿠바정책은 냉전 시대의 대립 구도를 계속 유지했으며 쿠바 정부의 변화만이 양국 간의 관계를 변화시킬 수 있다는 입장을 명확히 했다. 냉전 이후에도 이데올로기는 여전히 중요했다. 그러나 이제는 과거의 반공이데올로기에 민주주의와 인권의 이데올로기를 더했다. 카스트로는 공산주의자로서뿐만 아니라 독재자로서 붕괴되어야 할 대상이 된 것이다(Castro Mariño, 2002: 199~200).

미국이 쿠바와의 관계 개선의 조건으로 내건 사항들은 쿠바의 민족적 주권과 밀접히 관련된 사항들로서 쿠바 정치체제의 변화, 국제기구들의 감시하에 자유선거의 실시, 인권에 대한 존중 그리고 자유시장경제로의 확고한 변화 등이다.

사실 쿠바에 대한 미국의 이러한 변화 촉구는 동구와 소련의 붕괴 이전인 1983년부터 시작되었다. 당시 미국의 '민주주의 프로젝트(Proyecto de democracia)'는 쿠바에 대해 일찍이 민주적 변화를 요구하기 시작했다. 차이점은 다만 냉전 종식 이후 민주주의와 시장경제의 확산이라는 미국의 총체적 외교 전략과 쿠바에 대한 그러한 요구사항이 서로 방향이 맞아떨어지게 되고 쿠바도 현실적으로 변화가 불가피해짐에 따라 그러한 정책이 더욱 현실성을 띠게 되었다는 점이다.

2) 국내 정치 논리에 좌우되는 대쿠바정책

1990년 초부터 쿠바는 소련 및 동구의 붕괴 이후 경제적 위기로 인해 그 체제가 오래가지 못할 것으로 예상되었다. 따라서 미국이 요구했던 쿠바의 민주화와 시장경제로의 전환은 단지 시간문제처럼 보였다. 1990년대 초 부시 행정부는 쿠바체제가 동구처럼 곧 붕괴할 것으로 믿었다. 이런 기대를 반영하여 미국은 냉전 이후 쿠바에 대한 적대감을 완화하기보다는 오히려 압력을 강화하여 쿠바의 체제변화를 가속화시키는 데에 더 많은 외교적 비중을 두었다. 특히 재미 쿠바인 보수단체들은 이러한 조건을 카스트로 체제 붕괴를 위한 최적의 기회라 생각하고 자신들이 영향력을 미칠 수 있는 의회를 통해 그들의 입장을 반영시키고자 했다.

한편 당시 부시 행정부의 주된 관심은 이라크와의 전쟁에 있었다. 따라서 쿠바 문제에 대해서는 적극적으로 개입하기보다는 종래의 적대적 관계를 지속함으로써 쿠바도 동구처럼 자연적으로 붕괴되도록 두는 것이었다. 때문에 부시 행정부로서는 쿠바 문제에 별도의 큰 관심을 가지지 않았고 그로 인해 쿠바 문제의 주도권은 당연히 의회가 행사하게 되었다.

의회 내에서도 쿠바 문제는 미국에서 가장 강경한 반쿠바 압력단체로 알려져 있는 재미 쿠바인 재단의 로비를 받은 반쿠바 그룹 의원들에 의해 주도되었다. 또한 이들은 쿠바 문제를 플로리다와 뉴저지 주의 선거와 연결시킴으로써 그것을 국내 정치화하는 데도 성공했다.

부시 대통령의 쿠바에 대한 무관심과 장기적 전략의 부재 그리고 쿠바 정치체제 변화의 당위성에 대한 미국인들의 합의 이 두 가지 조건은 냉전 이후 미국의 대쿠바 전략이 미국 내 극우파 쿠바인 그룹들에 의해 주도되는 것을 허용했다. 또한 이들 극우파 쿠바인들은 미국 내 정치과정을 적절히 활용하여 자신들의 주장을 정책에 반영시킬 줄도 알았다.

1992년 「토리셀리법」이라고도 알려진 「쿠바민주화법(Ley para la Democracia en Cuba)」의 통과도 바로 극우파 쿠바인 단체의 의도와 미국 국내 선거의 논리가 합쳐진 결과였다. 토리셀리(Robert Torricelli)는 법안의 통과를 위해 선거의 해를 기회로 잡았다.

미국 국내 선거의 논리는 쿠바 문제에 결정적 작용을 했다. 1992년 4월 로버트 겔버드(Robert Gelbard) 국무성 중남미 담당 차관보는 「토리셀리법안」에 반대하는 부시 행정부의 입장을 이미 밝힌 바 있었다. 그러나 당시 민주당 대통령 후보인 클린턴(Bill Clinton)이 오히려 선거를 의식하여 그 법안에 찬성 의사를 밝히자 다급해진 부시 행정부도 1992년 5월 처음의 반대 입장을 철회하게 되었다. 이렇게 해서 대통령 선거 캠페인이 한창 뜨겁던 1992년 9월 「토리셀리법」은 다수의 지지로 의회를 통과하게 되었고 부시 대통령은 그 법안에 최종 서명했다.

물론 「토리셀리법」의 내용은 쿠바에 대한 압력 수단으로 경제제재조치를 강화하는 것이었다. 토리셀리는 부시 행정부의 쿠바에 대한 미온적 태도를 비판하고 카스트로 체제의 붕괴를 위해서는 경제제재조치와 함께 철저히 계산된 개방정책을 조화시켜야 한다고 주장했다. 냉전 이후 이러한 대쿠바 강경정책이 적용된 것은 결국 미국 국내 정치의 논리에 따른 것이었다.

4. 클린턴 행정부의 대쿠바정책

1) 재미쿠바인재단(FNC-A)의 영향력

1993년 부시의 공화당 정부에 이어 집권한 클린턴의 민주당 정부는 냉전 이후 새로운 시대적 분위기를 반영하여 쿠바와 미국의 관계에 대한 획기적 변화를 가져올 것으로 기대되었다.

그렇지만 기대와 달리 클린턴 행정부는 부시와 다를 바 없이 쿠바의 민주화와 시장경제로의 이전을 모든 대쿠바 관계 개선의 전제 조건으로 내세웠다. 물론 대쿠바정책의 법적 기초로 「토리셀리법」을 언급하는 것도 잊지 않았다.

클린턴의 이러한 대쿠바정책의 기저에는 부시와 마찬가지로 클린턴도 쿠바 문제를 자신의 주요 정치 아젠다로 삼지 않았다는 점이 자리 잡고 있다. 클린턴의 주요 관심사는 국내 문제였고 따라서 외교정책에는 국가안보의 신개념을 도입하기보다는 기존의 정책을 답습하거나 약간의 수정을 가하는 데 그쳤다.

그러나 쿠바 문제가 클린턴 정부의 외교 우선순위가 아니었음에도 불구하고 1994년 쿠바인의 뗏목 탈출위기는 클린턴 행정부의 쿠바에 대한 관심을 야기했으며 그로 인해 미국의 대쿠바정책도 더욱 적극적으로 변화했다.

그러나 그것은 대쿠바정책 기조의 획기적 변화보다는 기존의 「토리셀리법」을 강화하는 것으로 나타났다. 소위 '「토리셀리법」의 제2 방안'으로 불리는 새로운 대쿠바 전술은 쿠바의 현 체제에 대한 변화의 핵을 내부로부터 키우는 것을 목적으로 쿠바 사회 내의 특정 그룹들을 자극하는 것이 특징이다. 이러한 정책의 바탕에는 쿠바가 비록 소련과 동구의 붕괴 이후 즉각적 붕괴는 피했지만 결국에는 근본적인 경제개혁과 개방으로 나아가지 않을 수 없을 것이라는 인식이 여전히 자리 잡고 있었다.

즉, 당시 클린턴 행정부의 대쿠바정책은 미국의 지배 밖에 존재하는 쿠바의 도전을 용납할 수 없다는 기존의 기본 인식하에서 1960년대부터 적용되어온 대쿠바정책의 기조를 유지하는 것에 불과했다. 따라서 쿠바 정부에 대한 압력의 수단으로서 쿠바의 고립을 강화해왔던 경제제재조치에 대한 변화는 일어나지 않았다. 다만 내부로부터의 변화를 이끌어내기 위해 쿠바 사회 내부에 영향을 줄 수 있는 다양한 전술들을 추가로 적용하기 시작했다.

　대쿠바정책에서 클린턴 행정부는 정책 조정의 부재와 최종결정권의 공백이라는 문제점을 드러냈다. 이러한 문제점은 클린턴 행정부 8년 동안 있었던 쿠바와 관련된 세 번의 위기 상황 ― 1994년 쿠바인 뗏목 탈출 위기, 1996년 쿠바 영공을 침입한 재미 반쿠바 민간단체인 '쿠바 해방을 위한 형제들(Hermanos al rescate)'의 비행기 격추사건, 1999~2000년에 걸쳐 발생한 엘리안(Elián González Brotón) 소년의 위기 ― 에서 확연히 드러났다.

　이 세 번의 위기 상황에 클린턴 행정부의 명확한 입장의 부재는 결국 쿠바 문제에서 가장 적극적인 재미 우파 쿠바인 단체들의 영향력을 증가시키는 결과를 가져왔다. 이것은 미국의 대쿠바정책이 클린턴 정부 하에서도 여전히 국내적 요인에 의해 결정되어왔다는 것을 의미한다.

　재미 쿠바인들이 대부분 거주하는 플로리다와 뉴저지 주 선거 과정과 쿠바 문제의 연결 또 그에 따른 미국 정치권력 구도에 재미쿠바인재단의 막대한 영향력은 일관성이 부족한 클린턴 행정부의 대쿠바정책 결정에 가장 중요한 역할을 하게 된다.[3] 특히 국내 문제에 집중했던 클린턴

---

3) 미국의 압력단체들에 대한 공공 투명성 센터(The Center for Public Integrity)의 연구 결과를 보면 FNC-A는 미국 내 압력단체들 중 가장 효율적 단체 중 하나로 꼽힌다. 실제 FNC-A의 영향력에 비해 플로리다와 뉴저지 주의 쿠바인 수는 생각보다 많지 않다. 특히 뉴저지 주에서는 쿠바계 민주당 하원 의원을 배출한 13구역을 제외하고 쿠바인들이 선거에 미치는 영향력은 그다지 크지 않다. 플로리다 주에서도 쿠바인의 표는 전체 유권자 수의 4~5%에 불과하다. 심지어 2000년 선거에서는 가장 많은 쿠바인들이 사는 마이애미-데이드(Miami-Dade) 구역에서 앨버트 고어(Albert Gore) 후보가 부시 후보를 누르고 승리했다. 이러한 결과는 다수가 공화당 소속인 FNC-A의 정치적 리더십을 의심하게 했다.
　그럼에도 FNC-A의 정치적 영향력이 무시될 수 없는 것은 그들의 정치적 응집력과 정치자금 동원력에 있다. 특히 미국 대통령 선거에서 네 번째로 많은 선거인단

행정부로서는 마이애미의 작지만 잘 조직된 우파들과 가급적 충돌을 피하고자 했다. 이미 예산이나 다른 국내외 정책에서 공화당과 수많은 갈등을 겪고 있던 클린턴 행정부로서는 자신들의 정책 우선순위가 아닌 쿠바 문제로 의회에서 또 다른 충돌이 발생하는 것을 원하지 않았다. 이러한 점이 바로 1990년대 미국의 대쿠바정책이 보수적인 재미 쿠바인들의 입맛에 따라 움직인 이유이다.

2) 「헬름스-버튼법」: 무소불위의 외교정책

클린턴 행정부의 미온적 태도로 인한 쿠바계 강경파 미국인들의 영향력은 1996년 비행기 격추사건 이후 「헬름스-버튼법」의 통과로 정점에 이르렀다. 「헬름스-버튼법」의 제정은 쿠바 내정에 대한 명백한 개입의지를 보여준 것이다. 냉전 시대에 미국이 국제체제의 논리에 따라 자신의 안보에 직접적 위협만 되지 않으면 내정에 대한 직접 개입을 자제해온 데 비해 소련의 붕괴로 이제 더 이상 그런 문제를 신경 쓸 필요가 없게 된 미국은 이 법을 통해 아무 거리낌 없이 쿠바에 대한 실질적 내정 간섭의 의지를 드러냈다.

「헬름스-버튼법」 201조는 쿠바 국민의 자결권은 다른 어떤 나라에

수를 가지고 있는 플로리다 주가 차지하는 중요성과 함께 플로리다 주의 정치적 성향이 민주당과 공화당으로 팽팽하게 양분되어 있어 2000년 대선에서 보듯이 승리가 매우 작은 표 차로 결정된다는 점이 응집력 강한 이 지역 쿠바인들의 정치적 영향력을 높이는 데 크게 기여한 것으로 보인다. 플로리다에서 쿠바계는 캐스팅 보트의 역할을 하고 있다. 게다가 미국인들이 일반적으로 쿠바 문제에 크게 관심이 없다는 사실도 미국의 대쿠바정책 결정에 FNC-A가 독점적 지위를 유지하는 주요한 요인으로 작용한다.

의해서도 방해받지 않는 쿠바 국민 고유의 주권임을 명시하고 있지만 그 다음 조에는 미국이 아메리카 대륙에서 허용될 수 있는 정치체제를 구체적으로 결정할 수 있다고 규정하고 있다.

205조는 쿠바의 체제 변화의 형태를 구체적으로 지적한다. 그에 따르면 쿠바 정부는 모든 정치 포로를 석방해야 하며, 모든 정치활동을 합법화해야 하고, 자유롭고 공정한 선거를 실시해야 한다. 또한 라디오 마르티(Radio-Marti)나 TV마르티(TV Marti)에 대한 개입을 중단해야 하며, 쿠바로 귀환하는 쿠바 태생의 사람들에게 시민권을 재부여해야 하고, 미국 시민들로부터 과거 몰수한 재산을 반환하거나 아니면 최소한 적절한 보상을 해주어야 한다고 말하고 있다. 206조는 쿠바의 경제체제가 자유시장경제로 나아가야 함을 또한 지적하고 있다.

이런 모든 것은 「헬름스-버튼법」이 냉전 시대에 자제해왔던 미국의 이데올로기적 개입을 다시 활성화시키는 것임을 명백히 밝히고 있다. 먼로(James Monroe) 독트린이 아메리카 대륙에서 미국이 받아들일 수 있는 정치체제를 규정했고 그 후 시어도어 루스벨트(Theodore Roosevelt) 대통령이 아메리카 대륙에서 미국의 경제적 이익을 위해 구체적인 경제 정책에 간섭할 수 있는 미국의 일방적 권리를 주장했듯이 「헬름스-버튼법」은 냉전 시대에 자제되었던 미국의 이러한 일방적 개입주의를 다시 한 번 드러내는 것이었다.

「헬름스-버튼법」의 통과도 역시 미국 내 정치 논리의 산물이었다. 1994년 총선에서 승리한 공화당은 같은 당의 헬름스와 버튼을 각각 상하원 외교위 의장으로 올려놓았다. 그리고 이 선거에서는 또한 쿠바 출신 의원 3명이 국회에 진출하기도 했다.

이들은 이런 승리를 기회로 쿠바에 대한 경제제재조치를 강화하기 위해 무엇보다 쿠바에 대한 외국인 투자를 막고 쿠바 무역에도 새로운 타격을 줄 수 있는 방안을 찾았다. 그리고 그의 가장 효과적 수단으로 쿠바에서 미국인들이 몰수당했던 자산을 거래하는 외국기업들에 대해 미국 법정에서 소송을 제기할 수 있게 한다는 기발한 발상을 하게 되었다.[4]

이에 대해 클린턴 행정부는 처음에는 그러한 처방이 교역 상대국과의 관계를 악화시킬 수도 있다는 점을 들어 반대의 입장을 표명했다. 그에 따라 헬름스는 한 발 뒤로 물러나 자산 소송 내용을 폐지했고 1995년 연방예산안이 주된 논점으로 부각되자 「헬름스-버튼법안」은 잠시 고개를 숙였다. 그러나 1996년 대선을 앞두고 이 법안은 다시 고개를 들었고 이때는 「토리셀리법」의 통과와 같은 선거 논리에 의해 의회에서 압도적 다수의 지지로 통과될 수 있었다.

물론 「헬름스-버튼법안」이 통과하게 된 데에는 또 다른 이유가 있다. 쿠바 정부의 강경 대응 자세도 법안의 통과에 크게 기여했다. 1996년 '쿠바해방을 위한 형제들'이 쿠바 영공에 침입하여 쿠바 정부를 비난하는 삐라를 살포하기 시작하자 쿠바 내 군부를 비롯한 강경파들은 영공을 침해하는 비행기를 격추할 것을 결정하고 이를 실행에 옮겼다.

이러한 쿠바의 강경 대응은 결국 클린턴 행정부의 강경 맞대응을 야기했고 그로 인해 클린턴 행정부는 심지어 1962년 미사일 위기 이후 처음으로 쿠바에 대한 군사적 행동을 고려하기도 했다. 그러나 결국 군사적 행동은 포기되었고 대신 「헬름스-버튼법안」을 수용하는 것으로 최종 결정이 났다.

---

4) 물론 몰수자산 거래에 대한 외국인 기업의 미 법정 소송 항목은 대통령이 다른 나라들과의 관계를 고려하여 적용을 일시적으로 보류했고, 또 1997년 1월에는 무기한 연기되었다.

이 법안의 통과로 인해 양국 간의 관계는 이제 강경파들에 의해 주도되었고 미국은 이제 쿠바와의 관계에서 또 다른 중대 사태 발생 시 군사적 대응 말고는 다른 정치적 대안이 없게 되었다.

3) 경제제재조치에 반대하는 목소리

물론 미국의 대쿠바 강경정책에 대한 회의가 전혀 없었던 것은 아니다. 1995년부터 미국 내에서도 경제제재조치가 과연 쿠바 체제를 변화시킬 수 있는가에 대한 토의가 시작되었다. 이러한 토의는 주로 학계나 정부산하 연구소 혹은 언론 등에서 이루어졌으며 의회에서 법안으로 기획되기도 했다. 심지어 일부 온건한 쿠바인 단체도 대쿠바 강경노선이 변해야 한다는 입장에 지지를 보내기도 했다.[5]

그뿐만 아니라 일부 미국 기업인들도 이러한 주장에 동조하기 시작했다. 이들의 기본적 논리는 미국의 쿠바 경제제재정책이 미국의 총체적 이익과 상반된다는 것이다. 특히 세계화를 통해 자유시장경제를 전 지구적으로 확산시키고자 하는 미국의 대외정책의 기본 논리와도 맞지

---

5) 경제제재정책의 유지 및 강화를 핵심으로 하는 대쿠바 강경노선에 대항하여 대화를 기본으로 하는 온건 노선에 대한 토의가 1990년대 중반 이래 시작되고 있다. 이들의 주장은 기본적으로 쿠바에 대한 경제제재를 완화하고 쿠바를 국제사회로 끌어들임으로써 종국에는 쿠바 체제를 변화시킬 수 있다는 시각에서 출발한다. 이를 위해 이들은 우선 의약품이나 식량 등에 있어 경제제재조치를 일부 해제하고 여행의 자유를 허용하고 문화적·학술적 교류를 증대시킬 것을 촉구한다. 이러한 주장을 하는 그룹 중에는 재미 쿠바계 단체들도 포함되어 있는데 대표적인 것으로는 쿠바민주주의위원회(El Comité Cubano por la Democracia), 변화쿠바(Cambio Cuba), 인권단체조정위원회(La Coordinadora de Organizaciones de Derechos Humanos) 등을 들 수 있다.

않다고 주장한다. 따라서 미국의 대쿠바정책은 쿠바를 세계경제에 점진적으로 재가입시키는 데 맞춰져야 한다고 주장한다(Kaufman Purcell, 2003: 716).

이들은 비행기 격추 사건에도 불구하고 여전히 쿠바에 대한 경제제재조치의 강화에 반대 입장을 표명하고 있다. 기업인 반대 그룹 중 약 700개의 기업, 상공회의소, 농민 조직으로 구성된 'USA 인게이지(USA Engage)'는 가장 대표적 단체이다. 이들은 구체적으로 쿠바를 포함한 다른 나라들에 미국 정부가 일방적으로 부과한 경제제재조치들을 폐지하는 운동을 벌이고 있다. 이들 회원 중에는 미국 상공회의소, 전미제조업자연합, 코닥사, 제너럴모터스사 등 미국 내에서 영향력 있는 단체나 기업들이 포함되어 있다.

또한 1988년 교황의 쿠바 방문 이후 미국의 가톨릭교회가 미국의 대쿠바 강경정책에 반대 입장을 표명했다. 게다가 쿠바 관련 사항에 직접 관련된 온건파 의회 압력단체도 생겨나 기존의 쿠바 관련 의회 압력단체로서 FNC-A와 우익단체들이 누려왔던 독점적 지위를 위협했다. '쿠바와 인도적 교역을 지지하는 미국인(Americans for a Humanitarian Trade with Cuba: AHTC)' 그룹은 비록 기업가들, 미국 정부의 전 관료들, 노조구성원들, 종교적 인도적 단체들, 심지어 온건파 쿠바인 단체 등 이질적 집단의 모임이지만 식량이나 의약품 등에 있어 쿠바와의 교류를 재개해야 한다는 데는 모두 한목소리를 내고 있다. 실제로 이들은 쿠바에 식량과 의약품 판매 허가를 요구하는 구체적 법안을 의회에 제출하기도 했다. 그리고 1998년 10월에는 민주당의 마크 워너(Mark Warner) 상원의원에 의해 미국의 대쿠바정책 수정을 위한 양당 합동 위원회 설립을 위한 제의가 있었다.

이런 분위기하에서 클린턴 행정부는 큰 정치적 비용 없이 쿠바에 대한 정책을 거의 40년 만에 처음으로 수정할 수 있는 기회를 가졌다. 하지만 클린턴 정부는 대쿠바정책을 수정하는 데 극도의 조심스러움을 보였다. 클린턴 정부의 이런 소극적 태도는 역시 2000년 대선을 의식한 탓이었다. 여기서 우리는 다시 한 번 미국의 대쿠바정책이 국내 정치에 의해 결정되고 있음을 확인할 수 있다.

결국 클린턴 정부는 양당합동위원회 조직을 거부하고 대신 쿠바와의 관계 개선을 위한 약간의 조치들을 내놓았다. 거기에는 쿠바에서 더욱 잘 보고 잘 들을 수 있게 라디오마르티와 TV마르티의 시설 개선, 쿠바와 미국 간 직접 우편 왕래 허용, 3개월에 300달러 한도 내에서 쿠바에 대한 송금 허용 확대, 쿠바 정부와 직접 연결되어 있지 않은 비정부기구에 대한 지원 허용, 마이애미 이외 지역에서 쿠바로 가는 전세기 허용, 교육·종교·스포츠·문화 등 인도적 차원의 교류 확대, 쿠바 정부로부터 독립적인 단체에 식량을 판매하는 미국 기업들에 대해 특별 허가서 제공 등의 내용이 담겨 있다. 그러나 이러한 조치들이 미국의 대쿠바정책의 실질적 변화에 미치는 영향은 매우 미약하다.

게다가 1999년에 발생한 엘리안 소년의 위기는 미국 내 쿠바계 강경 세력의 입지를 또다시 강화했다. 엘리안 소년의 위기가 미국 내 쿠바에 대한 여론에 미친 영향은 대단히 모순적이다. 미국인들의 다수는 소년이 아버지에게 돌아가야 한다는 데 지지를 보냈으나 쿠바와의 관계를 개선하고 쿠바에 대한 경제제재조치를 완화해야 한다는 데 대한 지지도는 오히려 감소했다.

2000년 6월 실시된 앙케트 조사에서 엘리안 소년의 귀환에 대한 지지도는 58%로 과반수를 넘었다. 그러나 쿠바와의 관계 개선에 대한 지지도는 엘리안 사건이 일어나기 전 1999년 5월 71%였던 것이 2000년 5월에는 57%로 하락했다. 쿠바에 대한 경제제재의 폐지에 대한 지지도도 1999

년 51%에서 2000년 48%로 감소했다(Castro Mariño, 2002: 216~217).

또한 엘리안 소년의 위기는 쿠바 문제에 대해 무관심했던 쿠바계 2세들의 쿠바에 대한 관심을 고조시키는 역할도 했다. 이들은 친척들의 손에서 엘리안 소년을 빼내어 아버지에게 돌려주어야 한다는 사법부의 결정을 소수인종 사회에 대한 사법부의 힘의 과시로 규정하면서 강력히 반발했다. 심지어 쿠바계 2세들의 78.5%는 엘리안 소년이 미국에 체류해야 한다는 보수적 입장을 보여주었다.

이러한 정치적 분위기는 의심할 바 없이 강경파 쿠바 단체들 특히 FNC-A에 긍정적으로 작용했으며 이들은 이러한 분위기를 자신들의 입장을 강화하는 기회로 삼았다. 엘리안 소년의 위기는 그에 대한 미국인들의 모순적 태도로 인해 영향력이 감소하고 있던 쿠바인 강경파 단체들을 다시 한 번 미국의 대쿠바정책 결정에 중요한 역할을 떠맡게 했으며 또한 그러한 입지는 2000년 대선이 다가옴에 따라 더욱 강화되었다.

결과적으로 엘리안 소년의 위기는 오히려 강경파의 입장을 강화함으로써 당시 쿠바에 대한 경제제재 완화 분위기에 찬물을 끼었었고 나아가 2000년 대통령 선거가 다가옴에 따라 그의 가능성은 당분간 완전히 사라지고 말았다.

5. 부시 행정부의 대쿠바정책

1) 부시 행정부의 대쿠바 강경 입장

부시 대통령은 선거에 당선되기 전 이미 쿠바에 대해 자신이 소속된 공화당의 기존 입장을 고수할 것을 천명했다. 그는 쿠바의 정치체제가 비민주적이고 억압적이라고 규정하면서 쿠바와의 관계를 정상화하기 위해서 쿠바 정부는 우선 모든 정치범을 석방하고 평화적 시위를 합법화하고 나아가 민주적인 자유선거를 실시해야 할 것이라고 말했다. 선거 전 그의 이러한 입장 표명은 두말할 것도 없이 플로리다 주의 쿠바계 표를 의식한 것이었다.

물론 백악관에 입성한 후에도 부시는 쿠바에 대한 사전 강경 입장을 고수했다. 대통령뿐만 아니라 딕 체니(Richard Cheney) 부통령과 콜린 파월(Colin Powell) 국무장관까지도 쿠바에 대한 강경 입장에서는 차이를 드러내지 않았다. 이들은 모두 쿠바의 민주화 필요성을 역설했으며 경제제재조치에 대한 명백한 지지를 보냈고 쿠바에 대해 기존의 적대적 정책을 유지할 것을 확실하게 밝혔다. 심지어 백악관 안보담당 보좌관인 콘돌리자 라이스(Condoleezza Rice)는 엘리안 소년 위기에 관련하여 마이애미 거주 강경파 쿠바계의 입장에 지지를 보낸 후 쿠바와의 어떠한 교역도 카스트로 체제를 강화하는 기능을 하게 될 것이라고 주장하면서 쿠바에 대한 경제제재조치에서 어떠한 변화도 반대한다는 입장을 밝혔다.

또한 부시 정부의 인사에서도 대쿠바 강경입장은 그대로 드러났다. 주거 및 도시문제부 장관에 FNC-A의 간부를 지낸 멜 마르티네스(Mel Martinez)를 지명했으며, 심지어 국무성 라틴아메리카 담당 차관보에는 마이애미 강경파 쿠바단체와 정치경제적으로 밀접한 관계가 있는 부시 대통령의 형인 젭 부시(John Ellis 'Jeb' Bush) 플로리다 주지사가 추천한 오토 라이크(Otto Reich)를 지명하기도 했다.

한편 다시 힘을 얻은 FNC-A는 라이스 보좌관과의 협의를 거쳐 2001년 2월 초 거의 200만 달러에 달하는 비용을 들여 워싱턴에 '자유 쿠바 대사관'을 설치했다. 그 의도는 물론 의회나 행정부에 대해 그들의 입장을 더 적극적으로 반영하고자 하는 것이었다.

이들은 미국의 대쿠바정책이 경제제재조치를 강화하고 인권 문제를 부각시켜 쿠바를 국제사회에서 고립시키고 나아가 쿠바 내부의 체제 반대세력을 촉진하기 위한 자율 도서관, 인터넷 홈페이지, 전자메일 포털 사이트 등을 활성화하고 배급제 시스템을 탈피한 식량 공급 프로그램 등의 육성자금을 지원하며 종국적으로는 쿠바 내 시민사회를 발전시키는 것을 단기적인 우선 목표로 삼아야 한다고 주장했다. 그에 따라 헬름스(Jesse Helms)와 리버만(Liberman) 상원의원은 이 프로젝트를 수행하기 위해 4년간 2,500만 달러의 정부 재정적 지원을 요청하는 법안을 의회에 제출하기도 했다.

그러나 미 의회의 분위기는 2001년 5월부터 갑자기 변화하기 시작했다. 의회는 오토 라이크를 국무성 라틴아메리카 담당 차관보로 인준한 이래 쿠바와 관련하여 더 이상 강경한 결정을 내리지 않았다. 이러한 미 의회의 변화는 버몬트 주 상원의원인 제임스 제포드(James Jeffords)의 공화당 이탈로 공화당이 상원에서 다수 의석을 빼앗기고 그에 따라 쿠바에 대해 가장 강경한 입장을 유지했던 공화당 상원의원 제시 헬름스가 상원 외교위원장에서 물러나게 된 데 따른 것이었다.

냉전 이후 쿠바는 더 이상 미국의 안보에 대한 위협이 아니기 때문에 미국의 대쿠바정책도 새로운 방향을 찾아야 하며, 쿠바에 대한 경제제재조치가 장기적으로 미국의 국익에 도움이 되지 않는다는 인식하에 쿠바와 의약품과 식량의 교류를 우선적으로 재개해야 한다는 주장이 의회에서 다시 고개를 들었다.

2) 군사적 개입 가능성(?)

9·11 테러가 발생하자 쿠바는 반테러리즘 조약에 서약하고 9·11 테러를 비난하는 등 미국에 유화적인 제스처를 보냈다. 그러나 '테러와의 전쟁'을 선포한 부시 행정부는 쿠바를 테러분자들의 피난처로 생각하는 기존 인식의 틀을 버리지 않았다. 비록 쿠바가 9·11 이후 대표적 테러 지원국으로 지명된 '악의 축' 3개국(이라크, 이란, 북한)에는 포함되지 않았지만 쿠바가 느끼는 안보의 위협은 매우 컸다.

9·11 테러 이후 미국의 국가안보전략의 기초는 테러 위험국에 대해서는 국제사회의 동의 없이 일방적으로 무력진압이 가능하다는 것으로 바뀌었다. 이러한 미국의 일방적 선언은 쿠바가 비록 '악의 축'으로 지정되지는 않았지만 대표적 반미국가의 하나로 언제든지 미국의 군사적 개입을 당하게 될 가능성이 있음을 시사하는 것이다.

게다가 러시아와 공동으로 쿠바 안보를 위한 정보수집을 담당했던 루르데스 정보시설(Lourdes intelligence facility)로부터 러시아가 갑작스럽게 철수하자 쿠바의 두려움은 더욱더 커졌다.

미국 거주 쿠바인들의 이라크 다음은 쿠바가 되어야 한다는 공공연한 요구나 미 국방장관 도널드 럼즈펠드(Donald Rumsfeld)의 '지금' 쿠바를 공격할 의도는 없다라는 언급 등은 쿠바가 미국의 군사적 공격으로부터 결코 안전지대만은 아니라는 두려움을 쿠바인들에게 심어주고 있다. 실제 미국이 이민 쿼터를 대량 축소하면서 대대적 불법 이민을 야기하고 그에 따라 미국이 이를 막기 위해 쿠바 주변 해상을 봉쇄하게 되면 실제로 전쟁이 불가피한 상황에 이르게 될 수도 있을 것이다.

최근 쿠바의 정치적 탄압에 대해 미국은 쿠바가 이라크 전쟁을 틈타 반대파를 탄압했다고 주장하고 있으나 실제 카스트로가 정치적 탄압을 실시한 것은 그가 얼마나 현재의 상황을 심각하게 받아들이고 있는지를 보여주고 있다. 실제 국무성 관리 존 볼튼(John Bolton)이 최근 쿠바가 생화학 무기를 생산하고 그를 테러국에 수출하고 있다는 언급을 한 후 2002년 5월 부시의 대쿠바전략이 강경전략으로 선회한 데 대해 카스트로는 이런 상황을 매우 심각하게 받아들이고 있다.

부시의 최근 대쿠바 강경 발언은 이란, 이라크, 북한과 함께 경우에 따라서는 쿠바도 테러 위험국으로 지정될 수 있고 또 그로 인해 쿠바에 대한 군사적 개입을 감행할 수도 있다는 가능성을 시사하는 것으로 카스트로 정부는 생각하고 있다(Sandels, 2003: 23~24).

쿠바의 그런 우려에도 불구하고 미국이 쿠바의 체제 변화를 위해 군사적 개입까지 행하지는 않을 것으로 보인다. 미국은 기본적으로 쿠바가 평화적으로 민주적 틀 안에서 변화하기를 기대하고 있다. 미국이 쿠바에서 그러한 군사적 방법을 자제하는 이유는 무엇보다 쿠바의 군사력이 만만치 않기 때문이다. 지리적 위치로 보나 군사적 힘으로 보나 쿠바와의 전쟁은 미국에도 결코 적지 않은 희생을 가져올 것이다. 전쟁으로 인해 쿠바 피난민들이 미국을 향해 대대적으로 탈출할 가능성 또한 미국이 쉽게 군사적 행동을 하지 못하는 이유이다.

두 번째 이유는 9·11 이후 미국이 일방적 태도를 보여주고 있음에도 불구하고 여전히 군사적 개입에 대한 세계 여론의 반대나 작게는 라틴 아메리카의 반대 여론을 미국이 결코 무시할 수만은 없을 것이라는 점이다. 군사적 개입은 해당 국가가 다른 나라를 침공하거나 국제기구를 통해 다른 나라들의 지지를 받을 수 있을 때만 정당화될 수 있다.

물론 최근 행태로 보아 미국이 국제기구의 지지 없이 쿠바를 침공할 가능성이 전혀 없는 것은 아니다. 다만 미국 정부가 쿠바에 대한 군사적 개입의 득과 실을 따질 때 국제사회의 지지는 중요한 고려 요인임에는 틀림없다. 미국은 「헬름스-버튼법」에 대한 국제사회의 반대여론으로 미루어 보아 쿠바에 대한 군사적 개입이 국제사회에 야기할 문제가 결코 작지 않을 것으로 판단하고 있다(Lebowitz, 2003: 19~20).

3) 쿠바 내부로부터의 변화 촉구

결과적으로 9·11 테러가 미국과 쿠바와의 관계에 실질적으로 영향을 준 것은 아무것도 없다. 부시 행정부는 쿠바를 여전히 적으로 생각하고 있으며 심지어 아프가니스탄과의 전쟁이 시작되면서 부시 행정부가 초기에 관심을 가질 듯이 보였던 쿠바를 비롯한 라틴아메리카의 문제는 다시 미국의 세계전략에서 2차적 문제로 전락하고 말았다. 따라서 쿠바와 관련된 미국의 정책 수정은 단기적으로는 이루어지지 않을 것이다(Hernandez, 2002: 24~25)

한편 9·11 테러가 미국과 쿠바와의 관계에 긍정적으로 작용할 여지도 있다. 테러와의 전쟁을 벌이고 있는 미국은 피델을 냉전 시대처럼 미국의 두 번째 공적으로 간주하지 않는다. 테러와의 전쟁은 쿠바를 다른 적들에 비해 상대적으로 온건한 적으로 만들었다(Hernandez, 2002: 26~27).

게다가 9·11이 만든 불확실하고 비극적인 상황이 미국과 쿠바와의 관계 개선에 대한 미국의 여론을 긍정적으로 만들었다. 미국인들은 테러에 의해 외국정부를 전복시키려는 모든 음모에 대해 엄격한 법의 적용을 실현해야 한다는 데에서 쿠바인들과 서로 공감하게 되었다.

그럼에도 미국과 쿠바가 서로 간의 오랜 불신을 극복하려면 많은 시간과 노력이 필요할 것이다. 9·11 이후 콘티넨털 항공(Continental Airlines)이 아바나 비행을 시작한 것은 양국 간 관계개선을 위해 하나의 좋은 징후로 보인다.

물론 부시의 대쿠바 강경발언이 비록 내용은 별로 없는 것임에도 그 후 미국이 발레라 프로젝트6)에 적극적으로 지원을 시작한 것은 주목할 만한 일이다. 부시 행정부는 비록 공식적으로는 쿠바 체제의 붕괴를 위해 외적 압력을 행사하거나 직접 개입하기보다는 쿠바 국내 반대파들에 의해 쿠바 체제가 자연히 붕괴되기를 기다린다는 입장이지만 실제 여러 가지 수단을 통해 반대파들에 대한 지원을 강화하고 있다.

이러한 정책의 직접적 사례로 2002년 9월 주아바나 미국이익대표부 (la Sección de Intereses de Estados Unidos: SIE)의 주요 직원으로 파견된 제임스 카슨(James Cason)의 예를 들 수 있다. 그는 쿠바 반대파와 미국의 관계를 강화하는 역할을 맡고 있었다. SIE는 원래 지미 카터 대통령 때 양국 간의 긴장을 완화하기 위한 처방으로 설립되었다. 쿠바 정부로

---

6) 2002년 5월 10일 1만 1,020명의 쿠바인이 발레라 프로젝트라고 알려진 서류를 통해 법 개정안을 제출했다. 이 서류는 라카르도 알라르콘(Ricardo Alarcón)이 의장으로 있는 쿠바 인민회의 민원실에 제출되었다. 이 프로젝트의 책임자 중 한 사람은 종교운동가이자 반대파인 오스발도 파야(Osvaldo Payá)였다. 이러한 시도는 쿠바 혁명 이후 최초의 공식적 루트를 통한 합법적인 변화 시도였다는 점에서 크게 주목을 받고 있다.

헌법 개정이 아닌 하부적인 법개정을 요구하고 있는 이 프로젝트의 주요 내용은 우선 언론과 집회의 자유를 법으로 보장해줄 것을 요구하고 있다. 동시에 국가정책 결정과정에 참여하고 시민의 이익을 방어하기 위한 정부로부터 독립적인 기구 구성의 법적 보장도 요구하고 있다. 또한 정치 포로들의 석방과 다양한 기업 형태 (민간, 조합, 혼합)의 법적 자유보장을 요구한다.

부시 행정부는 최근 경제제재조치를 해제하는 조건으로 쿠바가 자유시장경제를 허용하는 헌법 개정을 실시할 것을 요구하면서 우선 그런 길로 가고 있다는 신호로 발레라 프로젝트를 받아들일 것을 요청했다. 물론 이에 대한 카스트로의 응답은 쿠바 국가의 사회주의적 성격을 다시 한 번 확인하는 것이었다(Rodríguez Araujo, 2003: 30~31).

서는 처음에는 그것의 역할에 대해 의심이 없지 않았지만 당시의 상황으로 보아 좋은 의도로 파악하고 그를 받아들였었다. 그러나 현재 SIE의 쿠바에 대한 내정간섭은 누구도 부인하기 어려울 것이다. 실제 카슨은 쿠바 내정에 직접 간섭의 시도로 현 체제의 반대파인 쿠바자유당(Partido Liberal Cubano)의 청년조직 설립을 돕기도 했다.

심지어 그 해 10월에는 카슨이 쿠바의 반대파 그룹들과 미국 언론의 편집인들을 함께 자신의 집에 초청한 일도 있었다. 쿠바에 나와 있는 미국의 외교관들이 반대파 세력들과 접촉하는 것이 흔한 일임에도 이러한 행위는 분명 파격적으로 받아들여졌다.

그리고 2003년에 들어서 카슨은 반대파 집회에 참가해 카스트로를 노골적으로 비판하고 반대파에 대한 미국의 지지를 표명하기도 했다. 이렇게 해서 SIE는 쿠바 반대파들의 거점으로 변했다.

이에 대해 카스트로는 미국에 경고를 보내고 반대파의 주요 인사를 구속하는 것으로 맞섰다. 쿠바는 이미 1996년 「헬름스-버튼법」에 대응하여 쿠바 내정에 간섭하는 외세에 대한 처벌법을 제정했다. 그에 따르면 미국의 정책에 협조하는 행위는 범죄로 규정하고 있다. 그리고 1997년에는 「쿠바 주권 방어법」을 제정했고 1999년에는 「쿠바 독립 보호법」을 제정했다. 이를 통해 카스트로 정부는 국내의 반대파를 미국의 용병으로 간주하고 엄격히 처벌할 법적 근거를 마련해놓았다(Hughes, 2004: 9).

쿠바의 이러한 강경 대응에도 미국은 쿠바 내의 반대파 지원을 멈추지는 않을 것이다. 「헬름스-버튼법」에 따라 쿠바의 체제변화를 완수하기 위해 설립된 국무성 쿠바 프로그램의 2003년 수정안은 쿠바 내 반대파 그룹을 지원하기 위한 '쿠바 반정부 지원 그룹(Grupo de Tareas de Disidencia de Cuba)'이 이미 설립되었음을 명기하고 있다. 이 그룹은 주로 쿠바 내 독립적 언론이나 작가들을 지원하기 위해 성금을 모집하고 있다.

또한 '미국 국제발전 사무국(Agencia Estadunidense para el Desarrollo Inter-nacional)'의 웹페이지는 쿠바의 반대파들을 지원하기 위해 기금을 모금하는 기관들을 서로 연결시켜주는 역할을 하고 있다. 이들은 자신의 쿠바 반대파들에 대한 지원이 미국 정부 차원의 것이 아니라 민간 시민 사회단체 간에 이루어지는 민간 차원의 행위로서 합법적이라는 시각을 가지고 있다. 물론 국무성은 쿠바 반대파에 대한 미국의 공식적 지원을 부정하고 있다.

FNC-A도 현재로서는 부시 정부의 쿠바 내 반대파들에 의한 카스트로 체제의 자연 붕괴에 대해 믿음과 기다림을 유지하고 있다. 그러나 최근 이들은 쿠바 내 반대파들에 의한 변화 가능성에 대해 조금씩 의심하기 시작했다. 그에 따라 대선을 앞둔 부시 행정부가 대쿠바 전략에서 더욱 강경한 입장으로 선회할 가능성도 있다.

6. 결론을 대신하여: 향후 미국의 대쿠바정책 전망

「헬름스-버튼법」을 위시한 미국의 대쿠바 압박을 위한 다양한 규정들이 존재하는 한 현재로서는 양국 간의 관계가 개선될 여지는 없다. 「헬름스-버튼법」이 계속 유지되는 한 미국과 쿠바의 관계는 현 상태가 유지될 것이다. 그리고 이 법이 조기에 폐지될 가능성도 크지 않다.

쿠바는 라틴아메리카 국가로서 미국의 궤도에서 이탈했으며 또한 미국인들의 자산을 몰수하는 등 미국인들의 매우 민감한 부분을 건드렸다. 따라서 이러한 문제에 대한 근원적 해결 없이 양국 간 관계의 점진적 향상을 기대하기는 어려울 것이다. 그것은 본질적으로 쿠바와 미국 양자 간의 문제로 냉전의 종식과 같은 세계적 환경의 변화로서도 해결될 문제는 아니다(Bernell, 1994: 95~100).

최근 미국 내 농산물 수출업자와 제약업자 등을 중심으로 한 경제제 재조치 완화에 대한 요구가 강력히 제기되고 쿠바 체제 변화를 위한 경제제재조치의 효과에 대한 비판이 일어나고 있음에도 불구하고 혁명 으로 인해 자산을 잃어버린 쿠바 이민자와 미국인 투자자들의 자산회복 및 보상 문제는 미국이 경제제재조치를 완화 혹은 폐지하는 데 가장 큰 걸림돌이 되고 있다. 따라서 이 문제의 해결 없이 쿠바 경제제재조치 에 대한 근본적 변화를 기대하기는 어려울 것이다(Piggott, 1999: 112~113).

물론 미국의 대쿠바 경제제재조치가 직접적으로 쿠바의 실질적 변화 를 가져올 가능성은 그다지 크지 않다. 그럼에도 미국의 경제제재조치 가 지속되는 것은 미국 내의 정치적 논리와 함께 아래에 언급될 미국과 쿠바 간의 특수한 관계가 작용하기 때문이다(Schwartzman, 2001: 121~129)

지금까지 대부분의 미국 정부는 경제제재정책의 효율성에 대한 미국 내의 광범위한 회의에도 불구하고, 쿠바 혁명을 인정하고 카스트로 혹 은 그를 이어받은 혁명 권력과 평화협상을 하거나 쿠바 내부의 변화 없이 경제제재조치를 완화한다는 것은 미국에 도전하는 한 개인 혹은 한 세력에 굴복하는 것으로 생각하고 있다. 또한 그러한 조치는 카스트 로나 그의 혁명에 역사적 정당성을 부여하는 동시에 나아가 지금까지 미국의 대쿠바정책의 실패를 의미하는 것으로 받아들인다. 따라서 쿠바 의 본질적 변화없이 미국이 먼저 대쿠바정책을 변화시킬 가능성은 현재 로서는 거의 없다고 보인다. 게다가 냉전의 종식 이후에도 쿠바는 여전 히 사회주의를 유지할 것을 천명하면서 미국에 대한 도전적 자세를 쉽게 포기하려 하지 않고 있다.

따라서 향후 미국은 경제제재조치를 유지하는 가운데 쿠바 내부로부터의 점진적 변화를 유도하는 전략을 유지 발전시켜 나갈 것으로 보인다. 비록 카스트로 사후 재미 쿠바인들과 그와 관련된 의회 세력들이 쿠바 문제에 대한 조기 해결을 촉구할 수도 있으나 정부 차원에서 쿠바의 국내 정치가 쿠바인들의 대대적 쿠바 탈출을 야기할 수도 있는 혼돈 상황으로 나아가는 것도 원치 않는다. 따라서 미국은 쿠바가 니카라과의 사례처럼 민주적 틀 안에서 안정이고 점진적인 변화의 방향으로 나아가는 것을 더 선호할 것으로 보인다. 이러한 과정에서 지난 40년간 미국의 대쿠바정책에 강력한 영향을 미친 플로리다와 뉴저지 주에 거주하는 쿠바인들의 입김이 더 이상 과거와 같은 힘을 발휘하기는 어려울 것이다.

이러한 변화를 위해 미국은 구체적으로 쿠바 내부의 체제 반대 세력을 육성하기 위해 쿠바 시민사회에 대한 지지를 강화해 나갈 것으로 보인다. 그러므로 앞으로 미국의 대쿠바정책의 핵심은 경제제재조치를 지속하는 가운데 쿠바 내의 반대 세력을 육성 지원하는 것이 될 것이다.

물론 피델 카스트로가 사라지게 되면 미국의 대쿠바정책에도 약간의 변화가 예상된다. 일단 피델이 사라지면 쿠바계 미국인들의 강경 입장도 완화될 가능성이 있다. 심지어 새로운 쿠바 정부의 행동이나 수사에서의 작은 변화조차도 미국 내 강경파의 입장을 약화시키고 경제제재조치의 폐지를 요구하는 목소리들을 더 크게 할 수 있을 것이다. 심지어 정치적 포로를 석방하는 것과 같은 단순한 조치 하나만으로도 양국 간의 관계는 획기적으로 발전할 가능성도 여전히 존재한다(Falcoff, 2003: 699~670)

그러나 이런 모든 가능성 또한 카스트로 사후 신쿠바 정부의 정치적 개방화와 밀접히 관련되어 있다. 분명한 것은 쿠바가 민주적 변화의 모습을 보여주지 않는 한 카스트로 사후에도 미국은 여전히 현재의 경제제재조치를 계속 유지해 나갈 것이라는 점이다. 이것은 오는 미 대선에서 부시가 재선이 되든 아니면 상대적으로 좀 더 온건한 입장을 취해온 민주당 정부가 들어서든 상관없이 미국의 대쿠바정책의 기조로서 남아 있을 것이다. 미국은 쿠바가 변화하지 않는 한 결코 먼저 변화하지는 않을 것이다. 따라서 앞으로 미국과 쿠바 관계의 초점은 쿠바 내부의 변화에 맞추어져야 할 것이다.

참고문헌

KOTRA. 2001. 『쿠바 시장이 열린다』. 서울: KOTRA.

한국수출입은행. 2003. 『세계국별편람』. 서울: 한국수출입은행.

Bernell, David. 1994. "The curious case of Cuba in American foreign policy." *Journal of Interamerican Studies & World Affairs*, Summer, Vol. 36, No. 2, pp. 65~103.

Castro Mariño, Soraya M. 2002. "En Conflicto Cuba-Estados Unidos: Notas sobre Su Estado Actual." in Víctor López Villafañe y Jorge Rafael Di Masi (Coord.), *Del TLC al Mercosur. Integración y diversidades en América Latina*, México: Siglo XXI, pp. 193~230.

Dominguez, Jorge I. 1997. "Us-Cuban Relations: from the cold War to the colder War." *Journal of Interamerican Studies & World Affairs*, Fall, Vol. 39, No. 3, pp. 49~75.

Falcoff, Mark. 2003. "Presente y futuro en las relaciones Estados Unidos-Cuba: Un ejercicio de análisis y especulación." *Foro Internacional, julio-septiembre*, Vol. XLIII, Núm. 3, pp. 693~703.

Hernandez, Rafael. 2002. "Frozen Relations: Washington and Cuba after the Cold War." *NACLA Report on the Americas*, Jan. Vol. 35, No. 4, pp. 21~26.

Herrera, Rémy. 2003. "Why lift the embargo?" *Monthly Review*, January, Vol. 55, Issue 8, pp. 50~54.

Horowitz, Irving Louis. 2002. "One Hundred Years of Ambiguity: US-Cuba Relations in the 20th Century." *National Interest*, Spring, No. 67, pp. 58~64.

Hughes, John. 2004. "US-Cuba relations strained as Castro era winds down." *Christian Science Monitor*, 1/21, Vol. 96, Issue 38, p. 9.

Kaufman Purcell, Susan. 2003. "La ley Helms-Burton y el embargo estadounidense contra Cuba." *Foro Internacional*, Jul.-sep., Vol. XLIII, Núm.3, pp. 704~718.

Lebowitz, Michael. 2003. "Behind the cuban crackdown: the danger of becoming the next." *Canadian Dimension*, Jul-Aug, Vol. 37, No. 4, pp. 19~20.

Piggott. 1999. "What if Castro died?" *World Link*, Nov./Dec., pp. 112~113.

Radu, Michael. 2000. "Festina Lente: United States and Cuba after Castro — What the experience in Eastern Europe Suggests. Probable Realities and Recommendations." *Studies in Comparative International Development*, Winter, Vol. 34, No. 4, pp. 7~22.

Rodríguez Araujo, Octavio. 2003. "Cuba 2003 en la encrucijada." *Memoria*, Junio, Núm.172, pp. 24~32.

Sandels, Robert. 2003. "Ofensiva cubana: ¿Una rebelión contra la Estrategia de Seguridad Nacional de EU?" *Memoria*, Junio, Núm.172, pp. 21~24.

Schwartzman, Kathleen C. 2001. "International Boycotts Transform Political Systems? The Cases of Cuba and South Africa." *Latin American Politics & Society*, Vol. 43, Issue 2, pp. 115~146.

Defense Department Report. 1998.

제12장

변화의 시기에 쿠바와 미국의 (존재하지 않는) 관계

카를로스 알수가라이 _김기현

미국과 쿠바와의 관계는 1961년에 붕괴된 후 워싱턴의 적대적 태도로 일관되어왔다. 이러한 관계는 시간이 흘렀지만 크게 달라지지 않았다. 비록 버락 오바마와 라울 카스트로 정부가 양국 관계의 정상화를 진전시킬 준비가 되어 있다고 말했음에도 불구하고 실제로 갈 길은 아직 멀어 보인다. 실제로 양국 간에는 미국의 봉쇄와 미주 대륙의 다양한 이벤트로부터 쿠바의 배제라는 냉전적 상황이 여전히 지속되고 있다. 이런 틀에서 '학술적 외교(diplomacia académica)'를 통해 협력의 여지를 찾고, 나아가 양국 간의 관계 개선에 도움이 되는 결론을 도출하고자 한다.

카를로스 알수가라이 Carlos Alzugaray 정치평론가, 외교관. 1994년에서 1996년 사이 주유럽연합 쿠바 대사를 역임했다. 쿠바 작가와 예술가 연합(Unión de Escritores y Artistas de Cuba: UNEAC) 회원이자 *Temas*지 편집위원이다.

* 이 글은 ≪Nueva Sociedad≫ 242호(2012년 11-12월)에 실린 글을 옮긴 것이다.

라울 카스트로와 버락 오바마는 1년의 차이를 두고(각각 2008년 2월과 2009년 1월) 첫 대통령 임기를 시작했다. 양국 정상은 변화를 정책의 중심에 두는 정부 프로그램을 추진했다. 심지어 둘 모두 "그래 할 수 있어!(Sí, se puede)"라는 비슷한 모토를 내세웠다. 쿠바의 최고 지도자는 2006년 권한대행을 맡으면서부터 수차례 이 말을 되풀이했으며, 미국 대통령 후보는 "Yes, We can"을 2009년 당시 선거전의 가장 핵심적 구호로 내세웠다. 그에 따라 일부 전문가들은 이 비대칭적 이웃국가(미국과 쿠바) 사이에 갈등관계의 정상화를 위한 순간이 다가올 것이라고 예측했다.[1]

그렇지만 2009년부터 양국에 선거가 있었던 2012년까지 양국 관계를 아직까지 부정적으로 만들고 있는 다양한 역사적 사건들의 50주년 기념식들이 거행되었다.

▶ 2011년 1월 3일: 워싱턴의 결정에 따른 양국 관계 붕괴 50주년. 오랜 시간 외교관계 없이 지낸 후 1977년 쿠바 정부는 양국 수도에 이익대표부(Secciones de Intereses)를 설립하자는 지미 카터(Jimmy Carter) 대통령의 제안을 받아들였다. 그것은 명백히 완전한 외교관계 복원으로 나아가려는 의도를 가지고 있었다. 이때 아바나는 1962년에 미국이 일방적으로 부과한 경제제재조치를 사전에 폐지하지 않으면 어떤 협상이나 정상화 논의도 시작하지 않을 것이라는 기존의 입장을 포기하는 중요한 결정을 내렸다. 이익대표부는 지금도 계속 존재하고 있다. 그러나 당시 양국 정부가 의도했던 대사관 수준의 관계 정상화를 위한 추가 조치들은 30년

---

1) 예를 들어 William M. LeoGrande, "Engaging Cuba: A Roadmap," *World Policy Journal*, invierno 2008-2009, pp. 87~99를 참조.

이 지난 지금까지 이루어지지 않았다.[2] 1989년 3월 조지 부시 대통령 정부의 국무부는 아바나 정부의 정당성을 인정하지 않는 미국의 결정을 승인했다.[3] 이러한 입장은 지금까지 유지되고 있다.

▸ 2011년 4월 16일-19일: 쿠바 혁명 정부를 전복할 목적으로 미국 정보부에 의해 조직되고, 그의 지원과 훈련을 받은 약 1,500명의 쿠바계 무장세력들이 쿠바를 침공한 사건 50주년. 비록 침공이 실패로 돌아갔고 침략 세력들이 72시간 만에 모두 뿌리 뽑혔음에도 미국 정부는 쿠바의 '체제 변화'정책을 지금까지도 포기하지 않고 있다.

▸ 2012년 1월: 미국국무부가 미주기구(Organización de Estados Americanos: OEA)에 쿠바 정부의 참여 중단을 주도한 지 50주년. 2009년 6월 산페드로술라(San Pedro Sula)에서 개최된 OEA 총회에서 미국은 회원 다수의 집단 압력으로 인해 이 결정을 본래대로 환원하는 것을 받아들이지 않을 수 없었다.[4] 그럼에도 워싱턴은 2012년 4월 카르타헤나에서 개최된 미주정상회담(Cumbre de las Américas)에서 보았던 것처럼 미주 대륙의 중요한 이벤트로부터 쿠바를 계속해서 배제하려고 하고 있다. 한편 쿠바 정부도 OEA로의 복귀를 거부하고 있다.

---

2) Ramón Sánchez Parodi, *Cuba-USA: Diez tiempos de una relación*(México: Oceano Sur, 2010), pp. 187~188. 파로디는 1977년에서 1989년 사이 주워싱턴 쿠바 이익대표부장을 역임했다.

3) René Mujica Cantelar, "El futuro de las relaciones Cuba-Estados Unidos: una visión cubana sobre la perspectiva de Washington," *Cuadernos de Nuestra América*, Vol. VII, No. 15(7-12/1990), pp. 214~215. 무히카는 주워싱턴 쿠바 이익대표부 부부장이었다.

4) Marifeli Pérez-Stable, *The United States and Cuba: Intimate Enemies*, Nueva York: Routledge, 2011, pp. 129~131.

쿠바를 외교적으로 고립시키는 정책은 아이젠하워(Dwight Eisenhower) 정부에서 시작해서 그 후 정부에서 지속되고 현 오바마 정부까지 이어져 왔다. 그러나 그것은 오히려 역효과를 나타냈다. 아바나는 오히려 전 세계적으로 외교관계를 확대했다. 그러한 전략은 소련과의 동맹을 통해 가능했다. 그러나 그보다 비동맹운동(Movimiento de Países No Aline-ados)이나 G-77(Grupo de los 77)과 같은 기구를 기반으로 남반부(Sur)가 국제무대의 중요 행위자로 등장하는 시점에 제3세계 운동을 통해 더 많은 도움을 받을 수 있었다.

▶ 2012년 2월: 존 F. 케네디 정부가 대통령령에 따라 쿠바에 일방적으로 부과한 경제제재조치 50주년. 1992년에서 1996년 사이 이러한 제재조치는 미국의회에서 법률로 전환되었다. 쿠바는 그의 무조건적 폐지를 주장해왔고, 1992년부터 유엔 총회는 매년 그것이 불법이므로 폐지되어야 한다는 결의안을 채택하고 있다. 그럼에도 미국은 국제사회의 요구를 무시하고 있다.

▶ 2012년 10월 16일-29일: '미사일 위기' 혹은 '10월 위기' 50주년. 미국 측의 행동에 따라 이 시기에 양국 간의 항공 혹은 해상 루트를 통한 모든 접근이 완전히 중단되었고, 미국 시민의 쿠바 방문이 금지되었다. 카터 정부 때 대법원 결정에 따라 이러한 금지가 폐지되었지만 로널드 레이건 정부 들어 미국 시민이 쿠바를 방문하기 위해서는 특별허가를 받아야 하는 수준의 제한이 다시 부과되었다.

이런 모든 행동들이 오늘날까지 쿠바와 미국 관계의 전반적 분위기와 구체적 상황에 그대로 반영되고 있다. 이 모든 것이 냉전의 산물임에도 불구하고 아직까지 사라지지 않고 있다. 냉전이 종식된 마당에 쿠바와 미국 관계의 정상화가 불가능한 것은 아니다. 하지만 그것은 여전히 회피 대상이 되고 있다. 그러나 양국이 잘 알려진 이데올로기적 차이를 넘어 상호 이익이 존재하는 선에서 실용적으로 협력하려 하고 있다는 증거가 있다.[5] 바로 이때 생산적 협력의 사례들이 또 다른 관계의 장, 특히 외교적 장으로 확산되는 것을 막는 심각한 정치적 어려움이 존재한다.

그러나 어떤 국가가 외국과 관계를 가질 때, 특히 쿠바와 미국의 경우처럼 완전한 이웃인 두 국가 간의 관계 증진에 외교가 필수적임은 두말할 나위가 없다. 그것은 평화적 방법으로 국가이익을 보호하기 위해 반드시 필요한 장치라고 말할 수 있다. 따라서 외국과의 관계에서는 정부 간에 협상과 상호 존중의 호혜적 관계 설립을 필요로 한다.[6] 심지어 이는 쿠바와 미국의 관계처럼 비대칭적 이웃 사이인 경우 더욱 명백하다.

외교관계의 부재는 1961년에서 1977년 사이 양국 간의 관계에서 오히려 미국에 해가 되었다. 예를 들어 1965년 미국은 쿠바와 이민협정을 맺기 위해 제3국을 통해야만 했다. 이 협정은 이미 미국에 자리 잡고 있는 쿠바인들의 가족 재결합을 위해 1965년 12월에서 1973년 4월 사이 주 10회 비행 편으로 26만 500명의 쿠바인들을 미국 땅에 들어올 수 있게 했다.[7] 그 후 1971년 리처드 닉슨(Richard Nixon) 정부는 자신들의

5) "La seguridad nacional de Cuba frente a los Estados Unidos: conflicto y ¿cooperación?" *Temas*, No. 62-63(4-9/2010), pp. 43~53에서 이 문제를 다루었다.
6) Ismael Moreno Pino, *La diplomacia: aspectos teóricos y prácticos de su ejercicio profesional*(México, DF: Secretaría de Relaciones Esteriores/ Fondo de Cultura Económica, 2011), pp. 20~24.
7) Lars Schoultz, *The United States and the Cuban Revolution: That Infernal Little*

이익을 위한 항공기 반(反)공중납치 협정을 협상하고 서명하기 위해 역시 제3국을 통해야만 했다. 교섭을 가능하게 하기 위해 당시 대통령은 그 협정이 어떤 형태로든 양국 간의 관계 정상화를 향해 나아가는 것을 의미하지 않는다는 점을 분명히 해야만 했다.[8)]

양국이 관계 정상화를 시작한 시기에(1977~1980) 양국 이해관계의 중심에는 다음과 같은 구체적 문제들의 해결책을 찾고자 하는 시도가 있었다. 그것은 예를 들자면 유엔협정에 해상권에 대한 법적 문구가 삽입됨에 따라 양국의 배타적 경제수역 간의 해상경계선 설정 협정이나 어업권 협정과 같은 문제들이다. 그러한 협정은 후에 국가안보, 지역안보, 국제적 안보에 대한 상호 이해관계와 관련해서 확대된 일련의 협력 과정에 앞서 이루어진 초기 성과물이었다.[9)]

이익대표부를 통해 시작된 거의 외교적 수준의 관계는 1980년 레이건 (Ronald Reagan) 정부의 등장과 함께 중단되었다. 그때부터 미국은 그러한 통로를 통해 관계를 확대하고 발전시켜나가는 데 거의 관심을 보이지 않았다. 심지어 빌 클린턴 정부(1993~2001)하에서도 이러한 경향에 변화는 없었다. 아바나에 있는 워싱턴 사무소는 외교대표부의 기능보다는 반대파 그룹들을 장려하고 그들의 활동을 재정적으로 지원하고 증진

Cuban Republic(Chapel Hill: The University of North Carolina Press, 2009), pp. 54~58.

8) Peter Kornbluh, "El terrorismo y el acuerdo anti-secuestros en las relaciones de Cuba con los Estados Unidos," *Temas*, No. 62-63(4-9/2010), pp. 54~58.

9) 이 문제와 관련하여 당시 양국 이익대표부의 책임자였던 외교관들의 저술을 참고할 수 있다. R. 산체스 파로디의 책은 앞서 이미 인용했다. 여기서는 그의 상대방인 미국 책임자 중 한 명의 책을 보아야 할 것이다. Wayne Smith, *The Closest of Enemies: A Personal and Diplomatic History of the Castro Years*(Nueva York: W. W. Norton & Company, 1987), pp. 101~127.

시키는 것과 같은 반체제적 기능을 우선했다. 덧붙여 말하자면 이러한 '반체적 기능'은 외교사절단이 다른 국가의 내정에 개입하는 활동을 금지하는 외교관계에 대한 비엔나 협정(La Convención de Viena sobre Relaciones Diplomáticos)에 완전히 위배되는 것이다.

이익대표부 기능의 이러한 변화는 2002~2003년 사이 조지 W. 부시 정부가 양국 외교의 완전 단절을 주도한 국무부 미주담당 차관 로저 노리에가(Roger Noriega)의 지시를 받는 제임스 카슨을 아바나 대표부의 책임자로 임명했을 때 정점에 달했다.[10] 게다가 부시 정부는 2003년에서 2006년 사이 두 권의 두꺼운 보고서를 출판한 자유쿠바지원위원회(Comisión para la Ayuda a una Cuba Libre)를 설립하고, 국무부에 쿠바변화 담당 책임자를 임명하고, 쿠바계 미국인들의 쿠바 여행을 3년에 한 번으로 제한하는 등의 명백히 도발적인 일련의 조치들을 취했다.

라울 카스트로가 임시 대통령직을 맡은 지 얼마 되지 않아서 그는 미국과의 관계 정상화를 위한 조치들을 승인했다. 그는 ≪그란마 신문≫과의 인터뷰를 통한 최초의 대중 공식선언에서 "우리는 항상 미국과 동등한 조건에서 관계를 정상화할 준비가 되어 있었다"고 말했다. 그를 확실하게 하기 위해 1986년 제3차 공산당 대회 핵심보고서에 피델 카스트로가 한 말을 상기시켰다.

이미 여러 번 말했듯이 쿠바는 미국과 오래된 견해차를 논의하고 양국

---

10) Saul Landau Nelson Valdés, "Confesiones de Roger Noriega. ¿Diplomacia muscular o violación de la ley?" *Progreso Semanal*(2010). <http://progreso-semanal.com/4/index.php?option=com_content&view=article&id+2610 :confesiones-de-roger-noriega-idiplomacia-muscular-o-violacion-de-la-ley-& catid=3;en-los-estados-unidos&Itemid=4>

국민 간에 평화와 관계 개선의 길로 나아가는 것을 주저하지 않는다. 그러나 그것은 그의 국민의 주권과 존엄을 위해 수세대에 걸쳐 투쟁하고 희생해온 쿠바인들의 독립에 어떠한 손상도 가져오지 않는다는 기본 조건에 대한 상호 존중의 기반 위에서 이루어져야 할 것이다. 이는 미국이 진정성을 가지고 협상에 임할 때, 또 평등과 상호성과 완전한 상호 존중의 정신을 가지고 협상을 할 준비가 되었을 때만 가능할 것이다.[11]

이러한 선언이 쿠바를 향한 부시 정부의 정책이 자유쿠바지원위원회의 제2차 보고서 출판과 함께 지속적 적대감을 드러내던 시기에 나왔다는 것은 의미가 있다. 이러한 선언은 2006, 2007, 2008년에 걸쳐 여러 번 반복되었다. 그러는 동안 민주당 대통령 후보인 오바마는 쿠바와의 관계에 약간의 변화 메시지를 주었다. 그러나 그것은 '체제 변화'의 목표를 여전히 정책 변화의 중심에 두는 애매한 메시지와 함께 이루어졌음을 강조할 필요가 있다.[12]

미국에서 쿠바와 관련한 입장은 다음의 최소한 네 부류로 나누어진다. ① 현상유지, 심지어 봉쇄와 모든 종류의 제재조치 강화를 지지하는 세력. ② 쿠바 정부의 전복을 목적으로 하지만 (매보다는 당근을 더 많이 주는) 방법의 변화를 추구하는 세력. ③ 쿠바 사회주의 모델의 어떤 측면에도 동조하지 않지만 미국의 대쿠바정책의 목표와 방법의 변화는 지지하는 세력. ④ 교육과 보건 등에서 쿠바 정부의 성과에 동조하고 단순한 관계 정상화를 넘어 적극적 협력을 추구하는 세력.[13] 오바마는 명백히

---

11) "Ningún enemigo podrá derrotarnos. Afirmó Raúl en declaraciones a Granma." *Granma*, 19-8-2006, p. 1.

12) Jorge Domínguez, "Reconfiguración de las relaciones de los Estados Unidos y Cuba," *Temas*, No. 62-63, 4-9/2010, p. 10.

두 번째 그룹에 속한다.

2009년 1월 취임식 이후 오바마 정부는 대쿠바정책에서 어떤 변화를 의미하는 처방들을 적용하기 시작했다. 국무부의 쿠바 변화담당 책임자 자리에는 아무도 임명되지 않았으며, 따라서 그 자리는 조용히 사라졌다. 역시 자유쿠바지원위원회도 재개되지 않았으며, 어떤 새로운 보고서도 다시 출판되지 않았다. 한편 미국은 2013년 부시에 의해 중단된 이민 관련 협상을 격년제로 개시할 것을 제의했다.[14]

2009년 트리니다드토바고에서 개최된 미주정상회담 전야에 워싱턴은 쿠바계 미국인들의 쿠바 여행과 송금 자유화를 포함한 일련의 조치들을 발표했다. 이러한 조치가 미국의 대쿠바정책의 변화를 의미한다는 해석에 맞서 비록 그것이 긍정적이기는 하지만 부차적이며 갈등의 핵심을 건드리지 않았음을 지적하는 것이 적절할 것이다. 그 밖에도 이러한 조치는 플로리다의 쿠바계 미국인들의 표를 얻기 위해 당시 대통령 후보였던 오바마가 선거전에서 내세운 공약이었음을 기억할 필요가 있다.

트리니다드토바고의 미주정상회담에서 미국 대통령이 한 연설은 좋은 반응을 얻었고, 당시 긍정적 신호로 받아들여졌다. 그러나 미주정상

---

13) 국무부 미주담당 차관 정책 자문위원 댄 에릭슨(Dan Erikson)이 쓴 책〔*The Cuba Wars: Fidel Castro, the United States and the Next Revolution*(Nueva York: Bloomsbury Press, 2008)〕에 대한 서평("Cuba-Estados Unidos: ¿es posuble una relación distinta?" *Temas*, No. 67, 7-9/2011, pp. 131~136)에서 나는 이러한 부류의 성격과 구성에 대해 자세하게 다루었다.

14) 이는 1994~1995년 사이 이주협약에 의해 처음 설립되었다. 이를 통해 클린턴과 아바나 정부는 '뗏목 이민자(balseros) 위기'를 해결했고, 양국 간에 합법적이고 통제된 이민을 위한 기초를 놓았다.

회담에 참석한 정상들 사이에서 쿠바와 그에 대한 미국의 정책 변화라는 주제가 미주 국가 간의 관계에 핵심요소라는 인식이 점점 커져가고 있었음을 지적할 필요가 있다. 이때 이미 라틴아메리카 국가들은 모두 아바나와의 관계를 정상화하고 있었다. 그리고 그들은 봉쇄와 적대정책이 일련의 역사적 사건들을 겪으면서 더 이상 유지될 수 없다고 생각했다. 심지어 워싱턴과 동맹을 맺고 있는 콜롬비아나 멕시코 정부조차도 이 문제와 관련해서는 만장일치로 동의했다.

한 언론회견에서 오바마는 지금까지 미국의 쿠바정책은 실패였음을 인정했다. 그리고 아바나와 새로운 관계의 시작을 모색하고 있다고 발표했다. 그리고 "나는 우리 정부가 마약, 이민, 경제 등의 문제뿐만 아니라 심지어 인권, 언론의 자유, 민주개혁과 같은 문제에 대해서도 쿠바 정부와 대화하도록 할 준비가 되어 있다"고 확실히 밝혔다.[15]

쿠바의 답은 전날 이미 주어졌다. 4월 16일 쿠마나(Cumaná)에서 개최된 ALBA 정상회담에서 쿠바 대통령은 비공식적이고 즉흥적인 방식으로 다음과 같이 확실히 말했다.

우리는 미국 정부에 사적으로 혹은 공식적으로 다음과 같이 전했다. 우리는 인권, 언론의 자유, 정치범 등 당신들이 논의하기를 원하는 모든 것들을 다 논의할 것이다. 그러나 그러한 논의는 동등한 조건에서, 우리들의 주권을 조금이라도 훼손하지 않는 범위 내에서, 쿠바 국민의 자결권에 대한 최소한의 침해도 없는 범위 내에서 이루어져야 할 것이다.[16]

---

15) José Luis Méndez Méndez, "Esperanzas de ayer, decepciones de hoy," *Cubadebate*, 28/5/2011. <www.cubadebate.cu/opinion/2011/05/28/esperanzas-de-ayer-decepciones-de-hoy/>.

16) *Granma*, 18/4/2009, p. 1.

그러나 양국 대통령들이 긍정적으로 해석될 수 있는 선언들을 교환하는 동안 밑바닥에서는 상호 이해를 매우 어렵게 하는 상황들이 전개되었다. 2009년 말 아바나에서 미국 시민 알란 그로스(Alan Gross)가 체포되었다. 후에 알려진 바에 따르면 그는 관광객 신분으로 아바나를 여행하고 있었지만 실제로 그는 미국국제개발청(USAID)의 쿠바 체제전복 프로그램 기금을 받은 회사를 위해 일하는 사람이었다.[17] 그때부터 미국은 쿠바 법 위반으로 15년 형을 선고받은 그로스를 아바나 정부와 협상 없이 석방해야 하는 해결하기 어려운 딜레마에 빠진 것처럼 보인다. 아바나는 여전히 테러리즘 지원 국가 리스트에 포함되어 있다. 따라서 쿠바와의 협상은 그의 반대자들에게 "테러리스트와는 절대 협상하지 않는다"는 원칙에 따른 반발을 불러일으킬 수 있을 것이다.

2010년 더 많은 중요한 사건들은 라울 카스트로에 의해 실현된 변화들이 매우 뿌리 깊은 것임을 보여주었다. 쿠바 정부는 '모델의 현실화'라는 모토하에 일련의 경제개혁과정을 시작했고, 가톨릭교회와의 협상 후에 300명의 정치범들을 석방했다. 비록 이러한 처방들이 미국 정부가 쿠바에 요구해왔던 것들임에도 불구하고 그때마다 워싱턴은 그에 대해 알지도 못하는 것처럼 행동한다.

이미 언급한 것처럼 양국에서 선거가 있었던 2012년에 발생했던 두 개의 중요한 사건은 양국 정부 간에 존재하는 변화를 위한 의지의 크기와 성격을 가장 잘 보여주고 있다. 오바마 정부는 캐나다를 제외한 미주 국가 전부의 확실한 요청에도 불구하고 콜롬비아의 카르타헤나에서 개최되는 미주정상회담에 쿠바를 초청하는 것을 거부했다. 한편

---

17) Desmond Butler, "IMPACT: Usaid Contractor Work in Cuba Detailed," *AP*, 12/2/2012, <www.democraticunderground.com/1108915>.

2012년 10월 중순에 쿠바 정부는 최근 양국 간의 관계에 가장 큰 파급효과가 있는 중요한 처방 중 하나인 「이민법」 개혁을 단행했다. 그러나 이런 부정적 전망에도 불구하고 양국의 학자그룹들은 협력과 갈등의 요인들을 분석하고 그를 통해 양국 간의 관계 개선에 기여할 수 있는 결론을 도출하고자 계속해서 노력하고 있다.[18] 우리는 이를 '학술외교'라 부른다.[19]

쿠바와 미국과의 관계에서 앞으로 몇 년간 무슨 일들이 일어날 것인가? 똑같은 일들이 반복될 것인가? 혹은 오바마 대통령이 언급했듯이 '새로운 시작'이 있을 것인가? 단지 시간만이 그것을 말해줄 것이다.

---

18) 최근 양국 간 협력과 관계 정상화를 촉진하기 위한 학문적 시도로 다음의 두 사례를 들 수 있다. 하나는 2010년 쿠바 잡지 *Temas*가 주도한 공동연구이다. 또 다른 하나는 2009년부터 아바나 대학교(Universidad de La Habana)와 워싱턴 아메리칸 대학교(American University of Washington)의 교수들을 비롯하여 아르헨티나의 경제사회연구 지역코디네이터(Coordinadora Regional de Investigaciones Económicas y Sociales: CRIES)의 후원하에 쿠바와 미국의 다른 연구센터들이 참여하고 주관하는 쿠바 - 미국 공동학술연구(Taller Académico Cuba-Estados Unidos: TACE)이다. 첫 번째 연구의 결과물들은 쿠바에서 스페인어로 *Temas*, 62-63호, 4-9/2010에 처음 출판되었으며, 영어로는 Jorge I. Domínguez, Rafael Hernández, y Lorena G. Barbería(editors), *Debating US-Cuban Relations: Shall we Play Ball?*(Nueva York: Routledge, 2011)로 나왔다. 아직도 진행되고 있는 두 번째 연구의 일부 결과물은 안드레스 세르빈(Andrés Serbin)의 주도하에 부에노스아이레스에서 잡지 *Pensamiento Propio*, No. 34(7-12/2011)에 실렸다.

19) Milagros Martínez, "La diplomacia académica: los intercambios culturales entre Cuba y los Estados Unidos," *Temas*, No. 62-63(4-9/2010), pp. 136~148을 참조.

제13장

디아스포라, 시민권 그리고 다국적 접촉

벨리아 세실리아 보베스 _김기현 옮김

이 글은 쿠바 국가와 그의 해외이주자 간의 복잡한 관계를 분석한다. 쿠바의 해외이주자
들은 국가 안보라는 차원에서 민족이나 정치 공동체로부터 배제되어왔다. 다른 라틴
아메리카 국가들이 자국의 해외이주자들을 포용하고자 했던 것에 주목하면서, 쿠바의
경우를 그와 비교 분석할 것이다. 또한 이글은 최근 몇십 년 동안 이주자의 존재가
확대되고 쿠바 경제와 사회에서 이들의 중요성이 증가함에 따라 이민법 개혁을 생각해
야 할 새로운 장이 만들어졌다는 인식에서 출발한다. 이러한 새로운 환경에서 이민정책
뿐만 아니라 민족과 시민권의 상징적 정의에 대한 깊이 있는 재평가가 반드시 필요하다.

벨리아 세실리아 보베스 Velia Cecilia Bobes 콜레히오 데 메히코(Colegio de
México) 사회학 박사. 수많은 책과 논문들을 저술했다. 그중에서 대표적인 것으
로는 다음과 같은 것들이 있다. *Los laberintos de la imaginación: Repertorio
simbólico, identidades y actores del cambio social en Cuba*(México DF: El Colegio
de México, 2000); *La nación inconclusa: (Re)Constituciones de la ciudadanía y el
cambio social en Cuba*(México DF: Flacso, 2007); *Los tecuanes danzan en la nieve.
Contactos transnacionales entre Axochiapan y Minnesota*(México DF: Flacso, 2011).

* 이 글은 ≪Nueva Sociedad≫ 242호(2012년 11-12월)에 실린 글을 옮긴 것이다.

라틴아메리카의 다른 국가들과 마찬가지로 쿠바도 해외이주자를 많이 배출했다. 인구의 12% 이상이 쿠바 밖(대부분 미국)에 거주하고 있다. 그리고 그러한 집단적 이주는 중·단기에 멈출 것 같지는 않다. 국가와 (1959년부터 나간) 디아스포라1) 간의 관계는 수십 년 동안 해외이주자들을 국가와 정치공동체로부터 배제해온 일련의 법과 규정에 의해 통제되어왔다. 그럼에도 반세기가 지난 지금 쿠바의 이주자들은 사회인구학적으로 또는 그들의 이주 동기나 국가와의 관계 등에 많은 변화를 겪었다. 이 글은 이주자 존재의 확대 그리고 1990년대부터 현 시점에 이르기까지 쿠바 경제와 사회에서 이들의 중요성 증가가 이주자 문제와 관련하여 새로운 환경을 조성한다는 생각에서 출발한다. 이러한 환경에서 국가와 디아스포라 간의 관계에 대한 심도 있는 재평가는 반드시 필요하다. 따라서 이주자 문제에 대한 어떤 논의도 그 중심에 시민권이라는 주제를 반드시 다루어야 한다. 21세기의 첫 번째 10년이 이미 지나간 시점에서 새로운 현실은 또 다른 사고방식을 요구한다. 따라서 여기서 우리가 보여주려는 고찰은 쿠바를 다룰 때 항상 붙어 있는 예외성이라는 조건을 넘어 그것을 이해하려는 목적에서 시작한다. 따라서 다른 이주 촉진 국가들(특히 라틴아메리카 국가들)이 그들의 디아스포라를 포용이라는 측면에서 접근하는 것과 같은 시각을 쿠바의 디아스포라에도 제시하고자 한다.

---

1) 개념들 사이의 어의적·이론적 차이를 받아들인다고 할지라도 이 글에서 나는 쿠바 이민자들을 언급하기 위해 '디아스포라(diáspora)', '이주자(emigración)', '해외공동체(comunidad en el exterior)'를 무차별적으로 사용할 것이다.

1.

현재의 이주과정에서는 이주자를 받는 국가나 이주자를 내보내는 국가 모두에서 이주자의 영향이 눈에 띈다. 이런 세계화된 세상에서 이주는 출신국가로부터 필연적으로 완전한 단절의 과정을 의미하지는 않는다. 이는 다국적화 경향이라고 정의할 수 있다. 이러한 틀에서 라틴 아메리카 국가들은 그들 국가 출신의 이주자들에게 거주지와 상관없이 정치적 권리를 부여했다. 그를 위해 거의 모든 국가들이 (각국의 특수한 상황에 따라 규모나 제한 수준의 차이는 있지만) 이중국적과 재외국민 투표 권을 입법화 혹은 규정화했다. 어떤 국가들은 이중국적을 받아들였고[2] 또 어떤 국가들은 투표권을 인정했다(그의 실현은 규정이나 선거 메커니즘 에 의해 보장된다).[3] 또 어떤 국가에서는 투표권이 인정되었지만 아직 실현되지는 않았다.[4] 그리고 또 다른 국가들에서는 투표권이 아직 인정 되지 않았지만 그를 인정하기 위한 논의가 진행 중이다.[5] 쿠바는 이중 국적이 인정되지도 않고 이주자의 권리에 대한 논의도 이루어지지 않는 거의 유일한 나라이다.

민족주의 언어가 그들을 부재자, 배반자 혹은 적으로 간주했던 시대 는 이제 지났다. 이제 거의 모든 국가들이 이주자들을 민족의 한 부분으

---

2) 라틴아메리카에서 쿠바, 브라질, 파나마를 제외한 나머지 모든 국가들은 이중국적
   을 받아들이거나 혹은 금지하지 않는다.
3) 콜롬비아, 페루, 브라질, 아르헨티나, 온두라스, 도미니카공화국, 에콰도르, 멕시코,
   베네수엘라, 볼리비아, 파나마, 아이티(2011년 통과해서 아직 적용되지는 않았음)
4) 니카라과
5) 칠레, 코스타리카, 과테말라, 엘살바도르, 파라과이. 우루과이의 경우 그 제안이
   국민투표에 붙여졌으나 거부되었다.

로 인정하고, 그들에게 다양한 (정치적·사회적·경제적) 권리를 제공하면서 참여를 보장한다. 이러한 경향에서부터 이주자 그룹들의 요구에 따른 개방과 권리의 보호와 부여를 위한 정부의 정치적 의지에 따라 결정되는 국가 (다국적) 활동의 새로운 영역이 드러난다.

국가의 다양한 입장은 다음과 같은 다양한 정의에 따라 분류될 수 있다.6)

▶ 다국적 민족국가(Estados-nacion transnacionales): 이주자들을 먼 거리에 거주하는 일원으로 취급하고, 그들에게 영사적 보호와 대표성의 기능을 제공한다. 이중국적을 인정하고 이주자를 위한 정책과 프로그램들을 구성한다.

▶ 전략적 선택국가(Estados estratégicamente selectivos): 이주자와 출신지 간 관계의 지속성을 보장해주고자 한다. 그러나 이러한 관계를 지속적으로 통제하면서 이주자들 중 그것을 할 수 있는 사람과 그렇지 못한 사람들을 선별한다. 비록 일부 이주자들에게 어떤 특권을 부여할 수는 있지만 시민권이라는 합법적 권리를 부여하지는 않는다.

▶ 이주자에 무관심하거나 비난하는 태도를 가진 국가(Estados desinteresa-dos y acusadores): 이주자들을 배제한다. 그들을 민족의 한 부분으로 간주하지도 그렇게 대접하지도 않는다. 그들의 활동과 자발적 행위들을 항상 의심의 눈초리로 본다. 그들에게 배반자 혹은 적이라는 꼬리표를 붙임으로써 그들이 출신국가를 위해 할 수 있는 어떠한 영향에 대해서도

---

6) Peggy Levitt y Nina Glick Schiller, "Conceptualizing Simultaneity: A Transnational Social Field Perspective on Society," *International Migration Review*, Vol. 38, No. 3(2004), pp. 1002~1039.

그 신뢰도를 실추시켜 버린다. 계속해서 보겠지만, 쿠바는 수십 년 동안 그러한 국가로 분류되었다.

2.

무관심하고 비난적 태도를 가진 국가(Estado desinteresado y acusador)의 관계는 다음과 같은 이주 과정의 복잡성에 주목함으로써 이해될 수 있다. ① 쿠바 정부와 미국 사이에 정치적 갈등의 존재, ② (초기) 이주자들의 반대파적 성격, ③ 이주자 디아스포라의 규모. 이러한 요인들은 각각 이주자와 국가 간의 관계에 영향을 미쳤다. 그러나 그의 중요한 진로를 결정하는 것은 첫 번째 요인이다.

(원칙적으로 냉전으로부터 발생한) 쿠바와 미국 사이의 갈등이 강조된 결과 이주자들은 적대감과 정치적 대결의 장에 놓이게 되었다. 한편 쿠바 이주자를 받아들이는 가장 중요한 국가인 미국은 처음부터 이주에 호의적이었으며 또 이를 장려하기도 했다. 미국은 특히 쿠바 공동체에게 예외적 지위를 부여했고[7] 또 그들을 정치적 망명자로 받아들였다. 그로 인해 쿠바 이민자들은 미국에서 다른 이민자들과 다른 대접을 받는다고 느낄 수 있었다. 동시에 이러한 상황은 쿠바 정부가 이주자

---

[7] 1961년 쿠바인들에게 정치적 망명자의 지위를 부여하는 망명프로그램이 만들어졌다. 그로 인해 쿠바인들은 이민에서 특별한 혜택을 누릴 수 있었다. 그 밖에도 미국의 다양한 주에 쿠바인들을 자리 잡게 하기 위한 야심에 찬 지원 계획이 마련되었다. 1966년에는 「쿠바 조정법(Ley de Ajuste Cubano)」이 통과되었다. 이를 통해 미국 영토에 도달하는 쿠바인들은 이 나라에 1년 거주한 이후 최종적으로 영주권을 획득할 수 있게 되었다.

배제를 정당화하고 이 문제를 정치화하며 이 문제에 민족 문제를 사회주의 프로젝트와 동일시하는 민족주의 담론을 적용하고 '반대파를 수출하며(exportar la oposición)'[8] 이주를 내부 압력의 '배출구(válvula de escape)'[9] 혹은 미국 정부와 협상의 도구로 활용하게 했다.

비록 이주자의 구성이나 이주의 규모와 동기가 시간이 흐름에 따라 변화했지만 쿠바 정부의 이주정책은 여전히 이민자들에 대한 초기의 반대적 태도에서 벗어나지 않았다. 1959년과 1975년 사이 약 55만 명의 사람들이 미국을 향해 쿠바를 떠났다.[10] 이들 대부분은 전문직이나 기술을 가진 중산층이나 상류층에 속한 사람들이었다. 한편 이주를 새로운 체제를 흔들려는 수단으로 사용하고자 했던 미국 정부는 이들이 다양한 반란활동을 할 수 있도록 훈련하고 후원해주었다. 이런 상황에서 쿠바 국가는 이주자들이 미국에서 조직할 수 있는 반란활동들을 제한하고 국가의 이익을 방어하기 위해서 다양한 규제와 통제를 부과하기 시작했다. 그로 인해 이주자정책은[11] '국가안보'의 문제로 인식되었다.

이러한 정책의 규범적 틀은 이중국적 거부를 유지하고, 자유롭게 출입국할 수 있는 권리를 폐지하고, 시민의 모델을 변경하는 1976년 헌법을 통해 반복되었다. 앞선 헌법과 달리 1976년 헌법은 시민의 사회적·경

---

8) Jorge Domínguez, *Cuba: Order and Revolution*(Cambridge: Harvard University Press, 1978).

9) 그것은 1965년 카마리오카(Camarioca), 1980년 마리엘(Mariel), 1994년 8월의 '뗏목 탈주자(balsero)'에서 일어났던 것과 같은 대규모 탈출 현상들을 말한다.

10) Ernesto Rodríguez Chávez, "El flujo emigratorio cubano, 1985~1996: balance y perspectivas," *Revista de Ciencias Sociales*, No. 3(6/1997).

11) 1961년 989호 법부터 국가를 떠나는 사람을 '영구 출국(salida definitiva)'의 범주에 놓는 법이 규정화되었다.

제적 권리를 대규모로 인정했다. 그러나 동시에 시민의 (말과 언론의) 자유를 '사회주의 사회의 목적(fines de la sociedad socialista)'에 맞게 제한했다(헌법 53조). 사회적 권리의 확대 그리고 법과 혁명적 실천을 통한 그의 효과적 적용은 평등을 시민 사고의 중심에 놓았다. 동시에 (해외 강대국에 의한 공격과 침략 위험으로 상징되는 상황에서) 조국과 주권을 사회주의와 동일시함으로써 쿠바는 그들과 의견이 다른 사람들을 쉽게 불신하고 그들에 대한 압력을 정당화할 수 있게 되었다.

법적 절차의 관점에서 이주자들에게 시민권이 거부되었으며, 그들은 정치공동체로부터 배제되었다. 한편 민족의 상징적 정의는 그들을 조국의 배신자(해외 적의 동맹자)로 다루었으며, 그들은 '구더기(gusano)'라고 부르기도 했다.12) 게다가 (양국 사이 관계의 완전한 단절로 인한) 귀국 가능성의 상실이 이쪽과 저쪽 쿠바인들 사이의 연결고리를 완전히 끊어놓아 버렸다(쿠바 내에서 쉽게 접근할 수 없는 산발적 전화 접촉이나 편지 등의 수단을 통해 개인적 가족적 수준의 관계는 유지되었다).13)

1970년대 말부터 외교적 접근으로 인해 아바나와 워싱턴에 이익대표

---

12) 이 시기에는 다른 국가들도 다른 민족주의적 시각에서 이주자들을 배신자 혹은 잠재적 반란세력으로 다루었다. 잔 클라우드 두발리에(Jean-Claude Duvalier)의 아이티와 안토니오 데 올리베이라 살라사르(Antonio de Oliveira Salazar)의 포르투갈이 그러한 예이다. 그리고 좀 덜 급진적인 경우로는 제도혁명당(PRI)의 멕시코가 그러한 예이다. P. Levitt y N. Glick Schiller, "Conceptualizing Simultaneity: A Transnational Social Field Perspective on Society"; Leticia Calderón, *Los superhéroes no existen. Los migrantes mexicanos ante las primeras elecciones en el exterior*(México DF: Instituto Mora, 2010).

13) 1960년에서 1980년대 말까지 해외에 거주하는 가족이나 친구와 지속적으로 서신 교환을 하는 것은 쿠바공산당(PCC)과 공산당 청년동맹(Unión de Jóvenes Comunistas: UJC)에의 가입과 일부 공직의 수행을 막는 요인 중 하나였다.

부가 설립되었다. 이런 상황에서 1978년과 1979년에 쿠바 정부와 이주 공동체 사이에 정치적 포로 석방, 가족 재결합, 인도주의적 교류 계획 등의 주제를 다루기 위한 최초의 대화가 시작되었다. 그 결과 중 일부는 (1978년) 새 「이민법(Ley de Inmigración)」의 보완규정에 반영되었다. 여기 에는 이민자들에 대한 '영구 출국(salida definitiva)'의 범주가 계속 유지되 었지만 해외 거주자들을 위한 '입국 허가(permisos de entrada)'의 개념이 포함되었으며, 동시에 일시적 '출국 허가(permiso de salida)'의 개념도 도입되었다.14)

대화와 법적 변화의 결과 1979년부터 이주자들은 비록 관광객으로서 제한적 시기 동안 입국 허가를 획득하는 자격이었지만 어쨌든 조국으로 돌아가 가족들을 방문할 수 있게 되었다. 20년 이상 방문이 금지되고 조국으로부터 분리되었던 쿠바인 해외이주자들 중 14만 명 이상이 1979 년에서 1982년 사이 미국으로부터 쿠바를 방문했다.15) 이런 상황에서 세 번째의 거대한 이주의 파도가 일었다. 1980년 마리엘(Mariel) 항구를 통해 12만 명 이상의 사람들이 쿠바를 떠났다. 이때 이주자들 중에는 전문직 종사자들, 예술가들, 노동자들, 공산당 반대자들과 지지자들, 흑인과 백인들 등 사회 거의 모든 계층의 사람들이 포함되었다. 이

---

14) 두 종류의 허가는 이민국적국(Dirección de Inmigración y Extranjería: DIE)의 자유재량에 따라 부여되었다. 그런데 흥미롭게도 언급된 규정에 '권리(derecho)' 라는 말이 빠져 있다. 그것은 출입국의 다양한 법적 개념이 이민 당국의 허가에 따라 실현될 수 있는 청원의 성격을 지닌다는 것을 의미한다.

15) 규모가 작기는 하지만 미국이 아닌 다른 나라로부터 입국도 있었다. Susan Eckstein y Lorena Barbería, "Grounding Inmigrant Generations in History: Cuban Americans and Their Transnational Ties," *International Migration Review*, Vol. 36, No. 3(2002), p. 814.

현상은 단지 그의 규모와 이주자 구성의 다양성뿐만 아니라, 그와 관련해서 전개된 내부적 갈등의 분위기로 인해 특히 더 부각되었다. 당시 이주할 의사를 밝히는 사람들은 '조국의 배신자(traidor a la patria)', 소위 '인간쓰레기(escoria)'로 취급되었으며, 공적 집회에서 비난을 받아야 했다. 이주하려는 사람들은 이런 집회에서 여러 번에 걸쳐 언어적 혹은 신체적 공격을 받아야 했다.

마리엘의 집단 탈출은 이주자 공동체에 새로운 세대의 영입, 따라서 그의 구성과 쿠바와의 관계에서 새로운 변화의 시작을 의미한다. 그 밖에 해외거주 허가의 출현은[16] 이주 대상지의 다각화를 야기했고, 귀국을 허용하는 새로운 이주 형태에 여지를 주었다.[17] 이러한 새로운 이주자들의 대부분은 자신의 삶의 대부분을 쿠바에서 보냈으며, 그곳에 가장 가까운 친척들을 두고 있고 귀국할 가능성을 가진다. 따라서 이들은 앞선 이주자들과 같이 '영원한 단절(ruptura para siempre)'이라는 생각을 공유하지 않는다. 그리고 마이애미의 공적 공간에서 '망명의 관념(ideología del exilio)'은 여전히 지배적이기는 하지만 여기서도 쿠바 사회와 정부를 향한 입장은 조금씩 이질화되고 다양화되어가기 시작했다.

1990년대 특별시기(Periodo Especial)의 위기, 1992년 헌법 개혁, 1993년

---

16) 1976년 포고령 133조, "Reglamento de viajes oficiales al extranjero".

17) 1990년대 동안 많은 쿠바인들은 미국이 아닌 다른 국가로 이주하기 시작했고, 이 새로운 허가를 (멕시코, 스페인, 베네수엘라 같은) 다른 나라에서 자리 잡기 위해 활용했다. 이들은 쿠바를 자주 여행했으며, 그곳에 있는 자신의 자산을 계속해서 유지할 수 있었다. 특히 문화부(Ministerio de Cultura)와 쿠바 작가 예술가 연합(Unión de Escritores y Artistas de Cuba: UEAC)은 예술가들과 작가들에게 이러한 특권을 더 쉽게 부여했다. 그리고 또 다른 부류의 전문가들도 해외 취업 허가를 가지고 이주했으며, 다른 많은 사람들은 외국인과 혼인을 통해 이주했다.

경제개혁, 1994년 '뗏목 탈주자 위기'와 연결된 새로운 변화가 이주의 장을 재편했다.[18] 비록 1992년 헌법 개혁이 이중국적을 여전히 인정하지 않았지만, 여기서 합법화된 경제적 변화들은 쿠바와 해외이주자 간의 관계에 영향을 미쳤다. 정치적 제도에 거의 변화가 없는 이러한 변화 과정에서 사회는 더 큰 자치의 징후를 보여주기 시작했다. 경제적·이데올로기적 이중 위기, 사회적 합의를 재구성할 필요성, 국가의 (신중한) 후퇴, 경제개혁을 통한 (완화적) 조정의 탐색, 세대교체 등에 자극받아서 새로운 사회 활동가들이 나타났고, 전체주의의 상징적 영역들이 틈을 보이고 분해되기 시작했으며, 어떤 사회적 영역들은 국가의 통제와 독점에서 벗어나기 시작했다. (대중조직들을 통해) '변화하는 사회(sociedad movilizadora)'는 초기 NGO들과 '공동체 운동(movimientos comunitarios)'에 활동 여지를 주었다. 그리고 상대적으로 짧은 시기에 국가기관과 연결되지 않은 연대망에 기반을 둔 일련의 비공식적 조직들이 성장했고 모습을 드러내기 시작했다.

경제적 시각에서 볼 때 다양한 부문에서 (민간자본이든 합작이든) 외국인 투자의 허용, 자영업과 외화 소유의 합법화와 같은 정책들은 해외송금의 문을 열었다. 해외송금은 (국가에 의존하지 않는) 소득의 중요한 원천이 되었으며, 그로 인해 이주를 사회적으로 가치 있는 것으로 만들었다. 이러한 처방은 쿠바의 많은 가정의 경제를 변화시켰으며, 그때까지 사회에 지배적이었던 평등한 소비 형태를 바꾸어 놓았다. (계속해서 국가예산에 의해 무료로 지원되고 있으므로 모두가 평등하게 접근할 수 있는) 보건,

---

18) 이 위기는 소위 '실질 사회주의(socialismo real)'의 몰락과 소련과 경제상호원조회의(CAME)의 소멸로 인해 야기되었다. 위기는 경제로부터 시작해 정치적 정당성과 사회적 통합의 영역까지 확대되었다.

교육, 사회보장과 같은 영역과 배급품 시장에서 최소한의 소비에는 여전히 엄격한 평등주의가 존재하지만 앞서 언급한 소비 차별화라는 새로운 조건은 다양한 사회 그룹들이 소비의 형태와 수준에서 점점 더 많은 차이를 만들었다. 결과적으로 매우 다른 '삶의 스타일(estilo de vida)'이 나타났다. 동시에 평등의 관념이 정치적 배제의 정당화를 지지하는 환경에서 소비의 차별화 상황은 쿠바 국민들이 사회주의 분배 메커니즘으로는 만족할 수 없는 기대를 가지게 했다. 그리고 그러한 기대감은 사회적 통합과 응집력에 대한 도전을 야기했다. 심지어 혁명적 시민 모델의 핵심이 주권과 사회정의와 연결되어 있기 때문에 새로운 환경에서 해외송금으로 인한 불평등은 정치질서의 정당화 담론에 긴장을 유발했다. 왜냐하면 정치질서는 비록 변화했다고는 하나 혁명과 사회주의의 주요한 업적으로서 평등에 여전히 기반을 두고 있기 때문이다.

한편 일부 국민들이 이주민들을 (비록 이들이 제한적 권리를 가질지라도) 가족과 민족의 한 부분으로 포용할 가능성에 대해 마음을 여는 한편, 국가는 '외화 수령 상점(tiendas de recaudación en divisas)'을 통해 해외송금의 수령자가 되고, 그를 통해 획득한 수익을 사회정책과 발전계획을 위해 사용할 의도를 보여준다. 따라서 이주자들의 가치는 빠져나올 수 없는 정치적 갈등의 장보다는 가족적·경제적 동기에 의해 긍정적으로 평가된다. 1994년과 1995년 쿠바 정부는 '민족과 이주자(La Nación y la Emigración)'라는 제목의 회의를 소집했다. 이는 '해외에 거주하는 쿠바인들과 그의 출신 국가 사이의 관계 정상화'를 위한 첫걸음이었다. 여기에는 '혁명과 그의 사회정의 프로젝트와 민족독립을 존중하는, 즉 조국에 대한 애정을 가지는 입장'을 유지하는 해외 공동체 구성원들이 초대되었다. 그리고 이들의 쿠바 입국을 간소화하는 정책들이 허용되었다. 1995년 여행 유효화(Vigencia de Viaje), 2004년 여권 자격부여(Habilitación del Pasaporte)는 해외거주자들이 매번 입국할 때마다 입국허가를 받을 필요가 없게 만들었다.[19] 외교부 산하에 해외공동체와 관련된 업무를 전담할 영사업무와 해외 거주 쿠바인 담당국(Dirección de Asuntos Consulares y de Cubanos Residentes en el Exterior)이 설립되었다. 이주와 관련된 학문적·문학적 작품들 그리고 해외에 거주하는 쿠바인 작가들의 작품들이 출판되었다.[20] '구더기'라는 표현이 더 이상 사용되지 않았고, 그 대신에 '엘리안 사건'을[21] 계기로 좀 더 제한적이고 선택적 의미를 가진 '마이애미 마피아(mafia de Miami)'라는 표현이 나타났다. 이는 쿠바를 방문하고 경제제재조치를 제거하기 위해 압력을 가하고 쿠바 정부를 그의 합법적 대화상대자로 받아들이는 이민자들로부터 반카스트로주의 정치 그룹(워싱턴에 있는 그들의 친경제제재조치 로비스트들), 쿠바에 민주적 변화 압력을 가하는 사람들, 쿠바 정부의 정책에 비판적인 지식인

---

19) 그럼에도 '여권자격 부여'는 비록 무제한 효력을 가지지만 당국이 사전 통보나 설명 없이 누군가의 자격을 폐지할 수 있다는 점에서 역시 허가를 의미한다. 실제로 이러한 상황은 여러 번 발생했다(예를 들어 어떤 사람들은 입국을 위해 공항 이민국에 도착했을 때 입국이 거부되기도 했다).

20) 그때까지 이주한 작가들의 작품은 쿠바 내에서 출판되지 않았고, 그들의 이름은 문학 사전이나 예술사 개론에서 제거되었다. 사회과학에서 이주 관련 연구전문센터는 1989에 이르러서야 비로소 설립될 수 있었다.

21) 이 사건은 매우 잘 알려져 있지만 나는 이를 다시 기억할 필요가 있다고 믿는다. 나는 이 사건에 대해 다음과 같이 말한다. 한 쿠바 소년이 엄마와 함께 조난된 뗏목을 타고 미국으로 들어갔다. 그러자 그의 양육권 문제가 그의 쿠바 송환과 관련된 법적·정치적 분쟁들을 야기했다. 그 어린이는 최종적으로 쿠바로 송환되었고, 2000년 초에 그의 아버지의 보호하에 들어갔다. 이 과정에서 마이애미의 망명자들은 반카스트로 감정을 드러냈고, 압력을 가할 수 있는 능력을 보여주었다. 한편 쿠바 정부는 '이데올로기 논쟁'의 와중에서 이 사건을 이데올로기 논쟁에 새로운 활력을 주고, 대중 동원전략을 재활성화하려는 목적으로 활용했다.

들을 포함하는 '테러리스트 마피아'들을 구분하기 위한 것이다. 이런 방식을 통해 쿠바 국가는 표용의 한계를 확대하고, 비록 부분적이고 선택적이지만 이주자의 일부를 통합하려는 의지를 보여주었다. 이러한 접근은 이주자들을 '쿠바인'으로 받아들이는 것을 함축적으로 의미한다. 그것은 민족주의 담론의 재형성과 민족의 상징적 정의의 확대를 의미하는 것이다.

쿠바 정부가 이주자들을 향한 정책을 완화하는 동안 미국 정부는 반대로 자신의 이주정책을 더 강화했다. 1996년 「헬름스-버튼법」은 경제제재조치를 강화했으며, 쿠바인들의 본국 방문을 일 년에 한 번으로 제한했다. 그 후에 조지 부시 정부는 쿠바와 여행, 교역, 송금 제한을 강화했다. 새로운 규정들은 쿠바로 돌아갈 가능성을 3년에 한 번씩, 기간은 2주 내로 제한했다. 2004년에는 해외송금도 (석 달마다 한 번씩) 매번 최대 300달러까지로 제한을 두었다. 여행이나 송금 모두 가까운 친척(부모, 배우자, 자녀, 조부모, 손자)에게만 허용되었다.

이러한 제한에도 불구하고 1996년에서 1999년 사이 최소 10만 명의 이주자들이 미국으로부터 쿠바를 방문했으며,[22] 해외송금도 계속해서 들어왔다.[23] 그리고 그의 수치는 2000년대 첫 10년 동안 계속 증가했다 (미국 아닌 다른 나라들에서 오는 방문자들에 의해 그 수치가 더 늘어났다).[24]

---

22) S. Eckstein y L. Barbería, "Grounding Inmigrant Generations in History: Cuban Americans and Their Transnational Ties," p. 813.

23) 비록 그 총액을 계산하기는 어렵지만, 2009년 쿠바로 들어온 해외송금은 GDP의 2% 이상에 달할 것으로 계산된다. Cheney Wells, "The Role of Remittances in Cuba's Non State Sector Expansion." *The Cuban Economy*, 29/6/2011, <http:/thecubaneconomy.com/articles/2011/06/cheney-wells-the-role-of-remittanc es-in-cuba's-non-state-sector-expansion>, 참고일: 20/5/2012.

이러한 과정은 피델 카스트로의 병과 그의 동생 라울에게 권력 이양, 그리고 지배 엘리트의 변화와 함께 지속되었다.[25] 그의 새로운 전략은 사회주의를 포기하지 않는 '모델의 현실화(actualización del modelo)'로 나타났다. 이러한 현실화의 한 부분으로서 2010년 국영기업 종사자 50만 명 감소와 자영업 노동 부문의 확대 프로젝트가 발표되었다. 이러한 제안은 자영업을 육성했고, 초미니 혹은 소규모 기업의 설립을 가능하게 했다. 이런 상황에서 쿠바 정부는 이민정책을 수정할 필요성과 관련된 최초의 공식 선언을 발표했다.

('자영업'의 형태를 통한) 민간 부문의 확대는 새로운 기업 부문에 해외 동포들의 주도적 참여를 위한 공간을 열어놓았으며, 쿠바 사회와 이주 공동체 간의 관계를 변화시킬 동기를 유발했다. 새로운 관계의 규범은 비록 비공식적이고 많은 경우 불법적으로 드러나지 않지만 다른 이주민 그룹들에서 관찰되는 것과 같이 쿠바 공동체도 다국적 형태의 접촉을 시작하게 만들었다.[26] 이러한 접촉은 (1990년대부터) 이주자들 중에 젊은

---

24) 비록 방문자들의 대부분이 미국에서 오는 것은 확실하지만 다른 나라에 사는 사람들과 제한의 영향을 받지 않는 사람들도 역시 계산해야 할 것이다.

25) 외부적 요인으로는 버락 오바마 정부의 대쿠바정책 변화가 있다. 이는 해외송금과 여행에 대한 규제를 완화하는 것이었다. 2009년 4월 최대 송금액, 송금 허용을 위한 인척 관계 수준, 해외송금 3개월 기한 등에 대한 다양한 제한들이 폐지되었다. 그리고 여행자들도 더 많은 돈을 가져갈 수 있게 허용되었다.

26) 어떤 저자들은 이러한 '사람 대 사람'의 관계를 다국적주의의 초기 형태로 지적하면서 이를 다국적 사회자본의 형성이라고 강조한다. S. Eckstein y L. Barbería, "Grounding Inmigrant Generations in History: Cuban Americans and Their Transnational Ties."; S. Eckstein, "Immigration, Remittances and Transnational Social Capital Formation: A Cuba Case Study," *Ethnic and Racial Studies*, Vol. 33, No. 9(2010), pp. 1648~1667.

층의 증가로 인한[27] '다국적 가족(familias transnacionales)'의 출현으로[28] 보다 다각화되었다. 그들 대부분의 경우 심각한 경제적 위기와 삶의 조건의 붕괴와 같은 이주 동기뿐만 아니라 이주자로서 삶의 계획들은 모두 출신 국가에 두고 온 가족을 위한 것이다.

이러한 다국적 고리 중에서 가장 흔한 것이 바로 가족의 소비와 생존을 위한 송금이다.[29] 그러나 또한 밀거래(mulas)를 통한 돈이나 소비재의 발송,[30] 마이애미에 쿠바로 보낼 상품 전문 상점이나 (쿠바로 상품을 발송해주는) 인터넷 구매회사의 존재 등과 같이 초기 단계의 비공식적인 다국적 경제활동들도 있다.[31] 이러한 사업 소유주는 수십 개의 쿠바전

---

27) E. Rodríguez Chávez, "El flujo emigratorio cubano, 1985~1996: balance y perspectivas."

28) 이는 부모의 역할이나 배우자의 역할을 먼 거리에서 실현하는 가족의 형태를 말한다. 이들 가족에게 해외송금은 가정의 삶을 유지하기 위한 핵심이다. Marina Ariza y María Eugenia D'Aubaterre, "Contigo en la distancia …… Dimensiones de la conyugalidad en migrantes mexicanos internos e internacionales," Cecilia Rabell(coord.), *Tramas familiares en el México contemporáneo. Una perspectiva socio-demográfica*(México DF: Instituto de Investigaciones Sociales-UNAM y El Colegio de México, 2009), pp. 353~394.

29) 그것이 쿠바 정부 징수정책의 목적처럼 보인다.

30) 어떤 조사에 따르면 정부의 통제를 피하기 위해 사용된 전략인 '밀거래'를 통한 돈이나 물건의 발송이 전체의 80% 이상에 달한다고 한다. 미국의 도미니카인들, 엘살바도르인들〔그들은 '여행자'(viajeros)라 불린다〕, 멕시코인들, 콜롬비아인들, 다른 라틴아메리카 국가 사람들 그리고 유럽의 아프리카인들도 모두 그렇게 한다. C.Wells, "The Role of Remittances in Cuba's Non State Sector Expansion."

31) 비록 이러한 '다국적 회사'들 대부분이 마이애미에 있지만, 또한 파나마, 캐나다, 멕시코, 유럽 등에도 송금을 대행하는 회사가 존재한다. 경제제재조치로 인한 제한이 없는 이런 나라들에서는 공식적으로 인정받는 송금대행 회사들이 설립되었다.

문 여행사, 마이애미, 로스앤젤레스, 그 밖의 다른 미국 도시들에서 출발하는 전세기를 운영하는 회사의 소유주들이 그렇듯이 대부분 쿠바인들이다. 2010년 이후 가장 최근에 이주자들이 돈과 재료와 상품을 제공하는 (식당, 미용실, 상점, 수선센터 등) 민간 미니기업 설립을 위해 소규모 투자자본의 은밀한 유입이 있었다.

또 다른 접촉은 다른 곳에서 내가 '시민사회의 다국적화(transnacionali-zación de la sociedad civil)'라 불렀던 것과 관련이 있다. 이는 (합작기업이든 외국인 투자자본이든) 쿠바 시장에 이미 발을 들여 놓은 경제 주체들과 쿠바 국내 시민사회 활동가들에게 어떤 형태로든 영향을 미치는 (해외 NGO) 프로젝트 자금 조달 기관과 같은 외부 주체들의 존재에 기반을 두고 있다.[32] 혹은 교회(주로 가톨릭)의 적극적 역할에도 기반을 둘 수 있다. 교회는 사회적 지원 프로젝트, 출판, 그리고 좀 더 최근에는 공적 토론의 장을 실행하기 위해 그들의 다국적 혹은 국제적 하부조직들을 활용할 수 있다. 그러한 사례로는 교황 요한 바오로 2세와 베네딕토 16세의 쿠바 방문(1998년, 2012년) 중에 마이애미나 미국의 다른 도시들로부터 출발하는 순례자들을 지원하는 시민 종교조직이나, 정치적 목적을 가진 새로운 이주자 조직들이 있다.[33] 이러한 새 이주자 조직들은

32) 사회조직들의 의제의 국제화는 소위 '글로벌한 시민사회'의 출현으로부터 시작되었다. 여기서는 (기금문제뿐만 아니라) 주제의 강조와 선택도 종종 초국적 장에서 결정된다. 그리고 거기서 지역적 영역으로 확산된다. 라틴아메리카와 다른 대부분의 개도국 사례에서 조사된 이러한 절차는 쿠바 NGO의 경우에는 맞지 않는 것처럼 보인다. John Leane, *Global Civil Society?*(Cambridge: Cambridge University Press, 2003).

33) 1979년 교섭에서부터 다양한 국가에 있는 '해외거주자' 연합이 설립되었다. 이는 공식적으로 쿠바 대사관과 연결되어 있었지만 정치적 목적을 가지고 있지는 않았다.

양국에서 로비를 실시하고 양국 정부 간의 그리고 쿠바와 이주자 간의 접근을 촉구한다.[34]

이러한 새로운 행위자들의 존재는 쿠바 시민사회의 영토적 정의를 넘어선다. 쿠바 사회가 법적·정치적 수준은 아니지만 상징적·문화적 수준에서 그들 이주민들을 민족의 한 부분으로 인정했을 때 사회적 행위자와 주체의 범위는 더욱 커지고 영토와는 무관한 것이 된다. 새로운 통신기술은 가상의 공동체와 새로운 온라인 소통의 장을 형성한다. 이러한 새로운 소통의 장은 국경 양쪽의 사회를 위한 또 다른 만남의 공간을 만든다. 외국에 사는 쿠바인들이 자율적으로 연합할 수 있는 가능성은 더욱 크고, 최소한 그들의 일부는 쿠바의 일에 관심을 가지고 있다고 볼 때 그들의 영향력은 시민사회의 강화를 위해 매우 중요하다. 1990년대부터 그들의 담론이 쿠바 내에서 돌아다니기 시작했다는 점을 잊어서는 안 된다. 해외로의 여행과 해외로부터 국내 여행이 빈번해지고, 쿠바의 문제를 다루는 인터넷 사이트, 블로그, 웹페이지, 디지털 잡지 등이 증가함에 따라 쿠바 외부에서 출판된 책과 잡지들의 쿠바

---

34) 이는 '참여하는 쿠바계 미국인(Cuban Americans for Engagement: CAFE)'의 사례이다. 이 조직은 쿠바계 미국인들이 쿠바를 여행하는 것을 제한하는 미국 정부의 조치에 반대하는 로비를 계획했으며, 쿠바 정부를 향해서는 이주와 관련된 다양한 청원을 실시했다. 한편 학자들로 구성된 위원회의 사례도 있다. 이는 국가 발전과 관련하여 이주자들의 잠재적 기여 가능성과 문제점에 대한 보고서를 작성했다. 그에 따라 쿠바와 그의 해외동포 사이에 진정한 관계 정상화를 위한 권고 사항들을 제시했다. 여기에는 쿠바로 여행하는 데 필요한 서류 작업의 과도한 비용 재고, 의사와 뗏목 탈주자의 여행 제한 철폐, 이주자들의 투자 허용, 해외동포들과 학술적 교류의 증가 등이 포함되었다. Instituto de Estudios Cubanos de la Universidad Internacional de la Florida, "La diáspora cubana en el siglo XXI," Miami: IEC/UIF, julio de 2011.

내 보급이 확산되었다. 이런 잠재적 자유 재량권은 비록 제한된 소수에게 해당되는 것이기는 하지만 국경을 쉽게 넘나들 수 있음으로 인해 소통을 위한 유일한 동력이 되고 있으며, 국가의 통제를 덜 받고, 상대적으로 경제적이며(그의 생산과 분배에 많은 돈이 들지 않는다), 공식적 담론에 대안을 제시할 수 있으며, 자율적 조직의 전략과 기획을 확대할 수 있으며, 쿠바 내외의 연대를 결집할 수 있다.

마지막으로 다른 다국적 과정에서 보았듯이 경제적 해외송금은 '사회적 해외송금(remesas sociales)'과 동반되는 경향이 있다.35) 이는 이주자와의 접촉으로 인해 관계, 삶의 스타일, 인식의 지평, 쿠바 내의 기대감 확대 등의 효과가 발생하고, 가치의 지속적 비교가 일어나는 것을 말한다. 접촉과 연결은 단순히 물건을 교환하는 사람들만을 의미하는 것이 아니라, 생각과 문화적 상품, 주관성, 삶의 세계 등의 교환도 포함한다. 이는 한 사회의 생각과 가치 체계의 다국적화에 기여한다. 그로 인해 다양한 정체성의 출현, 편견과 차별의 재현실화, 사회적 불안의 증가와 같은 중요한 상징적 변화들이 발생한다. 이러한 현상은 현재 쿠바 내부 과정에 비록 간접적이지만 (쿠바 국가가 인정하기를 원하는 것보다 훨씬 더 많이) 매번 더 중요한 참여를 하고 있는 이주자들과 관련되어 있다.36)

이 모든 것에 정치적 요인뿐만 아니라 경제적, 노동적, 이주자의 가족 통합적 요인을 중요시하는 경향이 더해진다. 이러한 경향은 학술적 논의에서뿐만 아니라 정부 당국자들의 담론에서도 드러난다. 그럼에도,

---

35) P. Levitt, *The Transnational Villagers*(Londres: University of California Press, 2001).

36) 좀 더 일상적 언어로 말하자면, 오늘의 쿠바 사회는 마이애미를 고려하지 않고는 전혀 이해될 수 없다. 마이애미에서 이야기되는 것, 마이애미에서 사용되는 것, 마이애미 텔레비전에 나오는 것이 쿠바 일상 삶의 부분을 형성한다.

이러한 입장은 아직까지 국제이주에 관한 현 토론의 중심은 아니다. 국제이주와 관련된 현재 토론은 주로 이주자의 권리 보호, 해외동포와 상호 참여적 관계가 주는 잠재적 혜택, 또 (생산적 투자, 기술이전, 박애활동, 정치적 영향력을 통한) 국가적·지역적 발전을 위한 추가적 자원으로서 해외동포의 가치 등의 문제에 집중하고 있다.

쿠바와 이주자와의 관계에서 매번 더 예외성은 감소하고 있고, 그 성격은 남-북 간의 경제적 이주와 닮아가고 있으며, 정치적 이유보다는 일자리와 가족적 통합의 동기가 점점 더 중요해지고 있다. 따라서 이러한 관계를 정상화해야 한다는 반복된 호소가 오늘날 존재한다. 그럼에도, 당국자의 담론은 민족을 영토적으로뿐만 아니라 정치적·이데올로기적으로 제한하고 있다. 예를 들어 그것은 '망명'에 대한 명백한 거부, 이주의 부정적 효과(「쿠바조정법」이 야기한 불법 탈출로 인한 생명의 손실, 인구의 노령화, 두뇌 유출)에 대한 담론 강조, 미국과 갈등의 틀 내에서 이 문제를 다루려는 고집[37] 등으로 잘 드러난다. 이는 쿠바 정부가 해외동포를 여전히 국가 주권에 대한 개입으로 보고 있음을 의미한다. 이러한 조건에서 양자 간의 관계는 이주자의 참여권에 대한 어떤 보장도 없이 단지 그들의 돈만을 받아들이는 차원의 제한적인 것에 불과하다.

---

37) 이러한 입장은 최근 알려진 '이민법 현실화(Actualización de la Ley de Migración)'에서 반복되었다. 한편 이 내용은 2012년 10월 16일, 쿠바공화국 공식 관보, 정부령 No. 302(decreto ley No. 302, Gaceta Oficial de la República de Cuba)에 발표되었다.

3. 결론적 고찰

경제개혁과 사회 모든 측면에서 국가의 통제와 독점 상실이 경제적 불평등의 경향을 만들어내고, 그 결과 차이와 다각화와 사회적 다원화가 불가피하고 되돌릴 수 없는 상황이 되어버린 현 시점에서 평등과 사회주의 프로젝트에 대한 만장일치에 기반을 둔 시민권 모델은 사회적 긴장에 직면할 수밖에 없다. 따라서 그의 재정의가 요구된다. 이런 상황에서 국가와 해외동포 간의 다국적 접촉이 증가하고 있다. 그러나 그의 관계는 국가의 정책으로 인해 아직까지 비공식적 길을 벗어나지 못하고 있으며 종종 비밀 혹은 불법적으로 이루어지고 있다. 이런 '수면 아래의 (sumergido)' 다국적주의는 비록 그 영향은 아직 제한적이지만 국가의 의지를 넘어 실질적 상황이 되었다. 따라서 이주정책의 수정이 고려되어야만 한다.

논의는 새로운 현실에 그들의 제의를 적용해야 하며, 해외동포와의 생산적 관계가 새로운 입법이나 새로운 정책과 같은 새로운 생각을 필요로 한다는 점을 보여줄 수 있는 모델들을 생각할 수 있어야 한다. 이주자들에게 기여를 위한 동기를 부여하고 인센티브를 줄 수 있기 위해서는 단순한 규범적·제도적 수정을 넘어, 시민 정체성에 알맹이를 줄 수 있는 가치의 심도 있는 변화 그리고 민족과 시민권의 탈영토화를 포용하는 자세가 요구된다.

따라서 법의 변화는 단지 첫걸음에 불과하다. 쿠바의 경우 우선 「관세법」이나 외화 상점 상품에 대한 높은 세금과 같은 장애물을 제거해야 하고 환율을 조정해야 하며 해외송금에 대한 징수적 정책을 폐지해야 하고 소유권을 확장해야 하며 투자를 촉진해야 한다. 그러나 이주자 문제와 관련하여 핵심은 시민권과 이주자의 권리 문제가 되어야 할 것이다.

　이런 의미에서 현재의 이주정책이나 시민권법과 상징적 레퍼토리들은 해외동포들의 포용과 기여에 큰 장벽일 뿐이다. 비록 현재 담론의 표현들이 영토 밖에 사는 사람들의 포용을 가능하게 하는 데 우호적인 방향으로 민족주의를 재설정하고 있음에도 불구하고, 아직까지 여전히 민족의 이데올로기적 정의와 사회주의와 조국을 동등화하는 방식을 고집하는 것도 사실이다. 그러한 동등화가 유지되는 동안 이주정책은 계속해서 국가안보 차원에서 벗어나지 못할 것이다. 그렇게 된다면 경제적·문화적·이데올로기적 의미에서 매번 더 이질적이고 다원화되어 가는 이주자들을 완전히 포용하는 것은 불가능할 것이다.

　심지어 민족의 범위가 확대된 현 상황에서도 이러한 담론은 이주자들의 배제를 당연한 것으로 받아들인다. 그로 인해 멕시코인, 도미니카인, 엘살바도르인 혹은 과테말라인과 달리 쿠바인들은 그의 이주자들이 가족경제에 참여하는 것은 받아들이지만 그들이 완전한 정치적 공동체의 권리를 가지고 민족의 일원이 되는 것은 거부하는 꼴이 된다. 따라서 논의는 단지 출입국 허가와 높은 서류비용과 같은 문제에만 초점이 맞추어져서는 안 될 것이다. 그를 넘어 자유 왕래의 권리, 이중국적, 외국 거주자에 대한 시민권 확대와 같은 문제들도 함께 논의되어야 할 것이다. 오늘날 쿠바에서 심지어 사적 영역에서조차 논의되지 않고 있는 해외거주자의 투표권 문제도 '안쪽 사람과 바깥쪽 사람(los de adentro y los de afuera)' 사이의 관계를 재고려하는 이 시점에 논의의 중심에 자리 잡아야 할 것이다. 왜냐하면 이들의 관계는 모든 것에도 불구하고 지속될 수밖에 없으며 피할 수도 없기 때문이다.

　그렇지만 이것은 풀기 어려운 문제이다. 다른 상황에서 보았던 것처럼 이중국적의 수용과 정치적 권리의 인정은 저항을 야기하는 경향이 있다. 왜냐하면 그러한 일들은 이주자들에게 힘을 부여하고 그럼으로써 국가는 국가의 정당성에 도전을 받을 수도 있고,[38] 국가의 경제적 효율성 기준에 대한 도전을 받을 수도 있기 때문이다. 그럼에도, 이러한 문제에 대한 논의는 도덕적 필요성뿐만 아니라 개도국에서 이주자들의 포용이 줄 수 있는 여러 가지 실질적 장점들로 인해 정당화될 수 있다.

정치적·경제적 기획에 실질적으로 참여하고 완전한 권리를 가진 구성원으로서 이주자들을 인정하는 이주정책은 이들의 돈과 투자와 관광뿐만 아니라 그들의 기업가적 재능과 기술 그리고 사회적 자본이라는 측면에서 이들의 잠재력을 활용할 수 있게 할 것이다. 두뇌 유출은 이주자들의 학술적·과학적 망을 활용한다면[39] '재능의 교환(intercambio de talentos)'[40]으로 전환될 수 있다. 이런 모든 것에 따라 미래에 대한 토론은 새로운 상황에 대응하는 근본적 변화의 논의가 되어야 할 것이다. 이주자가 쿠바 사회의 지속적 후원자로 자리 잡고 있기 때문에 변화는 이들이 국가발전에 합법적으로 참여할 수 있는 다국적 시민권을 형성하는 것이 되어야 할 것이다.

---

38) Cristina Escobar, "Extraterritorial Political Rights and Dual Citizenship in Latin America," *Latin American Research Review*, Vol. 42, No. 3, pp. 43~75.

39) 사실상 쿠바 밖에서 거주하는 쿠바 학자의 거의 대부분은 본국과 협력하고 협조하는 데 관심을 가지고 있다. 그리고 이들이 미국 기관과 교환을 촉구하고 실행하는 데 가장 중요한 역할을 담당하고 있다.

40) Eleonora Ermoliéva, "Fuga o intercambio de talentos? Nuevas líneas de investigación," *Nueva Sociedad*, No. 233(5-6/2011), pp. 114~131. <www.nuso.org/upload/articulos/3778_1.pdf>

제14장

쿠바

"그래도 지구는 돈다."

레오나르도 파두라 푸엔테스 _김기현 옮김

비록 외부의 시각에서 보면 쿠바에 변한 것은 거의 없다고 할 수 있을지 모르지만, 기본적 정치구조를 제외하면 실제로 많은 것들이 변하고 있다. 자영업(cuentapro-pismo)의 출현이 도시에 새로운 모습을 만들어내고 있으며, 일상의 삶은 해결책보다는 의문점을 더 많이 제기하는 개혁에 따라 바뀌어가고 있다. 부패, 인종차별주의, 민주화 필요성, 동성애 혐오, 문화적 창조, 이주의 자유와 권리 등과 같은 주제에서 쿠바 '인트라넷'에서 생산되는 지속적 논의들은 바로 우리들이 느끼는 불안을 보여주는 증거이다.

레오나르도 파두라 푸엔테스 Leonardo Padura Fuentes 소설가, 시나리오 작가, 신문기자, 문예비평가, 수필가, 몇 권의 단편소설을 씀. 쿠바에서 가장 잘 알려진 작가 중 한 명. 쿠바 노벨라 네그라(암흑세계를 다룬 탐정소설의 일종)의 개혁가이기도 하다. 그의 소설들 중 탐정 마리오 콘데(Mario Conde)가 주인공으로 나오는 『사계(Las cuatro estaciones)』 시리즈물이 있다. 2009년에는 레온 트로츠키의 암살자인 라몬 메르카데르(Ramón Mercader)를 소재로 한 『개를 사랑했던 남자(El hombre que amaba a los perros)』(Barcelona: Tusqueta)를 출판했다.

* 이 글은 ≪Nueva Sociedad≫ 242호(2012년 11-12월)에 실린 글을 옮긴 것이다.

최근 5년 동안 '변화'라는 단어는 쿠바에서 정치적으로 악마적 의미를 상실해가고 있다. 얼마 전까지 만해도 '변화'의 가능성에 대해 단순히 언급하는 것만으로도(심지어 꿈꾸는 것조차도) 끔찍한 결과를 초래했다. 심지어 2002년에는 쿠바에서 앞으로 변화는 없을 것이라는 것을 명시하기 위해 헌법을 개정하기도 했다. 비록 쿠바 사회주의 원칙을 지배하는 유물변증법의 전망에서 볼 때 영원한 불변성은 매우 적절하지 않음에도 불구하고, 그것이 헌법으로 규정되었다. 그로 인해 기존의 경제사회체제, 즉 사회주의는 취소 불가능한 것이 되었다. 헌법의 항목 중 하나에는 "쿠바는 결코 자본주의로 돌아가지 않을 것이다"라는 문구가 들어 있다.

완곡하게 말해 '평화 시대의 특별 시기(Periodo Especial en tiempos de paz)'였던 1990년대의 파괴적 위기에서 벗어난 이래 지금까지 쿠바에서 형성되고 있는 심각한 경제적·사회적 상황은 저변에 다음과 같은 현상을 드러내고 있다. 그것은 사회주의 기업의 비생산성, 농산물 생산과 분배 시스템의 비효율성, 다양한 수준과 다양한 측면에서 전개되는 부패, '부풀린 종업원 명부(plantillas infladas)'로 잘 알려진 완전고용정책의 혼선, 관광업이나 불법택시 운전(boteo)과 같이 수익성 있는 활동으로 전문가(특히 교수, 심지어 의사나 엔지니어)들의 이동, 그리고 결국 경제, 사회, 심지어 도덕적 질서의 붕괴와 같은 것들이다.

쿠바에서 이와 같은 복합적 문제점들이 점점 증가하고 있다. 따라서 1당(공산당) 지배 정치 시스템 내부에서 결정권을 가진 상층부가 변화를 시작해야 할 필요성이 점점 더 명백해졌다. 그로 인해 병중에 있는 역사적 지도자를 공식적으로 이미 대신하고 있는 라울 카스트로 스스로가 '구조적이고 개념적인 변화들(cambios estructurales y conceptuales)'을 요청했다. 경제적 장에서 거의 중앙집중화된 움직임들이 특유의 조심성을 가지고서 쿠바의 새로운 삶의 모습을 매우 느리게 형성해가고 있다. 그러나 그것은 새로운 틀을 만들고 있다. 그리고 과거와는 분명히 다른 모습을 보이고 있는 것도 사실이다. 한마디로 쿠바는 변화하고 있다.

1. 새로운 자영업자들

비록 외부의 시각에서 보면 쿠바에 변화가 거의 없는 것처럼 보일지라도 사실 기본적 정치구조를 제외하고 많은 부분에서 변화가 시작되었다. 비록 변화는 그 결과가 아직 확연히 나타나지 않고 본질적이지도 않지만 그것은 수치의 문제라기보다 지금까지 달성한 깊이의 부족 때문이다. 급진적 변화가 부재하고 지금까지 실현된 변화로 획득된 결과가 노력에 비해 불충분해 보이는 것은 최소한 경제구조에서 변화가 좀 더 본질적 방향으로 나아가야 할 필요성을 말해준다.

이미 시작되어 확대과정에 있는 다양한 변화들 가운데 가장 두드러지는 것은 아마 자영업, 즉 국가 개입이 없는 1인 영업 혹은 소규모 기업 활동의 재활성화와 확대일 것이다. 비록 이런 활동이 대규모 수익을 올리지 못하도록 제한적으로 운영되기는 하지만 변화과정에서 그의 비중은 매우 크다. 이러한 활동에는 일반적으로 단순직(그중 일부는 물 운반차, 마구나 우산 수선 등과 같이 19세기적 성격을 띤 것도 있다)과 서비스직, 특히 식당과 같은 것들이 포함된다.

다른 여러 요인 중에서 두 가지 요인이 1968년의 '혁명적 공략(ofensiva revolucionaria)' 정책(즉, 엄격한 정통파 정책과 통제 열망에 따라 혁명 초기의 국가개입과 국유화에서 살아남은 거의 모든 민간 부문을 제거하는, 즉 그를 거의 소멸시키거나 혹은 쿠바 사회주의의 전체주의적 국가 소유로 만드는 정책)

을 사실상 폐기하는 결정을 취하게 했다. 위기가 쿠바인들의 허리띠를 질식할 때까지 졸라매게 했던 1990년대 중반에 자율적 노동의 가능성이 다시 열렸음은 사실이다. 그러나 당시의 개방은 매우 제한적이었기 때문에 그때 자영업을 택한 사람 중에서 단지 소수만이 과도한 세금, 지속적 간섭, 성공을 위해 허용된 매우 좁은 활동 공간들을 극복하고 살아남을 수 있었다. 이러한 긴급 처방에는 (한 개인에게 일정한 사회적·경제적 독립이 부여되는) 민간 부문을 활성화할 진정한 정치적 의지가 부족했음이 명백하다. 정부 공식 담론에 따르면 지금 그러한 민간 부문은 세제를 통해 정부의 완전한 지원을 받을 수 있다.

현재 작동하는 요인은 첫째로 국가 혹은 정부가 경제활동 가능 인구 거의 모두에게 일자리를 지속적으로 보장해줄 수 없다는 잘 알려진 사실이다. 평범한 수준의 쿠바인들이 잘 말하고 있듯이 그들은 "일해왔던 것처럼 일하고, 정부는 지불했던 것처럼 지불한다". 그러니까 그들의 대부분은 충분히 생산적이지도 않고, 생산에 반드시 필요하지도 않다. 또한 최근 20년 동안 생활비는 다섯 배, 열 배, 심지어 스무 배까지 뛰었지만, 월급은 겨우 두 배밖에 오르지 않았다. 이런 나라에서 쿠바인들은 이제 더 이상 공식 임금으로 거의 아무것도 살 수 없다.

이러한 현실에 직면하여 경제학자들은 국영기업 노동자들 중 약 100만 명(전체 노동력의 1/4) 정도는 없어도 된다는 결론에 도달했다. 심지어 이들은 합리화(해고)되어야 하며 그들이 생존의 대안을 찾을 수 있는 유일한 길은 자영업이나 조합의 활성화뿐이라고 주장했다. 그래서 이들이 스스로 일할 수 있는 영역이 확대되었고, 많은 금지 항목들이 유연화되었다. 하지만 50세의 비서가 과자를 팔고, 건축가가 미장이가 되고, 다양한 부문의 기술자들이 쿠바의 모든 도시 길가에서 넘쳐나는 손수레 과일장수가 되기 위해 감수해야 하는 어려움에 대해서는 크게 고려하지 않는다.

두 번째 요인은 많은 기업들이 안고 있는 비생산성이다. 당이나 정부의 최근 보고서에 따르면 오늘날 이런 기업들은 그의 효율성의 수준을 개선하지 않는 한 사라질 위험에 처해 있다. 국가에 의해 통제되지 않는 생산과 서비스 활동을 향한 인적자원의 이동은 각각의 자영업자들이 영업권 획득을 위해서 혹은 획득한 소득에 대해서 지불해야 하는 세금과 사회보장분담금 등을 통해 쿠바 정부 수입의 현저한 증가를 보장해줄 것이다.

이러한 노동의 이동 그리고 라울 카스트로 의장과 그의 새 정부 팀에 의해 시작된 경제적 효율성 탐구전략에서 식량생산은 주도적 역할을 하기 시작했다. 잘 알려진 대로 지리적 이점, 토지의 비옥함, 심지어 많은 국민들의 기술적 발전 수준 등으로 인해 쿠바는 잠재력 있고 심지어 경쟁력 있는 농목축업을 위한 이상적 장소이다. 그러나 (여러 요인 중에서 특히) 기존의 정치적·조직적 구조와 생산물의 상업화 금지로 인해 농업이나 목축업에서 그의 가능성은 아직 구체화되지 않았다.

설탕 가격이 적정 수준 이하로 떨어지고, 쿠바의 생산비용이 그러한 가격을 견딜 수 없게 되자 사탕수수산업의 많은 부분이 순식간에 폐쇄되었고 동시에 (그야말로 쿠바의 민족적 상징이었던) 많은 설탕공장들이 문을 닫았다. 그로 인해 수십 년 전부터 유휴지로 남아 있는 많은 국가소유지와 더불어 경작지의 상당 부분이 '노는(ociosa)' 땅이 되었다.

과거의 농민과 새로운 농민 혹은 최근에 구성된 농목축업조합 사이에 이러한 토지의 새로운 분배가 사용권 시스템하에서 전개되었다. 이는 쿠바 정부를 가장 괴롭혔던 현실 중 하나를 바꾸려는 목적이었다. 그러한 현실은 항상 외화 부족에 시달리는 쿠바가 소비하는 식량의 70~80%를 수입해야 한다는 사실을 말한다.

사용자에 대한 토지의 양도가 점점 더 규모도 커지고 기간도 확대되었지만 최소한 지금까지는 기대했던 결과를 충분히 내지 못한 것처럼 보인다. 공식적 자료는 쌀과 강낭콩 생산에서만 약간의 증가가 있었을 뿐 다른 생산 항목들은 개혁을 실행하기 시작했던 2007년의 수준을 밑도는 것으로 나타났다.

2. 쿠바인들은 이런 변화를 어떻게 맞이하고 있는가?

국가가 노동자에게 지불하는 평균 임금은 약 450쿠바페소, 즉 약 25달러 정도이다. 게다가 (반세기 전에 만들어진 배급 장부에 따라) 보조금을 받아 거의 무상으로 공급되는 필수배급품의 수가 감소했을 뿐만 아니라 쿠바페소로 혹은 미국 달러로 90센트에 해당하는 태환페소로 판매되는 생산품 대다수의 가격도 상승했다. 간단히 말해 실질임금은 매번 더 사용가치가 사라지고 있다.

대부분의 쿠바 시민에게 모든 일이 어떻게 돌아가는지를 알기 위해서는 상징적 의미가 있는 두 개의 상품, 즉 아보카도 그리고 콩이나 해바라기씨로 만든 식용유 1리터를 보면 된다. 국내 시장에서 거리의 손수레 행상인들이 파는 아보카도는 약 10쿠바페소 정도 한다. 다양한 국가들에서 수입되어 외화를 받는 국영상점에서 소매로 팔리는 식용유 1리터는 약 2.50태환페소, 즉 현재 환율로 약 60쿠바페소에 달한다. 따라서 논리적으로 이해가 되지 않는, 결국 답이 없는 다음과 같은 질문만을 되풀이하게 된다. 하루에 약 20쿠바페소를 버는 노동자가 어떻게 그가 버는 돈의 반에 해당하는 액수를 단지 하나의 아보카도에 지불할 수 있는가? 또 어떻게 그가 한 달에 버는 돈의 1/8을 1리터의 식용유를 사기 위해 지불할 수 있는가? 이것은 의심할 여지없이 쿠바의 가장 큰 미스터리 중 하나이다. 그에 대해 정부도 임금이 생활하기에 불충분함을 이해한다는 고백을 했다. 그러나 생산성 수준이 증가하지 않고 고용된 노동자의 수가 감소하지 않는 한 임금 상승이나 이 이상한 관계의 균형을 잡는 것이 가능하지 않다고 말한다. 한 명도 굶어 죽는 사람이 없는 쿠바에서 이 이상한 관계는 완전히 정상적이고 일상적인 것으로 받아들여진다. 아마 그것은 신의 조화가 아니겠는가? 그것이 정답일 것이다. 그러한 상황에서 살아남는 방법을 쿠바인들은 '변통하다(inventar)'라고 말한다. 그리고 그런 모든 것들은 다양한 의미를 가진 '해결하다(resolver)'라는 동사로 통합된다.

자영업을 통한 노동의 재활성화를 야기하고자 하는 사회적 움직임은 투자 부족과 세금 지불에도 불구하고 대부분의 사람들이 노동을 통해 더욱 큰 수익을 얻을 수 있게 만들었다. 이런 희망의 가능성을 찾아가는 과정에서 (굳이 말하자면) 새로운 '기업인'들이 나타났다. 이들은 세련된 레스토랑, 한때 쿠바의 상위 부르주아들에 속했던 집(도시의 가장 좋은 위치에 자리 잡은 부동산으로서 대게 부모나 조부모가 혁명에 기여함으로써 획득한 것들이다)을 활용한 숙박업, 휴대전화 심지어 본사가 없는 아이폰까지 다양한 기기들을 수리하는 수선업 등을 운영하는 사람들을 말한다. 이러한 진취적 사람들 혹은 '기업인들(실제로 인구의 소수에 불과하다)' 중 일부는 높은 소득을 얻기도 한다. 또 이들은 현재 생산과 서비스 업무를 담당할 직원을 고용할 수 있는 허가를 받고 있다. 여기에서 일하는 직원들은 평균적으로 국가가 지급하는 임금보다 훨씬 더 높은 임금을 받는다. 이러한 소규모 비즈니스를 포함해서 이런 모든 기업에서 기업인들과 직원들 간의 관계는 쿠바 사회주의가 사전에 계획했던 것인가? 혹은 주인과 하인과 같은 과거의 관계가 다시 부활하는 것인가? 이러한 질문은 오늘날 쿠바에서 제기되는 설득력 있는 답을 줄 수 없는 다양한 질문 중 하나이다.

쉽게 추론할 수 있는 것처럼 모든 쿠바인들이 기업가의 정신과 재능과 가능성을 가진 것은 아니다. 이러한 현실로 인해 기존의 시스템하에서 누리던 경제적·사회적 동질성이 무너지기 시작했고, 한편으로 다른 사람이 꿈조차 꿀 수 없는 소비를 향유하는 계층이나 사회적 부문이 나타나고 있다는 증거가 드러나기 시작했다.

이주 현상은 두 세기 전부터 라틴아메리카에서 흔히 나타났다. 그러나 최근 들어 정치에서 경제까지 다양한 이유들로 인해 이주 문제가 더욱 심각해졌다. 쿠바에서도 마찬가지로 최근 들어 이주는 앞서 언급한 두 가지 요인에다 감정적 요인까지 더해져 내 생각에 우려할 만한 수준에까지 이르렀다. 가장 심각한 것은 충분하게 (심지어 높게) 지적·기술적으로 훈련된 인적자원의 손실이 크다는 점이다.

쿠바 시민들은 오랫동안 정부가 약속했던 「이민법」 개정을 기다려왔지만 (전문직 종사자들의 이주 가능성과 관련하여 예상되었던 '유보' 내용을 포함하는 개정 「이민법」이 2012년 10월 최종적으로 공포되었다) 중 혹은 상 수준의 문화적·기술적 준비가 된 청년들의 해외 이주는 개울 수준의 흐름으로서 찔끔찔끔 이루어지고 있다. 쿠바 「이민법」은 최근 개정에도 불구하고 전문가들의 이주 움직임에 다양한 제동을 걸고 있다. 그럼에도, 엔지니어, 정보, 의료, 인문 (스포츠 부문도 빠트릴 수는 없다) 분야에서 능력을 갖춘 수백 명의 청년들이 심지어 세계적으로 경제위기의 순간임에도 불구하고 쿠바를 떠나고 싶어한다. 그리고 그들의 미래를 자신의 국가가 그들에게 제공할 수 없는 개인적·경제적 발전의 공간을 찾는 데 걸고 있다. 이러한 지적자본의 이탈이 쿠바가 겪고 있는 가장 큰 손실임은 의심의 여지가 없다. 쿠바에서 나와 같은 세대(45세에서

65세)의 사람들은 더 넓은 세계에서 자신의 운명을 시험해보고 싶어하는 자식 세대들에 의해 '포기한 부모들(los PA: padres abandonados)'이라 불리기 시작했다.

그럼에도 어렵지만 지속되는 이러한 이주로 인해 쿠바는 가족경제나 국가경제에서 중요한 비중을 차지하는 새로운 경제적 대안(즉, 해외로부터 외화 송금)을 가능하게 했다. 지구의 다양한 지역으로부터 가족들이 보내오는 이러한 돈은 실제 양적으로 그다지 크지는 않지만 그 의미는 매우 크다. 즉, 한 의사가 열심히 일해야 1달에 평균 약 40달러를 버는 상황에서 이웃의 어떤 아들은 그의 가족으로부터 비슷한 혹은 더 많은 양의 돈을 받음으로써 '아무 하는 일 없이 즐겁게(dolce far niente)' 살아갈 수 있고, 또 흔히 쿠바에서 말하는 '변통하는' 일에 전념할 수 있다. 엄밀히 말하자면 이러한 사실은 과학이나 인간성 발전을 위해 큰 의미가 없다.

3. 평등주의의 종식

그러나 자유롭게 여행할 (혹은 그렇지 못할) 권리를 부여하고, 쿠바의 특별한 관계를 정상화할 (혹은 그렇지 못할) 「이민법」 개혁이 실현되는 것을 기다리는 최근 몇 년 동안 쿠바를 지배하는 보수적·관료적 법의 틀에 또 다른 중요한 변화들이 일어났다. 이러한 변화로 인해 쿠바인들은 휴대전화를 개통할 수 있게 되었으며, 컴퓨터를 살 수 있게 되었고(그렇다고 인터넷 접근이 보장되는 것은 아니다), 관광호텔에서 투숙할 수 있게 되었다(단지 태환폐소로 매우 높은 가격에 상품과 서비스를 지불하는 조건에서만 가능하다). 그뿐만 아니라 최근에는 1960년(!) 이후에 만들어진 자동차의 소유주가 다른 쿠바인들에게 그것을 팔 수 있게 되었으며, 특히 부동산 소유주도 자신의 집을 파는 것이 가능해졌다. 중세적 칙령의 폐지와도 같은 마지막 두 대책은 쿠바에서 돈이 돌게 하는 데 기여할 것이다.

그에 따라 굳이 극단적 분열 혹은 신'자본가' 계급에 대해 언급하지 않더라도 쿠바 사회는 자신의 경제 활동에만 의존하는 사람과 이런저런 방법으로 외화에 접근할 수 있는 사람으로 분리되었다. 그런데 외화에 접근하는 방법 중에는 잘 알려진 바와 같이 부패가 있다. 따라서 정부는 최근 부패에 대해 전면 전쟁을 벌였다. 국내 언론의 신중한 보도 덕분에 우리는 그 결과에 대해 가끔 소식을 전해 듣는다. 어쨌든 실제로 그러한 변화로 인해 사회주의적 평등주의는 이제 더 이상 기능하지 않게 되었다. 그것은 정부의 잘못도 아니고 그렇다고 시민들의 잘못도 아니다.

쿠바에서 시작된 개혁 과정은 새로운 세상에서 인간적이고 경제적인 발전을 하기 위해 필수인 소위 '신기술'을 동반하는 사회를 만들 수 없었다는 점에서 가장 큰 논쟁의 여지가 있다. 그것은 지금까지 쿠바인들이 인터넷에 정상적으로 접근하는 것이 매우 어렵다는 점을 말한다. 인터넷에의 접근은 많은 효용성에도 불구하고 다음과 같은 이유로 그의 어려움이 정당화되었다. 정당화의 이유는 우선 자료전달을 위한 케이블이 부분적으로 혹은 완전히 미국 회사의 소유이고, 쿠바는 경제제재조치로 인해 그에 접근할 수 없기 때문이라는 것이다. 그로 인해 통신은 더 느리고 비용도 많이 드는 위성을 통해 이루어졌고 지금도 그렇게 이루어지고 있다. 따라서 쿠바에서 통신은 사용을 원하는 모든 사람들의 요구를 만족시키지 못한다. 그런 조건에서 이메일이나 인터넷에 접근은 공식기관에 의해 허용된 사람들 혹은 대학, 일부 사무실, 연구기관 등에 소속된 학생이나 연구원들에게만 제한적으로 허용되었다.

그러나 속도와 접속능력을 수천 배 증가시킬 베네수엘라에서 쿠바 해안까지 연장된 광케이블의 설치가 정부 공식 언론에 의해 발표되었다. 이는 자료와 이미지, 텔레비전 방송 등의 송수신 과정을 혁명화할 거대한 변화로 간주되었다. 그러나 쿠바에 연결되었다고 발표된 그 케이블이 실제로 작동하기 위해서는 앞으로 몇 달을 더 기다려야 할지 모른다. 게다가 그렇게 연장되는 이유를 우리는 잘 알지 못한다. 정말로 케이블이 설치되었는가, 아닌가? 아직 작동을 시작하지 않은 것은 기술적 어려움 때문인가, 아니면 정치적 결정 때문인가? 쿠바 길거리에서 많은 사람들이 말하는 것처럼 그의 설치와 운영이 부패의 바람을 맞았기 때문인가?

　　이유야 무엇이든 확실한 것은 이유에 대한 설명도 없이 신속한 인터넷 접근이 쿠바에서 여전히 어렵다는 것이다. 그러한 사실은 인터넷을 사용할 수 있는 허가를 가진 시민들의 통신 가능성에도 영향을 줄 뿐만 아니라 국가적으로도 의미하는 바가 크다. 즉, 쿠바가 진실로 변화하기를 원한다면 그것은 새로운 기술도구와 함께 이루어져야 할 것이다. 사회와 경제를 앞으로 나아가려고 하는 21세기의 글로벌한 코드에 맞추기 위해서 그것은 가능한 유일한 길이다.

　　쿠바 사회의 놀랄 만한 특수성은 우리가 살고 있는 세계에 접근할 필요성을 인식하면서도 그러한 변화를 정치적·경제적 장에서 가능한 근본적인 변화 없이 달성해야 한다는 점이다. 최근 정부와 당의 공식 문서와 담론들도 이를 반복적으로 언급하고 있다.

　　그러나 정치와 경제가 본질적으로 변화하지 않는다면 사회적 틀은 전진과 후퇴를 반복할 것이다. 그러나 변화는 지금까지 이루어진 새로운 조건과 현실에 따라 시민들이 요구하는 열망과 가능성과 권리라는 새로운 전망을 가지게 되었다. 부패, 인종차별주의, 구조의 민주화 필요성, 동성애 혐오, 문화적 창조, 문화적 자유, 이주자 권리, 알려진 변화의 속도, 조합주의 촉진, 국가와 개인 간에 또 개인들 사이에 종속적 경제관계의 재출현, 최근에 처음 적용된 매우 인기 없는「관세법」등과 관련하여 쿠바 인트라넷(이메일 서비스를 제공하는 망)에서 생산되는 지속적 논의들은 우리들이 느끼는 불만의 증거들이다. 그러나 유감스럽게도 그러한 생각의 교환을 일상적으로 쉽게 접할 수 있는 쿠바 사람들은 소수에 불과하다. 그러나 그러한 행운을 가진 사람의 일부와 특히 '항상 충성스러운 섬 쿠바(siempre fiel isla de Cuba)'에서 살며 아보카도를 10페소에 사야 하는 나머지 쿠바인들은 그들이 길에서 흔히 말하는 '삶이 매우 힘들다(está durísima)'라는 인식을 공유하고 있다. 이제 수차례에 걸쳐 대답을 하지 않았던 사람들에게 질문할 때이다.

제15장

쿠바의 특수성

쿠바 사회운동에 대한 기록

기예르모 알메이라 _김기현 옮김

이 글은 쿠바 혁명이 비록 중산층의 급진화한 세력들에 의해 주도되기는 했지만, 기본적으로는 농민과 노동자 그리고 도시와 농촌의 빈곤한 중산층을 기반으로 하는 민주혁명이자 민족해방혁명이었음을 주장한다. 쿠바에 적용된 국가자본주의와 더불어 미국의 경제적 봉쇄와 워싱턴에 의해 쿠바에 부과된 지속적 긴장은 시민의 민주적 참여를 제한했고, 비록 왜곡된 형태지만 엄연히 존재하고 드러나는 사회운동의 활동영역을 축소시켰다.

기예르모 알메이라 Guillermo Almeyra 파리 제8대학에서 역사학 석사와 사회과학 박사학위를 받았다. 멕시코 UNAM과 UAM-Xochimilco에서 연구교수를 지냈으며, CLACSO가 발행하는 *OSAL*의 편집장을 맡았다. 현재 멕시코 *La Jornada* 신문의 국제문제 분석가로 일하고 있으며, CLACSO의 학술 및 편집 고문을 맡고 있다.

* 이 글은 ≪OSAL≫ 12권 30호(2011년 11월)에 실린 글을 옮긴 것이다.

1.

개인이나 대중이 왜 반란을 일으키는지, 그러한 저항운동은 어떻게 준비되는지, 그 동기와 요구는 무엇이고 의식 수준은 어느 정도인지, 그 리더십은 어떻게 어디에서 형성되었는지 등을 살펴보는 것이 매우 중요함은 의심의 여지가 없다. 특히 라틴아메리카에서 지역 지식인 그룹과 다른 대륙 혹은 미국의 같은 그룹들과의 상호관계를 살펴보는 것, 동시에 이들 지식인 그룹과 지역의 사회세력들 그리고 전자본주의적 혹은 근대적인 지역의 피지배계급 간의 상호관계를 살펴보는 것은 필수적이다. 각각의 사회운동이 지닌 형태는 결과적으로 그것이 생겨나고 발전된 사회 형태의 특징에 따른다. 특히 그의 형태는 그가 속한 국가의 역사 문화적 특수성의 크기, 종족구성, 도시화 정도, 도시화가 농촌사회를 극복한 시기, 세계자본주의 시장에 통합된 형태에 따라 달라진다.

한편 때때로 더욱 광범위한 영역에 속하는 다른 피지배계급 사람들이 조직화하고 반란을 일으키는 사람들보다 같거나 혹은 더 나쁜 상황에 처해 있음에도 불구하고 그들이 왜 그렇게 무기력하게 남아 있는가를 연구하는 것도 마찬가지로 중요하다. 어떤 정치사회 조건에서 사회운동은 왜 미약하거나 혹은 생기 없고 관료화되어 나타나는가? 수동적이고 비조직화된 것처럼 보이는 피지배층의 의식 수준은 어떠한가? 그들은 어떤 형태의 리더십을 지지하고 또 자신의 것으로 받아들이는가? 일부 라틴아메리카 국가들에서 나타나는 범죄의 증가, 종교적 섹터의 확대, 과거에 대한 신화적, 심지어 천년왕국과 같은 비전의 증대 등이 말하는 숨겨진 의미는 무엇인가?[1] 명백히 일률적이고 일의적인 운동이 나타내고자 하는 것은 무엇인가?

예를 들어 거대한 이주의 흐름은 바로 우리 시대의 가장 중요한 사회
운동이다. 실제로 경제활동인구에 속하는 가장 젊고 활동적인 수백만의
멕시코인이 국가를 위해 중요한 역할을 하기보다 '포예로스(polleros:
불법이민 알선자)'에게 많은 돈을 지불하고, 이주를 위해 죽음을 불사하고
강과 사막을 건너고, 피부색에 따른 차별을 받아들이고, 불법이민자로
서 부당한 대우를 받으면서 일하고, 세계 최고 자본주의 강대국인 미국
의 노동시장에 있을 수 있는 최악의 조건으로 통합되었음에도 불구하고
언제든지 추방될 위협에 처해 있다. 한편 수백만 명의 아프리카인들도
서유럽으로 이주를 위해 그와 똑같은 일을 겪고 있다. 이러한 '발 달린
표(voto con los pies)'[2]는 이주하는 사람들과 그의 가족들이 그가 사는
나라에서 중단기적으로 경제사회적 변화의 가능성을 보지 못하며, 정치
와 정치운동에 대한 무관심으로 인해 사회운동이 수동적이 되고, 그
결과 자본주의 착취구조를 더 이상 피할 수 없는 당연한 것으로 받아들
이게 된다는 것을 의미한다. 멕시코의 경우 이러한 이주자들이 전체
인구의 약 1/10을 차지하지만, 이주자의 여행을 위한 조직에 관여하거
나 그들이 보내오는 해외송금으로 살아가는 사람들이 이주자 한 명당
4명 정도로 추정되므로 이들이 미치는 영향은 전체 인구의 약 1/3 이상
에 해당된다. 심지어 멕시코의 일부 농촌이나 원주민 출신의 남자들에
게 미국으로의 이주는 성인이 되기 위해 당연히 치러야 할 의례처럼
되어버렸다. 그러나 이러한 수동적이고 정치적으로 보수적인 사회운동

---

1) 이와 관련하여 James C. Scott, *Los dominados y el arte de la resistencia*(México:
ERA) 참조.
2) 사람들이 자신이 좋아하지 않는 상황을 떠나 좀 더 유익한 곳으로 옮겨가는 것을
말한다. 이를 통해 사람들은 자신이 살기를 원하는 정치체제를 선택할 더 큰 자유
를 누린다. — 옮긴이

에 더욱 복잡한 측면은 없는가? 그리고 그 성격은 미국 경제위기의 심화, 이주의 어려움 증가, 모국 정치의 갑작스러운 급진화 등의 조건에 따라 변화할 수 있는가? 라틴아메리카 대중의 정치사회 운동이 태어나고 발전했던 제2차 세계대전 이후의 세계질서가 사라지면서 새로운 세계에서 막 탄생하려는 징후를 보이는 새로운 사회운동의 형태를 살펴보는 것이 바로 이 글의 목적이다.[3]

2.

쿠바의 역사를 개괄적으로 한번 살펴보자. 쿠바는 1895~1905년 사이에 발생한 전쟁의 결과 스페인으로부터 독립하면서 20세기에 들어섰다. 한편으로 그것은 19세기 초에 시작된 라틴아메리카 독립전쟁의 완성이기도 했지만 다른 한편으로 또 다른 사회투쟁의 시작이기도 했다. 해방된 노예들은 반란을 일으킨 장교들과 함께 독립전쟁과 그 이전의 여러 투쟁에 대거 참여했다. 그리고 그들은 새로운 공화국의 설립과 동시에 시민의 자격을 획득했다. 미국의 개입 또한 쿠바의 정체성에 영향을 미쳤다. 잘 알려진 것처럼 미국은 합병주의자들인 지역 과두지배층과 쿠바 자본가 주요 세력들의 지지를 얻어 쿠바를 사실상 식민지로 만들었다.

결과적으로 독립전쟁은 민중의식에 투쟁을 통해 독립을 획득했다는

---

3) 레나니아로 일하러 가서 제조업에 종사하면서 노조와 사회주의와 접하고 다시 고향으로 돌아와 전에는 참아냈던 '융커(junkers)' 대지주의 전통적 절대 권력에 저항하게 된 프러시아 농민의 삶에 대한 태도와 정치의식의 변화를 통해 막스 베버는 이민이 미친 영향을 분석하는 연구를 시작했다.

민족적 자부심과 침략적 제국주의에 반대하는 뿌리 깊은 적대감, 그리고 그와 함께 (노예제가 백인 다수에게 강력한 인종차별적 편견을 심어 놓은 나라에서) 투쟁을 통해 인종적 평등을 달성했다는 자신감을 남겨놓았다. 그때부터 반제국주의적 민족주의와 함께 강력한 흑인 운동이 쿠바 국민의 문화형성에 중요한 요소로 자리 잡기 시작했다.

쿠바 혁명 이전에 마지막으로 실시된 인구조사(1953)에서 흑인은 전체 인구의 12.4%, 물라토는 14.5%를 각각 차지했다. 이들 두 그룹은 여전히 차별을 받고 있다. 가용할 수 있는 가장 최근의 공식 자료인 2009년 통계에 따르면 흑인은 10% 정도이며, 물라토는 23.84%로 증가했다. 따라서 유색인종은 수적으로 증가했을 뿐만 아니라 정치적 중요성도 커졌다. 특히 유색인종의 정치적 영향력은 다음과 같은 교육여건의 변화를 통해서도 이루어졌다. 혁명 전 쿠바의 총인구 582만 9,029명 중 대학 졸업자는 겨우 5만 3,000명에 불과했다. 게다가 이들 소수의 엘리트 계급은 거의 전부가 백인 상류층이나 중산층 출신이었다.[4] 그러나 2009년에는 1,124만 2,621명의 전체 인구 중 18%, 즉 202만 3,471명이 대학교육을 받았다.

흑인과 물라토의 사회운동은 1907년 자유주의자 지도자인 에바리스토 에스테노즈(Evaristo Estenoz)가 이끄는 독립당의 설립으로 나타났다.[5] 1912년 5월 이들은 쿠바 전역에서 일련의 파업과 시위를 시작했다. 이는 결국 미국의 새로운 군사적 개입을 야기했을 뿐만 아니라 농촌 경비대와 쿠바군은 정당의 지도부를 포함해 4,000명의 당원 중 3,000명을 살해했다. 이 사태에서 인종적 저항은 실제로 가장 간접적 형태를

---

4) "Censo de 1953"(2009) 참조.
5) 이 단락의 내용은 Moscato(1996: 44~48)의 초판을 참고했다.

취했음에도 불구하고 억압은 마치 그들에 대한 징벌과 같았다.

20세기 초반 50년 동안 쿠바는 혁명 승리 이후 피상적 관찰자들 특히 유럽의 관찰자들이 종종 말하는 것과 같이 낙후한 반식민지국가였기보다는 사실상 라틴아메리카에서 가장 발전한 반식민지국가였다.

부와 생산이 사탕수수 공장과 같이 고도로 기계화된 외국계 혹은 쿠바계 대기업들의 손에 집중됨에 따라 대부분의 노동력은 소수의 사람들이 일하는 수많은 반(半)수공예적 혹은 가족적 소규모 공장들에 분포되었다. 그리고 소수의 그러나 집중된 학생 엘리트들에게 과도한 무게가 실렸다. 또한 쿠바의 삶과 경제가 도박과 매춘과 같은 합법적 혹은 비합법적 서비스에 지나치게 의존하게 되었다. 그것은 쿠바와 푸에르토리코를 자기 나라의 한 부분으로 생각하는 미국인들을 위한 것이었다.

만성적 실업을 겪는 쿠바 노동력의 미국 이주가 지속적으로 이루어지는 한편으로는 값싼 노동력을 유지하고 반항적인 쿠바 노동자들을 견제하기 위해 아이티, 자메이카, 중국에서 이민자들이 유입되었다. 한편 20세기 초반에는 스페인의 카나리아, 가예고, 아스투리아스, 카탈루냐 지방 사람들이 대규모로 이주해왔다. 이들의 이주는 1930년대 중반 스페인 혁명이 시작되고 많은 사람들이 다시 돌아가기 전까지 지속되었다. 이들은 쿠바를 아나키스트 노동자 혹은 아나키스트 출신 공산주의자 노동자들의 중심지로 만들었다. 그로 인해 쿠바 토착의 정치조직과 노동자 조직의 탄생은 지연되었다.

역사적으로 쿠바인들은 이민자들을 사회의 한 부분으로 받아들여 왔다. 그리고 비록 섬나라 사람이긴 하지만 세계 다른 지역의 상황에 대해서 관심과 열정을 가지고 살아왔다.

이미 언급한 것처럼 혁명 전 쿠바에서는 학생과 공직자들의 비중이 매우 컸다. 이들 중에서 하급 장교 출신의 군인들이 두각을 나타냈다.

그 선두에 물라토로서 노동자의 아들인 타자수 출신의 풀헨시오 바티스타(Fulgencio Batista) 상사가 있었다.[6) 이들은 때때로 중산층 출신의 학생 민주 세력과 함께 활동하면서 미국과 마찰을 빚기도 했지만, 다른 한편으로 그들을 억압하고 워싱턴에 충성을 바치기도 했다.

한편 노동운동은 더 늦게 탄생했다. 디에고 비센테 테헤라(Diego Vicente Tejera)가 후에 민중노동당(Partido Popular Obrero)이라 불리게 될 쿠바 사회주의당(Partido Socialista Cubano)을 1899년에 이미 설립했지만 초기에 노동운동 세력은 매우 미약했다. 노동운동의 발전이 훨씬 일찍 이루어지고 그 규모도 컸던 아르헨티나를 비롯한 다른 라틴아메리카 국가들에 비해 쿠바에서 통합된 노동자 조직이나 사회주의 조직의 탄생은 늦게 이루어졌다. 1920년대에 아나키스트적 노동조합주의자들인 철도형제단(Hermandad Ferroviaria)이 나타났다. 그러나 스페인의 아나키스트 노조 운동에서도 일어났던 것처럼 지도자 중 일부는 러시아 혁명의 영향을 받았다. 1925년에는 학생과 청년 지식인 그룹들을 주축으로 쿠바전국

---

6) 풀헨시오 바티스타는 스페인에 대한 독립전쟁에 참여한 전사 부부의 아들이다. 그는 학생들에 의해 붕괴된 헤라르도 마차도(Gerardo Machado) 독재에 저항했으며, 상사 그룹을 대표하여 펜타르키아(Pentarquía)라 불리는 위원회를 구성했다. 이 위원회에는 학생대표, 후에 대통령이 된 라몬 그라우(Ramón Grau), 혁명지도자 안토니오 기테라스 올메스(Antonio Guiteras Holmes)가 참석했다. 이들은 육군참모총장과 대령들을 임명했으며, 사탕수수 노동자들과 아바나와 오리엔테의 (트로츠키스트) 공산주의 좌파를 무력으로 억압했다. 제2차 세계대전 동안 1940년부터 1944년까지 바티스타는 워싱턴과의 동맹하에서 사회민주당(Partido Socialista-Democrática)과 공산주의자들의 사회주의민중당(Partido Socialista Popular) 연합에 의해 선출된 합법적 대통령을 지냈다. 그 결과 사회주의민중당원들 중 일부는 그의 내각에 참여하기도 했다. 1952년에 바티스타는 다시 쿠데타를 일으켰고, 그 후 쿠바 혁명의 승리로 망명하는 1959년까지 부패와 억압을 통해 통치했다. 바티스타는 망명 시 쿠바의 국가적 보물들을 가지고 나갔다.

노동자동맹(Confederación Nacional Obrera Cubana: CNOC)과 쿠바공산당
(Partido Comunista Cubano: PCC)이 조직되었다. 아르헨티나와 우루과이와
같은 나라에서는 공산당이 이전의 개혁적 사회주의당으로부터 탄생한
것에 비해, 이전에 조직된 공산주의 세력 혹은 노동자 대중에 영향력을
가진 개혁적 성향의 다양한 아나키스트 혹은 사회주의당이 존재하지
않았던 쿠바에서는 스페인에서처럼 소규모 노조의 아나키스트 노동자
활동가들이 공산주의자가 되었다. 게다가 조직된 공산주의 유파들에게
1920년대 소련공산당(PCUS)과 공산주의 인터내셔널(Internacional
Comunista)에서 발생한 분열 상황이 즉각 반영되었다. 따라서 쿠바 혁명
이전 공산주의자들은 크렘린 노선을 엄격하게 추종하는 세력들과 좌파반
대당(Oposición de Izquierda: OI) 세력들로 나누어졌다. 그로 인해 PCC의
설립자 중 한 명인 훌리오 안토니오 메야(Julio Antonio Mella)[7]도 붉은
노조 인터네셔널(Internacional Sindical Roja)의 OI의 당원으로 활동한 이유
로 당에서 추방되었다. 동시에 CNOC의 국제관계 비서이자 아바나의
강력한 노동자동맹의 리더인 흑인 제빵사 산달리오 훈코(Sandalio Junco)
도 역시 1934년에 추방되고 그 후 암살되었다.

이러한 반대파는 학생운동에까지 확대되었다. 그곳에서는 기존의
FEU 외에 바티스타의 쿠데타를 지지하는 것과 같이 모호한 사상을
가진 더욱 전투적인 대학생지도부(Directorio Estudiantil Universitario)가 탄
생했다. 동시에 공산주의 계열 조직인 국제노동자기구(Defensa Obrera
Internacional)과 학생좌익대(Ala Izquierda Estudiantil)도 탄생했다. 이 두 조

---

7) 그는 쿠바를 1918년 코르도바에서 발생했던 대학개혁운동의 영향 아래로 이끌고
   간 1923년 학생의회 의장이었다. 그를 통해 메야는 라틴아메리카주의(latinoame-
   ricanismo)와 학생과 노동자의 연합 필요성을 제기했다. 그리고 그는 대학생동맹
   (Federación Estudiantil Universitaria: FEU)의 설립자 중 한 명이 되었다.

직은 공산주의 방계조직으로서 같은 이름의 스페인 조직과 매우 밀접하게 연결된 OI가 여기에 가담했다.

발전단계의 노동운동이나 학생운동과 같이 미약하고 분열된 사회운동으로 특징되는 이러한 정치사회 상황을 변모시킨 것은 마차도 장군 권력 붕괴 사건이었다. 마차도는 1925년에 선거를 통해 당선되었지만 그 후 독재자로 변모하면서 권력의 영구화를 꾀했다. 그러나 그는 1929년 세계대공황이 쿠바 사탕수수 가격에 미친 영향, 주로 학생들에 의해 주도된 대규모 휴업과 대중동원, 그리고 1930년대 초반 프랭클린 D. 루스벨트 대통령이 뉴딜정책을 시작하면서 전임 루스벨트가 시작한 곤봉정책을 포기한 워싱턴의 지지 중단 등의 이유로 권력에서 물러날 수밖에 없었다. 독재에 대한 투쟁과 민주주의 투쟁은 학생운동을 더욱 급진적으로 만들었고, 그들 뒤에 많은 중산층과 상당수 쿠바 노동운동 세력들을 동원시켰다.

쿠바 혁명은 1953년 몬카다 병영 습격으로 시작해서 1956년 그란마 상륙으로 본격적으로 전개되다가 1959년 1월 정점에 달했다. 그런데 그 이전에 대규모 사회운동을 주도한 것은 모스크바의 정책 변화에[8] 따라야 하는 미약한 쿠바공산당이 아니라 마차도 정권을 붕괴시킨 학생 투쟁과 기테라스주의[9]였다. 쿠바 노동자 다수가 여전히 수공예적 성격

---

8) 쿠바공산당은 소련의 정책에 따라 독재에 반대하는 노동자·학생 총파업의 종식을 위해 마차도 독재정권과 협상을 시도했으며, 후에는 친제국주의 정부인 바티스타 독재정권에도 참여했고, 또 그 이후에는 부패한 그라우 정부와도 협조하게 되었다. 한편 그들은 7월 26일 운동의 몬카다 병영 습격에는 반대하는 입장을 취했으며, 후에는 시에라 마에스트라 반군을 지지하는 1958년의 총파업을 방해함으로써 결국 실패로 돌아가게 만들었다.
9) 안토니오 기테라스 올메스는 몬카다 병영 습격에 참여했고, 바티스타 독재에 대한

을 지니고 있었고, 당시 가장 빈곤한 국민들의 다수는 문맹이었으며, 민주주의 전통은 부족했고, 노동자들은 혁명적 반란이나 총파업의 경험이 거의 없었기 때문에, 민주적 투쟁의 목소리는 주로 호세 마르티(José Martí)의 급진적·혁명적·반제국주의적 자유주의에서 영감을 받은 중산층들에 의해 나왔다. 이러한 자유주의는 다른 라틴아메리카 국가들의 자유주의와는 다르다. 이는 마르크스와 엥겔스가 독일과 프랑스에서 정치적으로 사상을 형성할 때 기반을 둔 19세기의 가장 진보한 급진적 민주주의 사상과 활동, 그리고 이들이 후에 발전시킨 총체적 사상과 운동의 중간쯤에 위치해 있다. 안토니오 기테라스, 에두아르도 치바스,[10] 그리고 일부 학생지도자들은 그러한 사상을 반영한다.

전 학생운동 지도자이자 정통파 정당(Partido Ortodoxo)의 하원의원 후보였던 피델 카스트로가 주도한 쿠바 혁명은 비록 노동자와 농민의 적극적 지지를 기반으로 하고, 노동자들의 영웅적 총파업의 도움을 받기는 했지만 근본적으로 노동자 농민의 혁명은 아니었다. 게다가 사회주의 혁명은 더더욱 아니었다. 그것은 반마차도 혁명으로 시작해 전개과정에서 미국의 정책과 연결된 전자본주의적 사회요소들을 걸러낸 반독재 민주주의 혁명이었다. 혁명과정에서 이런 경향의 인사들이 마이

무장투쟁도 조직한 급진적 혁명가이다. 피델 카스트로와 에르네스토 체 게바라는 그를 그들의 선구자라고 인정한다. 기테라스는 그라우 산 마르틴(Grau San Martín) 정부의 장관을 지냈으며, 쿠바공산당의 스탈린주의에 강력히 반대했다. 한편 1933년에서 1935년 사이 쿠바공산당은 그를 '파시스트'라고 비난했다. 그즈음 공산주의 인터내셔널에서는 첨예한 분파주의가 판을 쳤다. 여기서 모스크바의 노선을 따르지 않는 좌파 세력들, 특히 쿠바에서 기테라스와 협력한 트로츠키파들은 '사회주의 파시스트'라는 비난을 받아야 했다.

10) 진짜당(Partido Auténtico)의 급진적 정치인으로서, 1945년부터 라디오로 중계되는 가운데 자살한 1951년까지 그는 체제의 부패에 맞서 싸웠다.

애미로 이주해감에 따라 혁명 과정도 사회적으로 더욱 급진화하기 시작
했다.

혁명으로 탄생한 정부에 영향을 미치고자 했던 미 제국주의에 반대한
투쟁이 혁명 정부로 하여금 미국 기업과 지주들의 자산을 몰수하고
대중에 기반을 둔 국가자본주의를 실현하게 했고, 소련에 의존하게 만
들었으며, 혁명이 승리한 후 2년이 지난 1961년에는 혁명이 사회주의
기초를 설립하는 방향으로 나아가고 있음을 선언하고 국민들을 그러한
기정사실 앞에 놓이게 만들었다(한편 국민들도 그것을 매우 좋게 받아들였
다). 노동자와 농민보다 급진화한 중산층과 학생운동은 혁명의 기반이
었으며 혁명의 리더가 되었다.

쿠바 혁명이 승리하고 정부의 우파 세력들이 마이애미로 도피한 이후
피델 카스트로는 반군(Ejército Rebelde)의 지지를 받는 농민 토지개혁운
동에 의지했다. 그의 기반은 농민과 더불어 체 게바라, 라울 카스트로(Raúl
Castro) 혹은 카밀로(Camilo)와 같은 다수의 반군 지도자들이었다. 이들
반군 지도자들은 급진주의자였으며, 사회주의민중당(Partido Socialista
Popular: PSP) 소속의 공산주의자들과 격론을 벌였던 7월 26일 운동(M26)
에 기반을 두고 있었다. 물론 PSP도 결국에는 정당 차원에서 혁명에
참여했다.[11]

카스트로는 처음 미국에 경제적 지원을 요청했다. 그러나 아이젠하워
(Dwight Eisenhower) 대통령은 골프를 치러가고 그를 만나지도 않았다.
부통령인 닉슨이 그를 만나 미국인의 자산에는 손대지 말 것을 요구했
다. 캐나다, 아르헨티나, 우루과이, 브라질 순방길에 카스트로는 미국이

---

11) PSP의 당원 중 많은 수가 처음부터 무장투쟁에 참여했다. 그러나 당시 그것은
  개인자격으로 참여한 것이었다.

마셜플랜(1947~1951)에 준하는 당시 가치로 130억 달러 상당의 돈을 쿠바와 라틴아메리카에 원조해야 한다고 주장했다(소련은 그의 영향 아래에 있는 동구권 국가들이 그러한 원조를 받는 것을 거부하게 했다). 그러나 워싱턴은 그들이 수입하는 쿠바 사탕수수의 쿼터를 갑자기 감소시켰다. 그로 인해 아바나는 또 다른 국제적 동맹을 찾지 않을 수 없었다.

혁명으로 인해 갑작스럽게 친해진 소련 외에 다른 대안은 없었다.[12) 소련이 쿠바 혁명을 알게 된 것은 실제로 혁명이 발생하고 한참 지난 1960년 5월이 되어서였다. 혁명 발생 후 일 년이 지난 1960년 아나스타시 미코얀(Anastas Mikoyan)이 쿠바를 방문한 후 소련은 쿠바에 1억 달러를 원조했다.[13) 한편 피델 카스트로는 1961년 피그만(Playa Girón) 침공 사건이 실패로 돌아간 직후 사전 논의도 없이 쿠바 혁명이 사회주의 혁명임을 선언했다. 그리고 1970년대에 들어서 1970년 사탕수수 100만 톤 수확의 실패, 볼리비아에서 체 게바라의 죽음, 라틴아메리카 게릴라들의 붕괴, 유럽의 쿠바 사탕수수 구매 거부 등의 사건 후 쿠바는 COMECON의 회원국이 되었다.

이러한 역사적 사실들이 말해주는 것처럼 1959년부터 쿠바의 정치적 선택과 변화는 민족·민주주의 혁명 과정의 방향에 따른 성숙된 사회주의의 이론적 선택이라기보다는 미국의 지속적인 식민지적 개입에 직면

---

12) 니키타 흐루쇼프(Nikita Khrushchev)는 1959년 전에 쿠바에서 무슨 일이 일어났는지, 피델 카스트로가 누구인지도 몰랐다고 말했다. 쿠바 공산주의자들은 그를 '소부르주아 모험가' 정도로 크렘린에 보고했다(그것은 몬카다 병영 습격에서부터 1958년까지 PSP의 기본적 생각이었다).

13) 아이젠하워는 1960년 쿠바가 70만 톤의 사탕수수 시장을 상실하게 만들었다. 한편 소련은 미코얀(Mikoyan: 구소련 군용 항공기 회사 — 옮긴이)을 통해 42만 5,000톤의 사탕수수를 국제시장 시세보다 높은 가격에 구매해주었다.

해 쿠바의 독립을 가능한 모든 수단을 통해 지켜낼 필요성에 따른 것이
었다.

3.

1961년까지 종족적·농민적·노동자적·민주적 성격의 다양한 사회운동
들이 몬카다 병영 습격 시도로 시작된 쿠바 혁명이라는 거대한 흐름
속에 하나가 되었다. 따라서 쿠바 혁명은 비록 그의 주요 기반이 도시의
가난한 중산층과 노동자와 농민에 있긴 하지만 정치적으로 이질적이고
다계급적 성격을 가진다.

혁명 성공 이후 (30만 명 이상이 모인) 자발적 의용대 운동, 강력하고
조직원의 수도 많은 여성동맹(Federación de Mujeres), 혁명방어위원회
(Comités de Defensa de la Revolución)와 같은 조직들이 생겨났다. 당시
이들은 아직 민주적 성격을 띠고 있었다.14) 한편 정치적 영역에서는
미국이 후원한 침공이 있었던 후 다수인 M26, 공산주의자들의 PSP,
혁명학생지도부(Directorio Estudiantil Revolucionario: DER)의 잔존 세력들
이 모두 하나로 뭉쳤다.

1962년 3월 9일 M26 13명, PSP 10명, DER 2명으로 구성된 통합혁명
조직(Organizaciones Revolucionarias Integradas: ORI)의 전국지도부가 구성

---

14) 그렇지만 체 게바라는 이들이 시민들의 삶에 지나치게 개입함으로써 국민들의
   '반감을 불러일으킨다'고 생각했다. 그는 또한 1956년 헝가리에서 일어난 일들을
   상기하면서 비밀 정보원들에 대해서도 똑같은 비판을 했다. 그의 담론은 *Quetzal*,
   No. 17(Roma, noviembre-diciembre, 1987)(Moscato, 1966에서 재인용)에서 볼
   수 있다.

되었다. 4일 후 DER의 대통령궁 습격 사건 기념일에서 PSP 소속의 한 공산주의자 청년이 가톨릭 신자로서 그때 죽은 그 운동의 지도자 에체바리아(Echevarría)의 유언장을 비난하자 피델 카스트로는 PSP를 격렬하게 비판했다. 그리고 같은 달 26일에 그는 ORI의 조직비서인 아니발 에스칼란테(Aníbal Escalante)를 '분파주의자'라고 비난하면서 그가 하나의 정당을 설립하려는 것이 아니라 소련 대사관의 지원을 받아 '하나의 멍에, 즉 외부세력'을 형성하려고 한다고 그를 직접적으로 공격했다. 그에 따라 소련은 자국 대사를 철수시켜야 했으며, 아무도 그를 환송하기 위해 공항에 나가지 않았다. 소련과의 두 번째 위기는 쿠바에 있는 미사일을 파괴하기 위해 핵전쟁도 불사하겠다는 미국의 위협에 직면해 흐루쇼프(Nikita Khrushchev)가 쿠바에 있던 미사일을 쿠바 정부와 사전 협의도 없이 일방적으로 철수한다는 결정을 내렸을 때 발생했다.

이러한 전례에 따라 또 이러한 환경에서 1965년 ORI와 그를 일시적으로 계승한 사회주의혁명통합당(Partido Unido de la Revolución Socialista: PURS)을 대신하여 쿠바공산당(Partido Comunista Cubano: PCC)이 설립되었다. 그의 지도자이자 동시에 국가지도자는 피델 카스트로가 되었다. 그리고 최근 그 자리는 혁명군 사령관이었던 그의 동생 라울에게 승계되었다. 그때부터 이전에 존재했던 다원주의는 사라지고 PCC가 국가와 동일시되었다. 대중조직과 그들이 대표하는 사회운동 또한 공산당과 동일시되었다. 공산당이 사회운동의 지도부를 맡았고 그의 지도자들을 선출했다.

4.

그렇지만 소위 '실질 사회주의'라는 성격을 취했음에도 불구하고 쿠바는 쿠바 경제가 의존했던 소련이나 동구권 국가와 똑같은 운명을 겪지는 않았다. 쿠바의 사회조직들은 비록 현재 새로운 조건에 신속히 적응하는 과정에 있기는 하지만 강한 생명력을 보여주었다. 정부와 관련 조직들은 어떤 사회적 협약의 기초 위에 서 있는가? 쿠바 사회가 때때로 갈등적이기는 하지만 그래도 공존을 이룰 수 있게 하는 어떤 공식적 혹은 비공식적 경향이 존재하는가? 그에 답하기 위해 우리는 분석과 함께 추정을 하지 않을 수 없다. 왜냐하면 우리가 설명하려고 하는 것을 증명할 통계 자료가 없고, 또 있다고 하더라도 일반적 연구자들은 그것을 사용할 수 없기 때문이다. 쿠바 언론은 사회에서 일어나는 일을 드물게 또 피상적으로 알려줄 뿐이다. 언론보도는 2011년 부분적으로 내용의 개선이 있었다고는 하지만 별로 유용하지 않다.

그러나 이와 관련하여 우리에게 단서를 주는 구체적 자료들이 있다. 무엇보다 쿠바에서 대중 종교는 다른 나라에서처럼 가톨릭의 영향을 받고 그에 따라 가톨릭의 고위 사제와 바티칸의 영향력 아래에 있지는 않다. 옥살라(Oxalá)를 숭배하는 토속종교인 산테리아(santería)가 대중적으로 매우 인기가 있다. 특히 산테리아는 정부에 대한 주요 지지 세력이었고 지금도 정부의 지지 세력으로 남아 있는 흑인과 물라토 사이에서 더 인기가 있다. 미국과 가까이 있음으로 인해 신교의 다양한 유파들도 번창했다. 그 신도들도 일반적으로 정부에 호의적 태도를 가지고 있다. 이러한 태도는 가톨릭 고위층이 때때로 정치적 긴장을 야기하면서까지 정부에 비판적 태도를 취함에 따라 더욱 강화되었다. 한편 가톨릭이 수세기에 걸쳐 주변의 위험에 맞서 저항의 정치적-문화적 기반이 되었던 슬로바키아, 크로아티아, 폴란드, 헝가리와 같은 나라와 달리 쿠바에는 이들 나라에 존재했던 것과 같은 강력한 외부 종교 세력도 없다.

게다가 바티스타 독재의 붕괴 이후 마이애미로 도주한 사람들의 이주, 마리엘 항구를 통해 나간 사람들의 이주, 심지어 비극적인 '뗏목 이주자'들의 탈주와 같이 혁명 이후 지속된 대규모 이주는 사회적·정치적 선별작업의 역할을 했다. 왜냐하면 이주를 간 사람들의 대부분이 잠재적으로 사회에 영향을 미칠 가능성이 있는 쿠바의 미약한 민족 부르주아들과 사회적으로 소외된 부문의 사람들이기 때문이다.

사회적 협약과 관련된 또 다른 요소는 쿠바 혁명 이후 전개된 도시화이다. 그로 인해 수십만 명의 농민이 사라졌다. 이제 그들은 나이가 들어서 더 이상 농촌으로 돌아갈 수도 없다. 게다가 혁명 이전에 법망을 벗어나 혹은 법의 경계선에서 살았던 수많은 사람들이 여전히 거주하는 아바나 시나 쿠바의 다른 대도시들은 다른 종속국가들의 수도와 마찬가지로 충분히 성장하지 못했다. 예를 들어 쿠바의 인구가 1953년 550만 명을 약간 넘는 수준에서 2009년 1,100만을 조금 넘는 수준으로 증가하는 동안 같은 시기 아바나는 통계에 따르면 겨우 조금 커졌을 뿐이다(심지어 아바나의 인구가 절대 수치에서 오히려 감소했다고 말하는 연구자들도 있다).

인구학적 시각에서 차이는 중요한 의미가 있다. 실제로 쿠바는 교육이나 보건에서 놀라운 성과를 이루어냈다. 그러한 성과는 쿠바인의 삶에서 기대수명의 연장, 낮은 출생률, 매우 낮은 출산율, 청소년의 낮은 발병률로 드러난다.[15]

---

15) 2009년 국가통계처(Oficina Nacional de Estadísticas) 자료에 따르면 혁명 이후 쿠바인들의 기대수명은 거의 20년이 늘었다(1959년 59.5세에서 2009년 77.97세

세대 간의 갈등은 혁명 이전 시대를 경험함으로써 혁명이 가져온 상대적 번영과 풍요로움을 아는, 따라서 혁명이 이룩한 것에 대해 아직 긍정적 평가를 내리는 사람들과 반대로 30년 전부터 시작된 위기의 시기에 태어나 성장함으로써 과거를 잘 모르고 그로 인해 혁명의 초기 25년에 이룬 삶의 수준과 권리들을 당연히 주어진 것으로 받아들이며 현재 그러한 성과가 위험에 처함으로 인해 실망하고 사기가 꺾인 사람들 사이에서 실제 수직적 형태로 나타난다. 또한 농촌에 사는 젊은이와 장년층 그리고 도시의 주로 젊은 층 사이에서도 갈등이 나타난다. 도시 거주자들은 거주지 붕괴의 위험을 겪고 있고, 관광객들의 소비 행태로 인해 치명적 영향을 받고 있으며, 따라서 고정적 일자리를 갖기 어려운 경우 삶의 한 방법으로 작은 범죄를 범할 가능성을 찾게 된다.

게다가 쿠바는 세계시장과 그의 생산 형태에 편입됨으로써 부르주아 없는 자본주의 국가가 되었으며, 반자본주의를 선언하고 사회주의 건설을 내세우는 정당이 통제하는 국가자본주의를 실현하고 있다. 다른 모든 국가들과 달리 쿠바의 부르주아는 대부분 해외에서 이주해왔거나 관광업을 위해 들어온 사람들이다. 그들의 문화적 영향력은 다른 라틴아메리카 국가들에서와 같은 방식으로 그렇게 직접적 형태로 실현되지는 않는다. 그보다는 외국 텔레비전 방송과 도시 인구의 광범위한 부문

로 남자는 76.1세, 여자는 79.2세). 아바나의 인구는 1953년 전체 인구 약 550만 명 중 3분의 1에 해당하는 약 180만 명에서 2009년 전체 인구 약 1,100만 명 중 5분의 1에 달하는 약 220만 명으로 조금 증가했다. 하지만 현재 쿠바 인구의 75%는 도시에 거주하고 있다. 60세 이상 인구가 전체에서 차지하는 비중은 16.3%이고, 14세 이하의 비중은 18.2%이다. 인구의 자연 증가율은 연간 3.9% 정도이지만 이주자의 비율 또한 연간 전체 인구의 3.3%에 달한다. 즉, 총인구 증가율은 0.6%로 낮은 편이다. 따라서 전체 인구는 노령화되고 있다.

의 시장 주도 시스템에 대한 이상화(그로 인해 상당수의 고급 두뇌인력과 양질의 노동력이 쿠바를 떠났다), 미국이나 유럽에 사는 친척들의 이야기가 더 많은 문화적 영향을 미쳤다.

아직까지 쿠바의 큰 사회적 차이는 한편으로 생산수단의 소유자인 자본가와 다른 한편으로 노동자 사이에서 발생하는 것은 아니다(그것은 국가자본주의의 전형적 생산관계가 아직 지속되고 있기 때문이다. 이 경우 임금체계가 존재하고 국가가 집단 소유자이기는 하지만 국영기업은 여전히 '사회주의' 기업이라 불린다). 대신 차이는 일반 국민과 국가 혹은 정당의 관료 사이에서 발생한다. 후자가 국유화된 소유물의 운영권과 수익을 가지면서 국내 혹은 국제 자본주의 시장에서 주요 행위자의 역할을 맡고 있기 때문이다.

이러한 관료의 일부는 국제자본과 밀접한 관계를 가지고 쿠바에서 자본주의를 경제적·사회적으로 강화하여 특권을 재확립하고자 한다. 한편 또 다른 일부는 그들이 중국 혹은 베트남 모델이라고 믿는 형태를 따르면서 정치와 국가의 독점을 통해 그러한 특권을 방어하고자 한다.[16] 그리고 심지어 정당원으로서 상대적으로 특권을 누리고 있는 지식인들 사이에서는 정치적·사회적으로 대중의 참여 확대를 통한 체제의 민주화와 함께 사회주의 건설의 방향을 제시하는 처방들을 심화할 것을 주장하는 소수의 세력들도 존재한다.

쿠바에는 소련과 동구권 국가들에서 존재했던 사미즈다트(Samizdat)[17]와 같은 움직임도 없다. 왜냐하면 과거의 지배계급들은 대부분 이주해

---

16) 관련하여 Almeyra(2010, 2010a, b, c; 2011)과 Partido Comunista Cubano(s/f)를 참조.
17) 정부의 언론 검열에 반대해 개인이 금지된 내용을 직접 손으로 써서 사람들이 서로 돌려가며 읽게 했던 풀뿌리 언론 민주화운동. ― 옮긴이

버렸고, 또 제국주의의 지속적 봉쇄와 침략이 쿠바에서 혁명적 민족주의 독립정신을 지속적으로 일으켰기 때문이다. 그러한 정신은 마르티 이후 쿠바 역사에 지속되면서 쿠바 과두지배층의 병합주의와 국제금융자본과 쿠바 대자본가 사이의 융합 등의 시도를 막아왔다.

특히 혁명 정부는 쿠바 국민의 본질을 형성하는 강력한 독립정신에 기반을 둔 수동적 사회적 합의를 적절히 활용했고, 미국과 병합주의 경향이 강한 구지배계급으로부터 혁명 정부를 확실히 구분했다. 특히 같은 앤틸리스 제도에 있는 아이티와 푸에르토리코의 사례는 만약 혁명적 독립을 위한 노력이 실패할 경우 쿠바가 어떻게 될 것인가를 보여주는 살아 있는 예가 되었다. 따라서 쿠바는 독립의 의지를 더욱 강화할 수 있었고, 그러한 정신은 정부의 정책을 겨우 참아내고 있는 많은 사람들에게도 통했다.

5.

쿠바 혁명 초기부터 노조와 대중조직들은 국가에 속하는 조직이 되었고, 일반적으로 국가를 통제하고 그와 동일시되는 정당의 지도부에 통합되었다. 따라서 이들은 관료의 가장 보수적 구성원 중 하나가 되었다. 미사일 위기까지 소련에 의해 공산당에 이식된 이데올로기 모델은 바티스타 정부하에서 무할(Mujal)에 의해 주도된 부패하고 관료화된 노조[18]

---

18) 카탈루니아 태생의 에우세비오 무할 바르니올(Eusebio Mujal Barniol)은 처음에 혁명 좌파이자 공산당원이었다. 그러나 그라우 산 마르틴(Grau San Martín)과 바티스타 정부가 공산당과의 관계를 끊어버리자 무할은 쿠바노동자동맹(Confederación de Trabajadores Cubana)의 최고위 관료로 변신했다. 그리고 부패와

와 맞서 싸우는 것이었다. 또 때때로 부패한 모습을 보였던 구노조지도부와 PSP 소속 노조원들의 저항에 맞서 싸우는 데에도 영향을 미쳤다. 이러한 영향으로 인해 노조는 고전적으로 정당의 '변속기 벨트'가 되어야 하고, 정당의 생산성을 높이기 위해 기여해야 한다는 사상이 강요되었다. 반면 그러한 사상에 따라 노조는 그들이 지지하지만 그들과는 다른 이해관계를 가진 국가와 정부 노동자들을 방어하는 역할을 맡을 수는 없었다. 그래서 1959년부터 1962년까지 라사로 페냐(Lázaro Peña)의 지도 아래 있는 노동자들의 저항의 목소리는 지속되었지만 부각되지는 못했다(Gilly, 1964 참조).

후에 소련이나 소위 '실질 사회주의' 국가들과 쿠바의 관계가 밀접해지면서 노동자들의 민주적·다원주의적 도구가 아닌 국가조직으로서 노조의 역할은 더욱더 강조되었다. 그로 인해 쿠바 노동력의 98%를 포함하는 쿠바노동자중앙본부(Central de Trabajadores de Cuba: CTC)의 지도부가 최근 제6회 공산당대회에서 사전 논의나 노동자들을 위한 대안도 없이 전체 경제활동 인구가 440만 명인 쿠바에서 노동자 200만 명을 삭감할 것이라는 사실을 정부와 정당에 앞서 발표하는 극단적 사태에까지 이르게 된 것이다.

이렇게 관료화된 노조는 노조지도부가 소속된 정부기구에 대한 노동자들의 불만과 요구를 억압하기 위해 기능하는 왜곡된 통로에 불과한 것이다.

여성동맹, FEU, 지식인과 예술인 협회와 같은 다른 대중조직들도 또한 국가나 정당의 기구들에 통합되어 있다. 정당 결정에 다양한 주장들을 약화시키고 그것들을 행정적·관료적 논리에 따르게 하면서 부분

조직폭력단식 수단을 동원해 조직을 통제하면서 개인적으로 백만장자가 되었다.

적으로 국가를 강화하려는 시도는 가장 최근에 열린 공산당 대회에서
실패로 돌아갔다. 그럼에도, 그러한 통합의 상태는 지금까지 달라지지
않고 계속되고 있다(따라서 국가와 관련된 결정, 정부조직이나 정당에 대한
결정은 여전히 PCC의 최고 지도부에서 나온다).

이 경우 여성동맹을 소련 체제 모방 시기에는 오래도록 허용되지
않았던 게이와 레즈비언의 권리 투쟁으로 몰고 간 것은 역시 사회적
압력 수단을 통해서였다. 또한 사회적 압력은 공산당에 소속된 청년과
학생 조직들 그리고 다양한 잡지와 예술가조직들도 이데올로기적 보수
주의와 정부 기구의 관료적 일사불란함에 반기를 들고 비판과 새로운
제안을 하게끔 만들었다. 비록 지배정당에 의해 통제되는 대중조직을
부분적으로 활용하기는 하지만 쿠바 사회는 새로운 견해들을 표현하고
토론할 줄 안다. 하지만 민주적 공간을 확대하고 정부의 결정에 영향을
주려는 경향이 있는 사회운동들은[19] 아직 수면 아래에 있다. 그러나
그러한 움직임이 국민들의 생각에 널리 퍼져 있는 것은 사실이다. 이들
사회운동이 정부에 제공하는 사회적 협약 관계는 반제국주의와 민족주
의라는 특별한 형태에 따른 것이다. 이러한 관계는 불리한 변화들을
지연시키고, 인기 없는 결정들을 부분적으로 변경하게 할 가능성을 어
느 정도 열어둔다.

동시에 정치적으로 조직된 사회의 가장 보수적이고 유해한 부분들과
가장 진보된 부분들이 모두 공산당 내부에 존재한다. 실제로 PCC 내부
에는 민주적 공간을 확대하고, 혁명 이전의 다원적 공간을 열고, 정치와
사회의 형태를 민주화하고, 사회주의 건설에 우호적인 처방들을 심화할

---

19) 흑인조합(Cofradía de la Negritud), 다양한 환경운동 조직들, 예술진흥단체, 문예
   비평전망대(Observatorio Crítico) 등이 그러한 예이다.

필요성을 진정으로 믿는 소수의 사람들, 다양한 보수적 관료주의자들, 심지어 자본주의를 회복하기 위해 일하는 관료들까지 다양한 세력들이 공존하고 있다.

정당과 국가 관료화의 기반은 바로 이질적이고 다양한 관료 세력들이다. 그들은 다양한 이해관계를 조정하면서 국가나 정당조직 혹은 NGO와 같은 그들의 방계조직에서 공존한다. 관료화의 원인은 부족함의 상황에서 그들에게 경제적 특권과 자원의 불평등 분배를 가능하게 하기 때문이다. 이는 국가 영역에서 일반 노동자와 지적 노동자 사이에 존재하는 상대적 특권과 차이를 감소시키려는 경향이 강한 쿠바 국민들의 높은 문화 수준과 충돌한다. 기능적이라고도 말할 수 있는 이러한 관료화는 부당하지만 한편으로 불가피한 것처럼 보이기도 한다.

소위 '실질 사회주의' 모델에서 수입된 또 다른 관료화의 형태는 독점적 정당과 대중조직을 동일시하고 나아가 국가와 정당도 동일시한다는 것이다. 그리고 그들의 모든 활동을 세밀하게 또 수직적으로 통제하는 것이다. 이러한 관료화는 그들 내부에서 자유토론과 내부 민주주의의 여지를 약화시키는 동시에 다른 모든 사회조직에까지 침투한다. 그러나 이런 조직뿐만 아니라 국가에 의해 허용되고 발전된 정당이나 사회운동에서까지도 최근 논쟁이 증가하고 있다. 그리고 사상과 주장을 관료적으로 적용하려는 시도에 대해서도 매번 더 반대가 많아지고 있다.

미국의 봉쇄와 지속적 침략은 쿠바와 같이 종속되고 인구가 많지 않은 나라에서 관료화를 더욱더 공고히 했다. 왜냐하면 수십 년 전부터 그러한 상황은 식량, 연료, 기술을 수입하는 데 엄청난 비용을 지불하게 했고, 외부에 의해 의도적으로 만들어진 결핍 상황을 야기했을 뿐만 아니라, 운송이나 경작 방법을 크게 퇴보하게 만들었으며, 군대와 안보와 정보를 강화하면서 대다수의 청년들을 국가방어 준비에 전념하게 했고, 따라서 식량생산에 필요한 노동력을 감소시키는 것과 같은 조건들을 만들었기 때문이다. 작고 자원이 부족한 쿠바와 같은 나라에 경제적·정치적 어려움을 야기하기 위해 고안된 이러한 정책은 쿠바 정부에 정치적·사회적 고통을 주기 위한 것이었지만, 간접적으로 그것은 쿠바 국민의 반제국주의와 혁명적 민족주의 감정을 강화하는 역할을 했다.

쿠바에 존재하는 사회주의 경향의 국가자본주의와 전 소련과 동구 국가에서 지배적이었던 소위 '실질 사회주의' 간에는 처음부터 본질적 차이가 있었다. 그것은 쿠바 국가가 제2차 세계대전 이후 나치 파시즘 붕괴에 이어 수년간 진행된 민족해방과 탈식민지화의 광범위한 과정의 한 부분으로서 민족민주주의 혁명의 결과로서 탄생한 반면, 동구의 체제는 얄타와 포츠담 협정의 틀에서 소련군이 이 지역으로 들어오면서 탄생했다. 따라서 후자의 경우 1923년부터 소련이 힘으로 통제했던 관료계급의 독재적 수단들이 처음부터 이식되었다(티토의 유고슬라비아는 예외이고, 사전에 이미 강력한 공산당이 존재했던 체코슬로바키아와 헝가리도 부분적 예외이다). 쿠바 국가는 사회운동들을 포용할 수도 있었고, 그것들을 질식사시킬 수도 있었다. 왜냐하면 구지배계급과 그들이 영향력을 미칠 수 있는 부문이 외국으로 떠나버린 쿠바에서 국가는 수십 년 동안 매우 확고한 사회적 합의를 누릴 수 있었기 때문이다. 그러나 포용이든 질식사든 이러한 상황은 민중위원회(Consejos Populares)와 같은 민중권력과 민주적 참여를 위한 공식적 구성요소들을 모두 관료화시켜버렸다. 그리고 국가기구는 자신의 정책 형성을 목적으로 하는 자발적 조직을 만들려는 모든 시도들을 의심의 눈초리로 보기 시작했다.

그렇지만 혁명을 통해 탄생한 체제가 누리는 사회적 합의로 인해 쿠바의 지식인 계급에게는 사회주의적 비판의 공간과 자발적 의사 설립의 공간이 허용되었다. 그것은 소련이나 그에 의존하는 국가들에서 일어나는 것과 다른 현상이다. 또한 그와 같은 상황은 도시의 범죄가 정부와 정당의 세력들과 밀접하게 연결된 마피아를 형성하는 수준에까지 나아가지 않게 했다. 실제로 소련에서는 레오니트 브레즈네프(Leonid Brezhnev) 시대부터 그러한 상황이 많이 발생했다. 대신에 쿠바에서는 무엇보다 '적당히 해결하다(arreglarse)'[20]의 필요성이 대두되었다. 이는 정부의 경제적 실책과 외부의 봉쇄로 인해 모든 쿠바인들이 짊어져야 하는 삶의 형태이다. 그것은 극단적이고 질서를 문란하게 하는 것으로서 걱정스럽기는 하지만 그렇다고 크게 걱정할 문제는 아니다. 여성운동과 같이 정부가 포용한 사회운동들은 여전히 살아 있다. 그들은 국가를 민주화할 뿐만 아니라, 성(性)문제나 가족문제와 관련하여 긍정적 변화를 이루기 위한 투쟁에 기여한다. 다른 경우, 즉 노조나 열악한 숙식 상황에 대한 학생들의 항의와 같은 경우에는 지도부 외의 영역에서 억압이 행해진다.

결론적으로 쿠바 사회는 살아 있다고 말할 수 있다. 당과 국가와 테크노크라트 관료 등 다양한 세력들 간에 쿠바가 나아가야 할 방향(중국과 베트남식 개혁이냐, 미국과 다국적 기업에 대한 개방을 통한 완전 자유시장경제냐)에 대한 조용한 논쟁들에서 다양한 형태의 (문화, 환경, 학생 등등) 사회운동들의 활동 여지가 있다. 이들은 모든 형태의 결정을 채택하는 데, 특히 민주적 과업과 사회주의로의 길을 방어하는 데 대중의 참여를 보장한다.

---

20) 법의 경계선에서 삶의 자잘한 문제를 해결하는 방식. ― 옮긴이

참고문헌

Almeyra, Guillermo. 2010. "Cuba, un documento peligroso I." en *La Jornada*, No. 9431, 14 de noviembre. México.

_____. 2010a. "Cuba, un documento peligroso II." en *La Jornada*, No. 9438, 21 de noviembre. México.

_____. 2010b. "Cuba, un documento peligroso III." en *La Jornada*, No. 9445, 28 de noviembre. México.

_____. 2010c. "Cuba, dos opciones falsas y una rechazada." en *La Jornada*, No. 9459, 12 de diciembre. México.

_____. 2011. "Cuba, ¿profundizar el socialismo?" en *La Jornada*, No. 9618, 22 de mayo. México.

Gilly, Adolfo. 1964. "Cuba: coexistencia o revolución." en *Monthly Review*, No. 15. Buenos Aires.

Moscato, Antonio. 1996. *Breve Storia di Cuba*. Roma: Datanews.

Oficina Nacional de Estadísticas de la República de Cuba. 2009. *Censo 1953*. La Habana: ONE.

_____. 2009. *Censo 2009*. La Habana: ONE.

Partido Comunista Cubano. s/f. *Lineamientos de Política Económica y Social*, VI Congreso PCC, Granma. La Habana.

Scott, James C. 2007. *Los dominados y el arte de la resistencia*. México: ERA.

제16장

내부적 요인으로 본 쿠바 정치변동 전망

시민사회를 중심으로

김기현

쿠바의 정치적 변화는 외부적 요인과 내부적 요인에 의해 결정된다. 외부적 요인인 미국의 대쿠바정책에서 근본적 변화가 없을 것으로 예상되기 때문에 쿠바 사회주의의 변화는 결국 내부적 요인에 의해 결정될 수밖에 없다. 한 나라의 내부적 변화를 이끄는 여러 가지 동인 중 시민사회는 매우 중요한 위치를 차지한다. 하지만 쿠바의 시민사회는 정부의 억압으로 인해 아직 잘 발달하지 않았고, 매우 약하며, 심지어 파편화되어 있다. 따라서 쿠바의 시민사회에서 변화의 동력을 찾는 것은 아직 무리이다. 쿠바 사회주의의 변화는 결국 위에서 아래로 전개될 수밖에 없다. 그러나 위에서부터의 개혁이 시작되면 쿠바 시민사회의 잠재력이 발휘될 수도 있다. 따라서 이 글에서는 바로 이런 쿠바 시민사회의 한계와 잠재력을 고찰해보고자 한다.

김기현 멕시코 국립자치대학교(UNAM) 정치사회과학대학에서 중남미지역학 석사와 박사학위를 받았다. 현재 선문대학교 스페인어중남미학과 교수이며, 한국라틴아메리카학회 부회장, 외교부 중남미국 정책자문위원으로도 활동하고 있다.

* 이 글은 ≪이베로아메리카≫ 제9권, 1호(2007년 6월)에 실린 필자의 논문을 일부 수정한 것이다.

1. 서론

　쿠바에 대한 관심은 대부분 지구 상에 마지막으로 남은 몇 안 되는 사회주의 국가이자 라틴아메리카 반미주의의 상징인 이 나라가 앞으로 어떤 모습으로 변화할 것인지에 모인다. 특히 쿠바에서 절대적 위치를 차지하고 있는 피델 카스트로의 나이가 금년 79세[1]인 점을 고려하여 이미 그의 사후 쿠바의 변화에 대해 많은 전망들이 나오고 있다(Colomer, 2003; Radu, 2000; Piggott, 1999).

　쿠바 정치변동에서 가장 먼저 고려해야 할 사항은 무엇보다 미국의 대쿠바정책이다. 그러나 관련된 주제를 다룬 필자의 전 논문에서 밝힌 대로 미국의 대쿠바정책은 피델 사후에도 지금과 큰 차이가 없을 것으로 보인다(김기현, 2004). 논문에서 밝힌 여러 가지 이유들로 인해 미국은 피델 사후에라도 성급하게 쿠바에 대한 군사적 개입을 감행하거나 혹은 반대로 현재의 경제제재조치를 해제하거나 하는 정책의 획기적 변화를 실행하지는 않을 것으로 보인다.

　반면 미국은 현재의 경제제재조치를 지속하는 가운데 쿠바 내부로부터의 변화를 유도하는 전략을 펼칠 것이다. 따라서 앞으로 쿠바 정치변동을 전망하기 위해서는 쿠바의 내부적 요인에 대한 분석이 무엇보다 중요하다.

　내부적 요인으로는 시민사회와 권력층이 주요 분석 대상이다. 정치적 변동은 시민사회에 의한 내부적 압력과 미국의 대쿠바정책과 같은 외부적 압력에 대해 권력층이 단합하느냐 분열하느냐에 따라 권위주의 체제

---

1) 이 논문을 쓸 때 당시의 나이이다. 피델은 1926년 8월생으로 2014년 현재 그의 나이는 만 87세이다.

의 강화, 민중정부의 성립, 개혁 정부의 탄생 등으로 다양하게 나타난다 (Przeworski, 1991). 따라서 외부적 요인이 고정적이라고 한다면 결국 변화를 전망하기 위해서는 시각을 시민사회와 권력층에 맞출 수밖에 없다.

따라서 이 글은 우선 변화의 동인으로서 쿠바의 시민사회를 중점적으로 분석하고 나아가 결론적으로 쿠바 권력층의 향방에 따른 정치변동의 전망을 시도해보고자 한다. 물론 시민사회에 대한 분석의 초점은 쿠바 시민사회가 얼마나 정치변동에 영향을 미칠 수 있는가 하는 점에 맞추어질 것이다.

그러나 이를 위해 시민사회의 개념을 단순히 고전적 의미에서 정치적 자유권과 경제적 자율권을 추구하는 반국가적 반체제적 시민조직으로만 한정하지는 않을 것이다. 이 글에서는 시민사회의 개념을 확장해서 그것이 대중민주주의의 한계를 극복하기 위한 시민단체나 비정부기구(NGOs)를 의미하는 데까지 나아갈 것이다. 그렇게 되면 쿠바 시민사회는 좀 더 다양한 스펙트럼을 가지게 된다. 물론 이 경우 쿠바의 시민사회가 모두 체제변화와 직접적으로 연결되지는 않는다. 오히려 대부분의 시민사회들은 국가 통제하에서 체제를 유지·발전시켜 나가는 데 기여하고 있다.

그럼에도 이 글에서 이들 "사회주의 시민사회"(Dilla, 1999) 혹은 "공산주의 시민사회"(Falcoff, 2003)라 불리는 국가 통제하의 시민사회들을 포함하는 것은 이들에게서도 쿠바 사회에 대한 개혁적 대안과 국가로부터의 자치적 공간의 확보 시도라는 움직임이 미약하나마 감지되기 때문이다. 물론 이러한 움직임이 체제변화를 추구하는 것은 아니지만 향후 쿠바 사회의 변화를 위한 하나의 방향을 제시한다는 점에서 고려의 대상이 될 가치가 있다고 생각된다.

따라서 이 글은 시민사회의 분석대상을 단지 카스트로 체제에 반대하는 시민사회 운동에만 국한하지 않고 다양한 범주의 시민사회 모두를 분석의 대상으로 삼고 각각이 가지는 정치변동에 대한 전망과 체제변화에 미치는 영향력 등을 분석하게 될 것이다.

쿠바 시민사회에 대한 분류는 아직 체계적으로 이루어져 있지는 않다.[2] 따라서 우리는 이들 시민사회를 우선 국가와의 관계 그리고 정치적 변화에 대한 시각에 따라 자치적 체제 반대 그룹과 종속적 체제 개혁 그룹으로 나누고 그와 별도로 성격을 명확히 규정하기 힘든 종교 단체들은 전통적 그룹으로 따로 분리해서 다루고자 한다. 물론 모든 시민사회단체들이 이러한 범주 중 하나로 명확히 구분되지 않을 수도 있다. 이런 한계에도 불구하고 여기에서는 체계화를 위해 일단 크게 범주를 나누고 그 안에서 각각이 가지는 구체적 성격들, 예를 들어 영향력, 체제에 대한 시각 등을 설명하게 될 것이다.

---

2) 디야(Dilla, 1999)는 법적으로 등록된 시민사회단체 2,154개를 구체적 성격에 따라 전통적 대중조직, 노조 및 전문가 조직, 종교단체, 비정부기구(NGOs), 지역기반 사회운동, 예술가·지식인 그룹 그리고 신경제 활동가(new economic actors)로 나누고 있으며, 체제에 반대하는 시민사회만을 분석의 대상으로 삼고 있는 오테로와 오브라이언(Otero and O'Bryan, 2002)은 역시 체계화에 대한 시도 없이 각각의 성격에 따라 비조직적 반대파, 조직적 반대그룹, 종교단체, 독립 언론, 사회주의 기업인(socialist entrepreneurs)으로 나눈다. 팔코프(Falcoff, 2003)는 시민사회를 종교단체, 인종그룹, NGO로 나누고 NGO는 다시 전통적 대중조직(preexisting bodies), 정부가 조직한 기구, 국가 영향력 밖에서 활동하는 기구 이렇게 세 범주로 나누고 있다. 쿠바 시민사회에 대한 가장 체계적인 분류는 페르난데스(Fernandez, 2003a)에 의해 시도되었는데 그는 시민사회단체들을 국가와의 관계의 정도에 따라 차례로 정부통제기구(controlled governmental organizations: CONGOS), 정부지향기구(government oriented organizations: GONGOS), 비정부기구(non-governmental organizations: NONGOS)로 나누고 있다.

2. 전통적 시민사회: 종교단체들

1) 가톨릭교회

전통적 시민사회의 가장 대표적 사례로서 종교단체들은 단순히 종교적 기능을 넘어 다양한 사회적 활동에도 참여하고 있다. 그러한 경향은 1991년 제4회 공산당대회가 종교에 대해 유연한 입장을 보여줌으로써 더 활발해졌다. 종교단체 중에서 가톨릭교회는 혁명 이전에 존재했던 시민사회단체로서 혁명 후에도 계속 유지된 거의 유일한 단체이다. 게다가 가톨릭교회는 전국적 조직, 대중적 기반, 의미 있는 해외 지원 등을 갖추고 있음으로 인해 국가에 맞설 수 있는 조건을 가진 유일한 시민사회단체이기도 하다.

가톨릭교회는 전국에 걸쳐 11개의 대교구와 247개의 소교구 그리고 650개의 교회를 가지고 있으며(1996년 기준), 1명의 추기경과 13명의 대주교, 그리고 300명의 사제를 보유하고 있다.[3] 또한 가톨릭교회는 두 개의 신학대학도 가지고 있다. 이 외에도 가톨릭교회는 잡지나 회보 등 약 20개 이상의 출판물을 전국 단위로 유포하고 있으며 카리타스(CARITAS)의 지원을 받는 다양한 사회복지사업 기구들을 거느리고 있다.

그럼에도 가톨릭교회는 쿠바 사회에 깊이 뿌리내리지 못하고 있다. 그 이유는 첫째, 쿠바인의 상당수가 실제 종교적으로 토착신앙에 더 깊이 경도되어 있으며 둘째, 쿠바인들의 개방적이고 감성적인 민족성으로 인해 쿠바인 사제가 부족하여 대부분의 사제들이 외국인이기 때문에 교회의 민족적 정체성이 부재하고 셋째, 가톨릭교회가 지금까지 국가와

---

3) 이들의 50%는 외국 태생이며 또 사제의 50% 이상이 아바나에 몰려 있다.

갈등적 관계를 가지기보다는 지배계급과의 연합을 추구하는 모습을 보였기 때문이다(Falcoff, 2003).

혁명 이후 가톨릭교회는 혁명 정부의 탄압하에서 살아남기 위한 전략으로 혁명에 적극적으로 참여하는 모습을 보여주었다. 1991년 위기 이후에도 교회는 국가와 갈등관계를 가지기보다는 종교적 확산에만 관심을 가졌다. 그에 따라 정부도 가톨릭교회에 대해서 유화정책을 펼치기도 했다.[4]

경제적 위기 상황에서 쿠바 정부는 가톨릭교회가 받을 수 있는 국제적 지원이 사회복지사업에 기여할 수 있도록 교회의 힘을 빌려야 했고 쿠바 국민들 또한 경제적으로 어려운 상황을 종교를 통해 극복하려는 태도를 보여주었기 때문에 가톨릭교회는 경제적 위기의 상황에서 가장 좋은 조건을 누렸다.[5]

그러나 쿠바의 경제상황이 점차 호전되자 교황의 쿠바 방문을 정점으로 정부는 가톨릭교회에 대한 통제를 다시 강화하고 있다. 최근 정부는 사회복지사업에서 가톨릭교회의 역할을 제한하기 시작했고, 해외에서 사제를 데려오려는 요청을 반복적으로 거절했다.[6]

---

4) 1991년 쿠바공산당은 혁명 이후 처음으로 직업적 종교인으로 가입하는 것을 금지한 법을 폐지했고, 1992년에는 헌법상 '무신론적 국가'라는 정의를 '비종교적 국가'라는 명칭으로 바꾸었다. 1996년에는 마침내 카스트로가 교황청을 방문했고 1997년 1월에는 역사적인 교황의 쿠바 방문이 이루어졌다.

5) 그에 따라 세력도 확장되었는데 그 예로 한 해에 세례받은 사람의 수를 보면 1994년 1만 4,000명이었던 것이 1998년에는 7만 81명으로 거의 다섯 배가량 늘어났다.

6) 사회복지 서비스를 제공하는 교회의 중심에 카리타스라는 단체가 있다. 로마에 본부를 두고 있는 이 국제적 구호 기구는 쿠바에서는 1991년 처음으로 설립되었다. 1999년 카리타스는 미국과 유럽으로부터 200만 달러의 지원을 받았지만 지원금이

그것은 가톨릭교회가 가지는 개인 중시 다원주의적 성향과 그의 영향력에 대한 쿠바 정부의 두려움을 반영하는 것이다. 가톨릭교회는 기본적으로 경제적 부분에서 개인소유와 자유시장 경제를 지지하는 입장이며, 정치적으로는 다당제 민주주의의 비전을 가지고 있다. 따라서 교회의 입장은 기본적으로 카스트로 체제와는 다른 것이다. 게다가 가톨릭교회의 성직자들은 교회를 쿠바에서 유일한 진정한 참여의 공간으로서 시민사회의 중심에 놓으려는 노력을 해왔다.

이러한 이유로 인해 정부는 가톨릭교회를 여전히 통제하고 있다. 국가는 여전히 사제의 수를 제한하고 있으며, 언론에 대한 교회의 접근을 통제하며, 종교적 학교를 금지하고, 교회의 자선활동을 제한하고, 공공장소에서 대대적인 종교적 집회를 금지하고 있다. 이러한 국가의 엄격한 통제가 존재하는 한 시민사회로서 가톨릭교회의 자치적 행동 공간은 아직은 매우 제한적이다.

2) 다른 종교단체들

쿠바에 프로테스탄트 신자들의 수는 그다지 많지 않다. 그러나 그들의 수는 최근에 지속적으로 증가세를 보이고 있다. 쿠바인의 약 20%가 한 달에 한 번 정도 정기적으로 가톨릭이나 프로테스탄트 교회에 참석한다. 그중 프로테스탄트로 분류되는 사람은 크게 잡아 100만에서 최대 200만 명 정도이다.

현재 프로테스탄트 교회의 활동은 대부분 지역사회 발전프로그램과

쿠바 정부에 의해 집행되어야 한다는 제한으로 인해 쿠바 정부와 불편한 관계에 있다.

대중교육 등에서 이루어지고 있다. 가장 두드러지는 사례로는 아바나 시에 있는 마틴 루서 킹 목사 센터(Martin Luther King Center)인데 이 단체는 서민 거주지역에서 수많은 지역발전 프로그램을 지원하고 대중교육을 담당할 지역단위의 활동가들을 훈련시키는 일을 하고 있다. 그뿐만 아니라 이들은 환경이나 성(gender) 등의 문제를 다루는 잘 알려진 잡지를 발행하고 있기도 하다. 그리고 프로테스탄트 교회 중앙조직으로 쿠바 교회 협의회(Cuban Council of Churches)[7]를 두고 있다.

수적 증가에도 불구하고 프로테스탄트 교회는 카스트로 정부하에서 정치적 약점을 지니고 있다. 그것은 프로테스탄트 교회의 대부분이 미국과 밀접히 연결되어 있기 때문이다. 따라서 프로테스탄트 교회는 쿠바에서 살아남기 위해 혁명 정부를 적극적으로 지지하는 입장을 보여주고 있다.

물론 프로테스탄트 교회의 이러한 친정부적 입장에도 불구하고 신자들은 반드시 이러한 교회 중앙기구의 입장을 그대로 받아들이지는 않는다. 개인 가정에서 소규모 모임을 통해 종교적 신앙 활동을 하는 소위 가정교회(casas cultos)는 이러한 흐름을 반영하고 있는데 1990년대 이래 이러한 몇십 명의 작은 모임인 가정교회의 수는 만여 개로 늘어났고 그 결과 십만 명 이상의 쿠바인들이 이러한 종교적 그룹에 참여하고 있다. 이에 따라 최근 정부도 이들에 대한 감시와 통제를 강화하고 있으며 그 결과 이들 단체들은 팩스기나 복사기 등의 구입에도 제한을 받고 있다(Falcoff, 2003).

결국 프로테스탄트 교회의 지도부는 종교적 세력 확산을 위해 친정부

---

7) 쿠바교회협의회는 마탄사스에 있는 프로테스탄트 신학대학을 지원하고 있는데 이 신학대학은 쿠바에서 혁명에 우호적인 신학이론을 만들어내는 요람이기도 하다.

적 입장을 유지하는 반면 좀 더 자치적으로 소규모 가정교회를 중심으로 종교적 신앙생활을 하는 많은 프로테스탄트 교인들은 정부의 통제를 받고 있기 때문에 이들 프로테스탄트 교회나 교인들이 사회변혁을 주도할 힘은 없는 것처럼 보인다. 다만 민주화가 진행될 경우 이들이 주요 세력으로 등장할 가능성은 있다.

산테리아(Santería)[8]라 불리는 쿠바의 토속신앙은 쿠바에 유입된 아프리카 노예들의 토속신앙으로서 18세기부터 쿠바 국민의 종교에서 가장 중요한 부분을 차지하게 되었다. 그리고 이들의 활동은 혁명의 가장 반종교적 국면에도 사라지지 않고 지속되었으며, 결국 1980년대에 혁명 정부는 사적인 영역에서 이루어지는 이러한 종교적 활동을 허용하게 되었다.

산테리아는 현재 쿠바 종교 중 실제 가장 많은 수의 신자를 보유하고 있다. 그뿐만 아니라 지역 단위에서 이들은 매우 효과적인 비공식적 정보 네트워크와 집단화의 기능을 수행하고 있다. 그럼에도, 전국적 단위의 조직 없이 지역적으로 파편화되어 있어 그의 집합적 영향력은 제한적이다.

또한 대중적 영향력과 그의 세력에도 불구하고 산테리아의 전반적 성향은 매우 친정부적이다. 산테리아가 이러한 성향을 보이는 데는 정부의 역할이 크게 작용했다. 정부는 산테리아를 통제하기 위해 비밀요원을 내부에 침투시켰으며, 또 정부에 협조적인 사제들에게는 경제적 혜택을 주기도 했다. 산테리아가 정치적 성격을 가지는 것을 막기 위해 그의 문화적 가치를 집중적으로 강조하는 전략을 펼치기도 했다. 그

---

8) 아프리카 노예들에 의해 시작된 토속신앙은 산테리아 말고도 팔로 몬테(Palo Monte)와 아바쿠아(Abakua) 비밀집단 등이 있다.

결과 바발라오스(babalaos)라 불리는 사제들은 국가와 특권적 관계를 누리게 되었다. 따라서 산테리아에서 체제 변화의 동력을 기대하는 것은 무리라고 생각된다.

3. 종속적 시민사회

혁명 이전 쿠바 시민사회는 양적으로 매우 풍부했다. 그러나 질적으로는 조직화되어 있지 않았고 공동의 프로젝트도 부재했다. 반면 혁명 이후 시민사회는 조직을 강화하고 공동의 비전을 가지게 되었으나 대부분 국가에 의해 만들어지고 통제되는 위로부터의 시민사회였다.

1991년 동구와 소련의 붕괴 이후 쿠바 사회가 경제적 위기 상황에 직면하면서 국가로부터 자율적인 진정한 의미의 비정부기구(NGOs)를 위한 공간이 열리기도 했지만 현재 이들은 완전한 독립적 기구로서의 역할을 포기하고 정부의 통제하에 들어갔거나 아니면 극히 소규모의 비밀 조직으로서 활약하고 있을 뿐이다. 따라서 현재 존재하는 쿠바 시민사회의 대부분은 카스트로 정부의 시민사회에 대한 비전에 합치해서 행동하고 있다고 봐도 무리가 아니다.

1980년대 후반 경제위기는 쿠바 사회주의 체제에 제한적이나마 개혁과 개방을 가져왔다. 그로 인해 쿠바 경제에도 시장경제와 달리 경제를 위한 여백이 생겨났고 국가의 통제력은 상대적으로 약화되었다. 국가 통제력이 약화된 공간은 다양한 시민사회단체나 커뮤니케이션 네트워크 등에 의해 채워졌다. 국가로부터 독립적인 토론과 활동의 공간이 다시 출현하는 것처럼 보였다.

사실 1990년대 초까지만 해도 쿠바에서 시민사회에 대한 언급은 매우 조심스러웠다. 그것은 시민사회가 소비에트 마르크스주의의 금기사항이었고, 동구권 붕괴 시 좌우 세력을 결집시키는 구심점 역할을 했다고 간주되었으며, 나아가 미국의 대쿠바 전략의 핵심 아젠다 중 하나로 여겨졌기 때문이다.

하지만 1992년 리오 정상회담에서 피델 카스트로의 시민사회에 대한 긍정적 언급 이후 쿠바 내부에서 지식인과 사회 활동가들이 시민사회에 대해 활발한 논의를 시작하게 되었다. 그러나 카스트로나 쿠바공산당의 시민사회에 대한 인식은 미국이나 서구 국가들이 기대하는 그러한 시민사회와는 다른 것이다. 카스트로의 시민사회에 대한 기본적 입장은 사회주의 건설의 공동 목적을 추구하기 위한 사회 각 분야의 다양한 참여 조직들을 의미하는 것이다.

이와 관련하여 에르난데스(Hernández, 2002)는 쿠바 시민사회에 대한 논의에서 가장 잘못된 인식 중 하나가 쿠바에서 시민사회라고 하면 단지 인권그룹이나 정치적 반대조직 그리고 가톨릭교회만을 말하는 것으로 생각한다는 점이다. 실제로 미국이나 서구의 학자들이 쿠바에서 시민사회를 언급할 때는 주로 이러한 정치적 반대 그룹들만을 의미하는 경우가 많다.

반면에 이러한 인식에 대해 에르난데스는 쿠바의 토착 종교인 산테리아는 비록 정치적 반대 그룹은 아니지만 쿠바에서 가장 세력이 큰 전형적인 시민사회라고 주장한다. 그리고 해외에서 쿠바의 대표적 시민사회 단체로 알려진 반체제적 성격의 인권그룹은 그것이 해외에 알려진 것에 비해 국내에서 그의 실질적 존재는 매우 미약하다는 점을 강조한다.

따라서 쿠바에서 시민사회를 정치적 반대라는 개념을 넘어 다원주의와 참여민주주의 건립을 위한 공간이라는 차원에서 생각한다면 쿠바의 시민사회는 더욱 넓은 지평에서 다루어질 수 있을 것이다. 이와 관련하여 사네이(Saney, 2004: 65~67)는 쿠바에서 시민사회가 단지 국가와 대립되는 개념으로만 규정되지 않는다면 쿠바 시민사회는 매우 '역동적으로 존재(dynamic existence)'함을 주장하고 있다. 그에 따르면 쿠바 사회는 사회 모든 부문의 이익을 정치에 반영하는 다양한 사회조직들을 가지고 있으며 이들 조직들은 공산당조차도 가지고 있지 않은[9] 법률제안권 등을 통해 정책결정과정에 활발히 참여하고 있다.

현실적으로 쿠바에서 시민사회의 성격은 제한적일 수밖에 없다. 그것은 미국이 여전히 자치적 시민사회를 체제변화의 핵으로 만들려는 의도를 가지고 있고 쿠바 내부의 정치세력들도 경쟁세력이 부각되는 것을 달가워하지 않았기 때문이다. 이에 1995년에는 「헬름스-버튼법」이 통과된 것을 계기로 쿠바 정치권에서는 시민사회에 대한 강력한 반대의견이 제시되었고 급기야 1996년 쿠바공산당 기관지인 ≪그란마(Granma)≫는 자치적 시민사회를 미국의 이익을 침투시키는 트로이 목마로까지 규정하게 되었다.

따라서 오늘날 쿠바에서 정치권력의 요구하에 역동적인 활동을 하는 시민사회는 결국 국가에 의해 통제되는 '사회주의적 시민사회'이다. 정치권력은 위기상황에서 과감한 경제개혁을 실시했음에도 불구하고 정치적으로는 위기상황이라는 구실로 비경쟁적 구도를 여전히 유지함으로써 자치적 시민사회의 발전은 극히 제한적이었다.

어쨌든 사회주의 건설의 공동목적을 추구하는 공식적 대중조직이나 법의 테두리 내에서 활동하는 NGO와 시민사회단체 등의 존재는 인정

---

9) 쿠바공산당은 인구의 약 15%인 150만 당원을 가지고 있다. 하지만 당은 단지 이데올로기를 생산하고 유포하는 기능만 담당할 뿐 의원 후보 임명권도 없고 입법 제안권도 없기 때문에 실질 정책결정에 미치는 영향력은 제한적이다.

되고 있기 때문에 결국 현재 쿠바에서 실제로 존재하는 대다수 시민사회의 실체는 사회주의 프로젝트의 사회동원을 위한 기구로서 기능하는 것들이 거의 대부분이다. 따라서 몇 개의 시민단체를 제외하고 쿠바에서 현재 실제로 존재하는 대부분의 시민사회단체들은 자치적 권한 없이 현 정치체제를 지지하는 광범위한 합의를 형성하고 있다(Dilla, 1999).

그러나 쿠바 시민사회의 대부분을 차지하는 이들 종속적 시민사회단체들이 완전히 국가에 종속적이고 체제에 대해 순응한다고 보기는 어려울 것이다. 이들은 경제개혁 조치 이후 매우 제한적이나마 국가와의 관계를 재설정하고 일정한 자치적 권한을 가지려는 노력을 보여왔으며 또 나름대로의 정치개혁안[10]도 제시하고 있다. 따라서 우리는 종속적 시민사회의 성격을 무조건 체제 순응적이라고 규정하기보다는 그들 나름대로의 개혁적 노력과 좌절도 동시에 살펴보아야 할 것이다.

1) 전통적 사회주의 대중단체

전통적 대중단체는 '사회주의 시민사회'의 핵이다. 백만 명 이상의 회원 수를 가진 대표적 전통적 사회주의 대중단체로는 혁명방어위원회 (Comité para la Defensa de la Revolución), 쿠바여성동맹(Confederación de las Mujeres Cubanas), 쿠바노동자동맹(Confederación de los Trabajadores Cubanos) 등이 있다. 그리고 그보다 규모는 작지만 학생조직으로 대학생연맹(Federación de los Estudiantes Universitarios)이나 농민조직으로 소농인

---

10) 개혁안은 각 단체들마다 다 조금씩 다르겠지만 일반적으로 일치하는 부분들을 간단히 살펴보면 일당체제를 유지하는 가운데 당내 민주화 추진, 의회에서는 대중의 대표성 강화, 비정부기구의 확대, 노조의 역할 강화, 군부의 경제적 자립화 등으로 요약된다(Hernández, 2002: 120~121)

국가연합(Asociación Nacional de los Agricultores Pequeños: ANAP) 등이 이 범주에 들어간다.

이들은 국가와 뚜렷한 상하조직 체계를 형성하며 국가와 정당 간에 가교역할을 수행한다. 이들은 자치적 권한이 거의 없지만 때에 따라 그들의 활동 영역에 영향을 주는 문제들에 관해서는 자신의 입장을 가지기도 한다. 또한 이들은 자신들이 대표성을 가지는 분야에서 정책 결정에 참여하기도 하며 일반 회원들 사이에서는 매우 적극적인 자치성향이 나타나기도 한다. 특히 위기 이후 새로운 조건에서 자신들의 회원의 이익을 효과적으로 대변하기 위해 이러한 자치경향은 강화되는 추세이다. 그러나 이러한 자치경향이 국가의 정책과 충돌할 때 그들의 자치적 행동 권한은 여전히 심각한 한계에 직면하게 될 것이다.

2) 지식인·예술인단체

지식인이나 예술인들을 포함하는 전문가단체 또한 '사회주의 시민사회'의 주요한 인자로서 국가와 시민사회 사이의 문지방과 같은 위치를 차지하고 있다. 이들 단체의 이러한 특성은 그들이 국가와 같은 정치적 목표를 가지고 있기 때문이라기보다는 오히려 이들이 국가로부터 자유롭게 사고하고 행동할 수 있는 자치권이 부족하기 때문이라고 보는 것이 더 정확할 것이다.

그러나 최근 이들 그룹 역시 일반회원들 사이에서는 자치적 움직임이 일어나고 있으며 특히 1990년대 초 위기 이후 자치적 경향을 좀 더 강화하는 모습을 보여주기도 했다. 심지어 이들은 전문성을 발휘하여 경제개혁 과정에서 국가의 공식적인 정책과는 다소 차이가 있는 개혁안을 제시하기도 했다.[11]

이러한 성격의 대표적인 지식인·예술인단체로는 정치국원인 아벨 프리에토(Abel Prieto)가 주도하는 쿠바예술인작가연합(Unión Nacional de Escritores y Artistas Cubanos: UNEAC)과 아메리카연구센터(Centro de Estudios de América: CEA) 등이 있다.

CEA의 사례는 전문가 집단의 최근 자치적 공간 추구의 가장 대표적인 사례이다. 미주의 정치경제발전에 대해 연구하는 쿠바의 대표적 싱크탱크인 CEA는 경제 위기 이후 독자적인 개혁프로그램을 제시하는 등 자치적 공간을 확대했다. 심지어 CEA의 주요 멤버들은 자신들이 실제 자치적인 비정부기구에 속한 것처럼 행동하기도 했다. CEA의 연구원들은 비록 제한적 영역에서나마 대안적인 정책을 제시했으며 그들이 정당의 부속물이 아닌 것처럼 행동했다.

한편 이러한 시도는 최근 정부의 강력한 통제와 억압을 받아 그들의 자치적인 공간이 다시 제한되고 있는 상황이다. 1996년 라울 카스트로는 "이들은 해외의 쿠바 전문가들이 쳐놓은 거미줄에 걸려들어 미국의 하수인으로 그들의 정책을 옹호하게 되었다"고 강력히 비판하면서 그의 소장인 루이스 수아레스(Luís Suárez)를 몇 개월 동안 농촌에서 봉사하는 임무를 부여했으며, 주요 연구원 중 6명을 해직시켰다. 그로서 정부

---

11) 지식인과 문화인들의 이러한 애매모호한 성격 때문에 페르난데스(Fernandez, 2003a: 236~237)는 이들 단체들을 종속적 시민사회인 정부통제기구(CONGOS)와 자치적 시민사회인 비정부기구(NONGOS)의 중간 단계인 정부지향적 기구(GONGOS)로 분류하고 있기도 하다. 한편 앞서 언급한 전통적 사회주의단체들은 당연히 CONGOS로 분류되고 있고, 다음에 나오는 자영업자와 같은 신경제 활동가들은 CONGOS와 GONGOS의 중간으로 분류된다. 따라서 이들 종속적 시민사회단체들도 그들 사이에서 국가에 대한 종속적 정도의 차에 따라 굳이 나누자면 전통적 사회주의단체, 신경제 활동가, 지식인·예술가단체의 순서가 될 것이다.

는 CEA에 대한 통제를 다시 강화할 수 있게 되었다(Giuliano, 1998).

쿠바 누에바스 트로바도레스(Nuevas Trovadores)[12]를 대표하는 가수인 파블로 밀라네스(Pablo Milanes)가 설립한 파블로 밀라네스 재단(Fundación Pablo Milanes)은 문화예술인단체의 대표적 사례라 할 수 있다. 스스로를 비정부기구라고 규정하면서 1990년대 초 밀라네스가 설립한 이 민간재단은 쿠바 음악과 모든 예술들을 보존하기 위해 국가로부터 독립적으로 자치적인 프로젝트를 시도했다. 그러나 이들의 이러한 문화적 행위조차 정부의 반대에 의해 중단될 수밖에 없었다.

물질적 지원을 얻기 위해 이러한 문화예술 그룹들의 해외 진출을 허용했던 국가도 이들 단체들이 점차 국가로부터 자치적인 성격을 강화해가자 지배층의 강경파를 중심으로 이들에 대한 통제의 필요성을 느끼게 되었다. 그로 인해 경제위기 이후 시작된 문화계의 개방 움직임에도 1996년을 기점으로 그들의 해외 진출과 자치의 경향을 박탈하기 위한 다양한 억압적 수단들이 적용되었다.

지식인·예술인단체에 불었던 약간의 자치적 움직임조차도 정부의 민감한 대응에 의해 사라짐으로써 이 분야에서 제기되었던 개혁의 분위기는 사라졌다. 하지만 카스트로 사후 정치적 개혁이 시작된다면 이러한 세력들은 개혁에 대한 이론적 기반을 생산하거나 문화적 운동을 전개하는 데 가장 중요한 역할을 맡게 될 것이다.

---

12) '새로운'의 '누에바'와 '음유시인'의 '트로바도르'가 합성된 용어로서 쿠바 혁명 이후 실비오 로드리게스(Silvio Rodriguez) 등이 주도한 새로운 음악. ─ 옮긴이

3) 신자본주의적 경제 활동가

경제개혁은 미래 시민사회의 중추가 될 시장과 밀접히 연결된 새로운 경제 활동가들을 불가피하게 만들어냈다. 개인의 기업활동 허용은 공적 영역에서 자치적인 공간의 확대를 가져왔고 국가권위의 탈중앙집중화를 촉구하기도 했다.

농업 부문에서 경제개혁은 과거의 비생산적인 국영농장을 축소하고 소규모의 협동조합을 통한 생산과 개인소유의 길을 확대했다. 그 결과 개인소유 농업인의 수는 1993년 14만 4,300명에서 1996년 17만 5,000명으로 증가했다. 비록 이들이 전체 고용에서 차지하는 비중은 1996년 기준으로 4.1%에 불과하지만 이들 자영농들은 현재 쿠바 경제에서 가장 부유한 부문 중 하나로서 점차 자신들의 자치적 공간을 증대하려고 시도하고 있기도 하다. 나아가 이들은 미래 쿠바 시민사회의 중요한 구성요소가 될 것이다.

한편 협동조합 농장에서 일하는 농민의 수는 40만 명에 달하는 것으로 평가되고 있으며 앞으로 그 수는 점차 더 증가할 것으로 보인다. 그리고 1993년에 설립된 협동조합 생산기초단위(UBPC)는 이들을 대표하는 조직이다.

이 조직은 기본적으로 쿠바 사회주의의 발전적 변화를 위한 것이긴 하지만 그의 기본적 가치가 생산성의 증대라는 점을 고려해볼 때 그들은 점진적으로 대안적 가치를 추구하게 될 것이다. 그럼에도, 현재 이들 조직은 여전히 정치적 통제 구조하에 놓여 있음으로 인해 자치적 활동에는 상당 부분 제약이 따른다.

시민사회의 또 다른 경제 활동가는 자영업자들(cuenta propistas)이다. 1993년 자영업이 법적으로 허용됨에 따라 현재 쿠바에는 상업, 수공업,

서비스업 등 약 100여 개의 분야에서 개인이나 가족단위의 자영업이 이루어지고 있다. 그리고 현재 법적으로 등록된 자영업자의 수는 20만 명에 달하고 있다. 팔라다레스(paladares)라 불리는 개인 식당이나 가정 집 내에서 외국 관광객들에게 방을 빌려주는 숙박업은 이들 자영업의 대표적 사례이다. 팔라다레스는 현재 아바나에만 약 2,000개 정도가 존재하는 것으로 알려져 있다.

이들은 경제개혁으로 그들의 활동이 합법화되면서 중요한 신경제 활동가로 부상했다. 그러나 그들이 비록 자유시장경제에 대한 경험을 하고 있음에도 불구하고 쿠바 체제의 민주적 변화에 미칠 수 있는 영향 력은 아직 미지수이다. 그것은 그들의 사업이 언제라도 국가에 의해 금지될 수 있는 불확실성을 안고 있기 때문에 국가에 대해서는 여전히 종속적일 수밖에 없기 때문이다(Otero and O'Bryan, 2002: 49).

이 밖에 외국인 투자와 연결된 비즈니스를 담당하는 반자치적 관료 그룹 또한 신경제활동가의 영역에 포함될 수 있다. 이들은 자신들의 국가와의 특별한 관계로 인해 아직까지 자신만의 특별한 조직을 갖고 있지는 않지만 미래 시민사회의 주역이 될 것임에는 틀림없다.

이러한 신경제활동가들이 아직은 자신들의 조직을 형성하거나 체제 에 도전하는 움직임을 보이지는 않는다. 하지만 해외로부터 달러를 송 금받거나, 개방경제를 통해 어떤 식이든 달러를 벌 수 있는 사람들 그리고 팔라다레스나 택시와 같이 자신의 개인 사업을 하는 사람들과 그렇지 못한 사람들 사이에서 사회적 격차가 점점 더 커짐에 따라 쿠바 인들 사이에도 미시적 수준의 사업가적 사고방식이 나타나고 있다. 따 라서 이들이 자신의 이익에 기초를 둔 사회적 정체성을 확립하고 일종 의 압력 그룹으로 발전할 가능성은 여전히 열려 있다. 하지만 현재 이들이 쿠바의 변화를 주도할 것을 기대하기는 어려울 것이다.

4. 자치적 시민사회

쿠바에는 역사적으로 자치적 시민사회가 역동적으로 존재해왔다. 그러나 혁명은 이러한 시민사회의 존재를 소멸시키고 다른 방향에서 시민사회를 발전시켰다. 그것은 국가로부터 자치적인 시민사회가 아닌 혁명을 지원하고 뒷받침하는 국가에 의해 통제되고 종속된 소위 '사회주의 시민사회'였다.

그럼에도 불구하고 쿠바에는 이런 종속적인 '사회주의 시민사회' 말고도 비록 그 규모는 작으나 엄연히 체제에 반대하고 국가에 대해 자치적인 시민사회가 존재한다. 이러한 시민사회는 비록 초보적 단계에 머물러 있지만, 그것의 존재는 쿠바 사회가 카스트로 체제하에서 완전히 동질적인 모습만을 지닌 것은 아니라는 것을 보여주기도 한다. 특히 1990년대부터 이러한 자치적 시민사회의 존재는 국제적으로도 주목받기 시작했다.

하지만 이런 국제사회의 주목과 연계가 쿠바의 자치적 시민사회에 힘을 주기도 하지만 한편으로 지배권력에 의해 '반민족적 행위자', '체제 붕괴를 노리는 미국의 하수인'이라는 타이틀을 받게 되는 구실을 제공하기도 하기 때문에 자치적 시민사회가 국민 다수에 뿌리내리기에는 여전히 한계가 있다.

현재 쿠바에는 종교단체를 제외하고 체제에 반대하는 시민사회단체의 수는 약 350개 정도로 추정되고 있다. 이들은 각각 다양한 조직 형태와 성격을 띠며 그들의 이데올로기도 다양하다. 정부의 영향력 밖에서 활동하는 시민사회단체들 중에서 언급할 만한 가치가 있는 그룹으로는 인권단체 혹은 정치 그룹과 독립적 언론인들을 들 수 있다.

물론 이들은 민주적 보수파에서 중도좌파까지 다양한 이데올로기를 가지고 있음에도 불구하고 공통적으로 자유선거와 시장경제를 추구하고, 국가에 대한 자치, 일당체제에 대한 반대, 시민사회의 공간 확대라는 공통의 목표를 가지고 있기도 하다. 앞서 체제 종속적 시민사회 내의 개혁안과 비교해보면 공산당 일당체제의 유지와 반대라는 점에서 가장 뚜렷한 차이를 보인다고 할 수 있다. 따라서 바로 이러한 점이 이들을 사회주의 시민사회와 구별 짓는 선이라 할 수 있을 것이다.

1) 인권단체 및 정치 그룹

쿠바 체제 반대파의 역사는 크게 네 국면으로 나누어진다(Fernández 2003b). 첫 번째는 혁명 직후 혁명 정부의 지나친 급진화와 권력 남용에 대한 혁명 그룹 내부의 반발이었다. 그런데 이 시기의 정치적 반대파들은 국제사회가 쿠바 혁명의 이미지에 매료되어 있었기 때문에 국제적인 주목을 끄는 데는 실패했다.[13] 그리고 당시 주도자들은 반혁명으로 몰려 처형되거나 투옥 혹은 해외로 추방되었다.

두 번째 국면은 혁명 이후 쿠바 최초의 인권단체가 설립된 시기이다. 인권단체는 공산주의 국가에서 체제에 반대하는 시민사회로서는 대개 가장 먼저 나타난다. 그리고 이러한 사실은 쿠바에서도 예외가 아니었다. 1976년에 쿠바에서도 혁명 이후 최초로 인권단체가 결성되었다. 친인권쿠바위원회(Comité Cubano pro Derechos Humanos: CCPDH)라 불리는 이 인권단체는 혁명 이전 친소련파 마르크스주의 정당인 사회민중당(Partido Socialista Popular) 출신들로서 당시 혁명 정부에서 중간 정도의 지위에 있던 전문가들에 의해 설립되었다. CCPDH는 혁명 이후 인권을

---

13) 국제사회가 쿠바의 인권문제에 관심을 가지기 시작한 것은 1980년대 말부터이다.

문제 삼은 최초의 단체이기는 하지만 마르크스주의자들에 의해 만들어 졌다는 한계를 동시에 가지고 있었다. 당시 소련과 동유럽의 정치적 반대파와 유사한 성격을 지닌 이 단체는 유엔 인권위원회를 통해 쿠바의 인권 문제에 대한 국제적 관심을 유도하는 데 성공했지만 정부의 탄압으로 감옥이 인권운동의 중심지로 변하기도 했다.

세 번째 시기는 유엔 인권위의 1988년 쿠바 방문을 계기로 인권 활동가의 수나 국제적 위상이 크게 증대한 시기이다. 정부의 탄압에도 불구하고 1976년 CCPDH를 시작으로 1980년대와 1990년대 인권단체의 수는 급속도로 늘어났다. 1990년대 초 체제에 반대하는 시민사회 중 인권단체의 성격을 띤 단체의 수는 약 50여 개가 되었으며 회원 수도 약 천여 명에 이르렀다. 이 시기에는 조직의 수도 늘었지만 지도자들도 국제적 명성을 얻기 시작했다. 게다가 1990년대 초 체제 위기가 임박했다는 인식이 널리 확산되면서 인권운동은 획기적 발전을 거듭했다. 이러한 운동을 주도한 세력에는 과거 CCPDH 출신들에다가 예술가, 학생, 여성운동가, 청년운동가, 노동운동가, 전문직업인, 환경운동가, 법률가, 의사 등 사회의 다양한 이익을 추구하는 세력들이 새로이 추가되었다. 그리고 이러 모든 운동을 조정하는 단체로 쿠바협의회(Concilio Cubano: CC)가 탄생했다.

CC는 아마도 쿠바 시민사회조직 중 가장 규모도 크고 영향력 있는 단체였을 것이다. 1995년 40개의 소규모 인권 그룹에 의해 설립되어 1996년에는 140개의 인권단체를 거느리는 조직으로 발전했다. 이들의 구성원은 다양했으며 조직도 전국에 걸쳐 13개의 지부를 둘 만큼 전국적 조직 체계를 갖추었다. 그러나 이러한 움직임은 1996년 쿠바 정부의 강력한 탄압으로 인해 모든 단체가 불법으로 규정되고 지도자들이 구속됨으로써 힘을 잃게 된다. 이때 CC도 붕괴되어 지금까지 그와 같은 인권단체의 조정기구가 나타나지 않고 있다.

네 번째는 1996년 쿠바협의회 붕괴 이후 체제 반대 운동이 수적으로는 증가하지만 대부분 소규모의 모임 형태로 파편화되는 시기이다. 앞서 언급한 대로 CC가 1996년 정부의 탄압으로 붕괴된 이후 현재 그를 대체할 만한 통합적 조정기구는 나타나지 않고 있다. 이 시기에 반체제 그룹의 수는 1990년대 100여 개에서 2000년에 350여 개로 늘어나고, 운동 또한 아바나 중심에서 지방으로 확산되었으며, 운동의 리더에도 새로운 세대가 등장했다.

현재 존재하는 파편화된 인권단체 중에서 가장 대표적인 것은 쿠바 인권 운동의 대표적 인물 중 한 사람인 엘리사르도 산체스(Elizardo Sánchez)가 이끄는 인권과 국민 화합 쿠바위원회(Comisión Cubana de Derechos Humanos y de Reconciliación Nacional: CCDHRN)가 있다. 1987년에 설립된 이 단체는 인권유린 사례 고발, 미국 경제제재조치의 폐지, 미국과 쿠바 관계의 정상화, 사회민주주의 원칙 등을 내세우고 있다.

그러나 현재 이러한 반체제 인권운동은 여전히 조직화되지 않은 채 소수의 사적 모임(grupos de socios)의 성격이 강하고, 국가에 의해 엄격히 통제되고 있기 때문에 그 영향력은 매우 미약한 것으로 보인다. 그런 가운데 최근 오스발도 파야(Oswaldo Payá)가 주도한 발레라 프로젝트(Proyecto Varela)[14]는 현 체제의 법적인 틀 내에서 변화를 추구하는 새로운 시도라는 점에서 주목할 만하다.

비록 인권단체는 아니지만, 정치 그룹들도 거의 인권단체와 같은 성

---

14) 현 쿠바 헌법 63조와 88조에 의하면 시민 만 명 이상의 서명이 있으면 법 개정을 위한 국민투표 실시를 요구할 수 있게 되어 있다. 이에 파야는 정치인 사면법과 시민의 자유권, 개인의 자영업을 허용하는 경제 개혁 등을 포함하는 법 개정을 위해 시민 1만 1,000명의 서명을 받아 관련법 개정을 요구했다.

격을 띠고 있다. 이들은 다만 인권 중 정치권에 더 많은 관심을 두고 있다는 점이 인권단체와 다른 점이다. 이런 성격의 단체들의 수도 결코 적지 않은데 그들 중 가장 대표적인 것이 바로 선거개혁, 다원주의, 노동권, 시장경제를 모토로 내걸고 1990년에 설립된 화합운동(Movimiento de Armonía: MA)이다.

정치 그룹 중 또 하나 주목할 만한 것은 초기 형태의 정당들이다. 이들은 비공식적, 소규모로 존재하기 때문에 그에 대한 확실한 정보는 아직 나타나고 있지 않지만 쿠바에도 초기 단계의 비공식적 정당이 존재하는 것으로 생각된다. 이들은 인권단체들이나 민주주의 추진 세력들이 정당으로 발전했거나 아니면 사회민주주의나 기독교민주주의 국제동맹의 쿠바 지부로서 설립된 것들이다.

어쨌든 이들 인권단체를 비롯한 정치 그룹들의 성격은 강경파와 온건파로 나누어지는데 강경파는 미국 거주 쿠바인들의 지지를 받으며 쿠바의 즉각적인 헌법 개정을 촉구하는 데 비해 파야(Payá)나 산체스(Sánchez)와 같은 온건파는 유럽의 지지를 받으면서 사회민주주의 원칙하에서 강경파와는 달리 발레라 프로젝트와 같이 현 헌법 체제 내에서의 정치적 개혁을 추구하고 있다. 또한 온건파들은 카스트로 사후 미국 거주 쿠바인들은 제외한 쿠바거주자들로만 구성된 과도정부를 설립할 계획을 가지고 있기도 하다.

그러나 이러한 인권단체나 정치 그룹에 소속된 사람들 중 상당수는 미국 비자를 쉽게 받기 위한 수단으로 정치적 반대자라는 평가를 받기 위해 이러한 행동을 하는 경우도 적지 않다. 따라서 실제 쿠바에서 장기적으로 체제에 반대하는 운동을 지속적으로 이어가는 사람의 수는 겨우 500명을 넘지 않는다(Falcoff, 2003: 206). 그러나 이들조차도 최근 쿠바 정부의 강력한 탄압으로 인해 주요 활동가들이 투옥됨으로써 현재 이들 인권단체나 정치 그룹의 존재는 매우 약화되었다.

따라서 쿠바의 인권단체 및 정치 그룹은 현 체제와는 근본적으로 다른 명백한 변화의 프로그램을 가지고 있고 또 정부로부터 자치적인 활동을 전개하고 있음에도 불구하고 이들 단체들에 대한 정치적 억압이 매우 엄격하고 또 정부가 이들을 미국의 꼭두각시로 규정하는 전략으로 인해 대중들 사이에 뿌리를 내리지 못하고 있다. 게다가 이들 조직들이 워낙 소규모의 파편화된 형태로 존재하기 때문에 현재로서 이들이 쿠바의 정치적 변동에 큰 영향력을 발휘할 것으로 보이지는 않는다. 실제 국제적으로 알려진 것과는 달리 현지에서 보통의 쿠바인들은 이들의 존재조차도 알지 못하는 경우가 대부분이다(Otero and O'Bryan, 2002).

그럼에도 쿠바 사회의 변화를 촉구할 시민사회 세력으로서 가장 중심적 역할을 할 그룹은 결국 인권단체뿐이다. 현재로서는 쿠바의 체제변화를 이끌어가는 데 한계를 보여주고 있지만 쿠바 권력에 본질적 변화가 시작된다면 이들이야 말로 가장 중요한 정치적 세력으로 등장할 것이 분명하다.

2) 독립적 언론

엄격한 검열, 인터넷에 대한 접근의 어려움, 정치적 탄압에도 불구하고 1990년대 이래 쿠바에서 독립적인 언론은 계속해서 싹을 틔워왔다. 정보에 대한 정부의 통제가 언제나 완전할 수는 없었기 때문이다.

특히 마이애미에 있는 반카스트로 쿠바인들에 의한 언론 공세가 가장 큰 영향력을 발휘했다. 카스트로 정부가 해외에서 유입되는 정보 차단을 위해 노력해왔지만 1985년에 설립된 라디오 마르티는 끊임없이 미국으로부터 카스트로 체제에 도전하는 내용의 방송을 보내고 있다.

한편 국내에서는 일부 언론인들이 소규모 혹은 개인 자격으로 활동하면서 독립적인 언론활동을 하고 있다. 이들 중에 화합운동(MA)의 리더이기도 한 인다미로 레스타노(Yndamiro Restano)가 1989년 설립한 쿠바 독립언론인협회(Asociación de Prensas Independientes Cubanas: APIC)가 두드러진다. APIC은 1995년에 대부분의 쿠바 독립언론단체들의 이익을 대변하기 위한 조직인 쿠바 독립언론사무국(Buró de Prensas Independientes Cubanas: BPIC)으로 발전했다. BPIC은 주로 쿠바 내에서 일어나는 일에 대한 뉴스정보를 미국이나 유럽에 제공하는 일을 맡았다. 그에 따라 BPIC에는 많은 독립적인 소규모 언론단체들이 소속되었는데 이들 중 가장 두드러지는 것으로 1995년 라울 리베로(Raul Rivero)가 설립한 통신사의 일종인 쿠바프레스(Cuba Press)[15]가 있다.

이들 소규모 독립적 언론단체들은 쿠바 전역에 걸쳐 활동하면서 쿠바 공식 언론에서는 얻을 수 없는 소식들을 해외에 제공해주고 또 이렇게 해외로 전달된 소식들은 라디오 마르티 등을 통해 다시 국내로 유입된다.

그러나 독립적인 언론 활동은 1999년에 미국의 정책에 기여하는 정보를 제공하는 자를 강력히 처벌하는 「88법(88 Law)」이 제정됨으로써 최근 많이 위축되었다. 독립적 언론단체들은 성격상 국제조직과의 연계가 매우 중요하다. 하지만 자칫 이러한 연계가 이들을 제국주의의 하수인으로 몰아갈 위험도 다분히 존재한다. 실제 그로 인해 독립 언론단체에서 일하는 사람들의 상당수는 투옥되거나 해외로 추방되었으며 현재 이러한 독립 언론의 활동은 매우 미약한 수준에 머무르고 있다.

---

15) 쿠바프레스의 글들은 핸드폰이나 팩스기를 통해 불법적으로 전송되어 웹 사이트 Cubanet.org나 마이애미의 신문인 ≪누에보에랄도(Nuevo Heraldo)≫에서 볼 수 있다.

결론적으로 체제에 반대하는 쿠바의 자치적 시민사회는 수적으로는 꾸준히 증가하고 있지만 과다한 파편화(hyperfragmentation)로 인해 단체 행동을 하는 것은 거의 불가능한 상황이다. 따라서 쿠바에서 자치적 시민사회는 이제 비로소 '초보 단계(proto-civil society)'라고 할 수 있다 (Fernández, 2003a). 그러므로 비록 발레라 프로젝트와 같은 시도가 있었다고 해도 이들 초보 단계의 시민사회가 중단기적으로 쿠바에서 아래로부터의 정치적 변화를 주도적으로 이끌어내기는 사실상 어려울 것으로 판단된다.

그러나 권력의 억압과 통제에도 체제반대 시민사회단체들이 수적으로 증가하는 이유는 쿠바 사회 내부에 카스트로 체제 이데올로기와는 다른 생각을 가지고 사회의 변화를 기대하는 목소리가 여전히 상당수 존재함을 의미하기도 한다. 그뿐만 아니라 이들 초보 단계의 시민사회가 앞으로 쿠바에서 진정 자치적 성격의 시민사회 발전을 위한 시범 사례가 될 수 있을 것이다. 게다가 다른 힘에 의해 정치적 변동이 본격적으로 시작되었을 때 현재 이들 자치적 시민사회단체들이 그러한 정치적 변화 과정에서 중요한 역할을 맡게 될 가능성은 충분하다.

5. 정치변동 전망

1) 군부의 헤게모니

혁명에 대한 열정이 사라지고 또 그로 인해 공산당에 대한 신뢰도 떨어진 마당에 그 공간을 채우고 혁명을 지탱하게 하는 기관은 군부뿐이다. 비록 피델의 사후 법적으로 권력을 승계하게 되는 국가평의회

부의장인 라울 카스트로가 그의 형인 피델이 가졌던 대중적 카리스마는 부족하다고 하지만 정치 권력층이나 경제 부문에서 그는 확고한 제도적 통치기반을 구축하고 있음을 절대 무시할 수 없다.

쿠바 권력 엘리트 내부의 분열상도 지금으로서는 감지되지 않는다. 경제 담당 총서기인 카를로스 라헤(Carlos Lage Davila, 1951년생)나 외무장관 펠리페 페레스(Felipe Ramon Pérez Roque, 1965년생) 등을 중심으로 권력 엘리트의 세대교체가 진행되고 있으나 이러한 신세대의 리더들 또한 현재로서는 쿠바 혁명과 사회주의의 지속이라는 정치적 대의에 충실해 보인다.

물론 쿠바 내부에서 대대적인 시위가 발생하고 이에 대해 군부가 강력히 진압하는 과정에서 많은 희생자들이 발생한다고 할 때 시위 진압에 대한 방법을 놓고 군부 내부에서 분열이 일어날 가능성은 배제할 수 없다. 그러나 현재 쿠바의 상황을 볼 때 대중의 대대적인 시위 가능성 또한 매우 희박해 보인다. 대중들은 정치적 억압에도 불구하고 일상생활을 유지하기 위한 다급함, 정치적 억압에 대한 두려움, 서구자본주의가 가져올 폐해에 대한 우려, 과거 혁명 정부가 그들에게 주었던 사회적 혜택에 대한 미련 등으로 인해 체제변화에 대해 여전히 소극적이며 체념적이다.

게다가 시위를 사전에 차단하기 위한 국가의 통제 시스템도 매우 발달해 있다. 특히 기습 시위를 조기 진압하기 위한 신속대응부대(Brigadas de Respuesta Rápida)의 존재는 쿠바에서 가능한 모든 시위를 사전에 철저히 차단하는 데 강력한 힘을 발휘하고 있다. 따라서 대중의 대규모 시위가 발생할 가능성도 희박하며 결과적으로 군부의 분열 가능성도 크지 않다(Oppenheimer, 1992).

쿠바 군부에서 주목할 만한 한 가지 사실은 그들이 경제활동에서 주체적 역할을 하고 있다는 점이다. 군부는 이미 경제 위기 이전에도 경제에 참여한 바가 없진 않지만 경제 위기를 계기로 경제적 활동을 획기적으로 증가하기 시작했다. 따라서 현재 쿠바의 군부는 사탕수수산업에서부터 해운업, 항공사, 은행, 담배산업, 전자산업, 해외무역, 관광업 등 쿠바 경제의 주요 부문을 대부분 장악하고 있다.[16]

　그러나 군부 설립기업의 확산이 민영화나 경제적 자유화 나아가 정치적 자유화를 촉구하는 방향으로 나아가지는 않을 것이다. 오히려 그의 발전은 피델의 사회주의 원칙의 강경고수라는 입장에 대해 실용적이고 결과 중시적인 경제정책을 추구하는 군부의 수장 라울 카스트로의 입지를 강화하는 역할을 할 것이다. 그리고 그러한 라울의 실용적 경제정책도 결국에는 자신의 권력을 위협하지 않는 범위 내에서 제한적으로 허용될 것이다. 따라서 군부 기업의 확산이 경제적·정치적 자유화를 가져올 것이라는 기대는 순진한 생각이다(Falcoff, 2003).

2) 위로부터의 개혁

　피델의 사후 쿠바에서 예상되는 변화 시나리오는 크게 세 가지로 나눠볼 수 있다. 첫째는 권위주의 체제의 급속한 붕괴 가능성이다. 그러나 이러한 변화는 우선 강력한 시민사회의 존재나 소련 및 동구의 붕괴와 같은 급속한 외부적 조건의 변화, 혹은 미국의 군사적 개입과 같은 상황이 주어져야 한다.

---

16) 가비오타 그룹(Gaviota S. A.)은 군부의 경제활동 참여의 대표적 사례인데 군부가 설립한 이 기업은 관광업에서부터 시작해서 전자산업(Texnotec), 운송사업(Turcimex), 항공업(Aerocaribe), 유통업(달러 상점) 등으로까지 영역을 확대하고 있다.

그러나 앞서 살펴본 대로 쿠바의 시민사회는 아직 변화를 주도할 만한 역량이 없다. 게다가 라울이 이끄는 군부는 여전히 헤게모니를 장악하고 있다. 쿠바 대중들은 여전히 체제변화에 대해 소극적이고 체념적이다. 쿠바 혁명의 본질은 공산주의 혁명이라기보다는 반미주의 민족주의 혁명이었기 때문에 동구와 소련이 무너진 상황에서도 쿠바의 카스트로 체제는 그 존재의 정당성을 주장하면서 여전히 국민적 지지기반을 다지고 있다.

즉, 아직까지 대다수의 쿠바인들에게 카스트로 체제는 여전히 민족주권의 방어자이자 사회적 복지의 수여자라는 인식이 널리 깔려 있다. 반면 자치적 시민사회 중심의 정치적 반대파는 미국 혹은 미국 거주 쿠바인들의 하수인에 불과하다는 인식도 여전하다. 따라서 정치적 반대파는 여전히 대중적 지지기반을 확보하지 못하고 있다. 따라서 변화를 유도할 대규모 시위의 가능성도 희박하다. 한편 외부적으로도 미국이 군사적으로 개입하거나 과거 동구의 변화와 같은 소용돌이가 발생할 여지도 없다. 따라서 이런 모든 조건들이 피델 사후에도 쿠바에서 급속한 변화가 일어날 것이라는 기대를 어렵게 하고 있다.

결국 변화는 위로부터의 개혁이 될 가능성이 크다. 쿠바의 민족주의와 반미주의의 존재는 쿠바의 완전한 민주화와 시장경제로의 이전을 어렵게 하고 있다. 그러나 피델 사후, 경제적 어려움으로 인해 국민들의 불만이 가중되고 피델을 계승하는 라울이 형과 같은 정치적 카리스마의 부재로 인해 권력 정당성에 한계를 느끼게 되면 체제 내부의 개혁주의자들의 입김이 강해지면서 민주적 사회주의로의 길을 모색할 가능성을 배제할 수 없다.

그것은 다소 구소련의 변화와 유사한 형태가 될 것이다. 피델 사후에 라울이 정권을 승계하고 그가 정권의 정당성에 한계를 느끼게 되면 우선 고르바초프(Gorbachyov)와 같은 개혁적 인물이 부각될 것이다. 그리고 그는 쿠바 사회의 민주화를 제한적으로나마 추진하고자 할 것이다. 이 와중에 개혁파와 보수파 간의 대립이 있을 수 있지만 대세는 이미 개혁 쪽으로 흐를 수밖에 없고 결국 선거와 복수후보 등의 자유민주주의적 제도가 일부 도입될 것이다. 그리고 중앙집중화된 사회주의 계획경제는 유지하되 효율성 제고 차원에서 경제적 개혁도 단행될 것이다. 그와 함께 새로운 시대를 위한 역사 재해석이나 혁명적 인물들에 대한 재조명과 함께 새로운 문화적 바람이 불고 그로 인해 문화적 해빙의 시대가 개막할 것이다.

그리고 일정한 시점에서 이러한 개혁의 바람은 자치적 시민사회의 주도하에 아래로부터의 운동으로 전환되기 시작할 것이다. 쿠바 시민사회가 독자적 목소리를 내는 시점에서 지배층은 시민사회를 억압하고 지배권을 다시 공고히 할 것인가 아니면 시민사회에 권력을 양보할 것인가의 갈림길에 놓이게 되고 결국에는 시민사회의 개혁 요구에 양보할 수밖에 없을 것이다. 그리고 그에 따라 실시된 선거에서 기존의 권력층은 개혁 세력임을 주장하면서 선거에서 승리할 수도 있을 것이다. 하지만 이러한 세력은 정치경제적으로 점진적인 온건 개혁을 추구하게 될 것이다.

그러나 이미 힘을 가진 시민사회는 더욱 근본적 개혁을 요구하게 되고 그에 급진적 개혁을 요구하는 옐친(Boris Yeltsin)과 같은 인물이 부각될 수 있다. 그리고 그를 중심으로 뭉친 급진개혁파와 온건개혁파 간에 또 다른 대립 양상이 전개될 수 있다. 이에 급진개혁파가 최종적으로 승리하게 되면 쿠바 사회주의 체제의 변화도 막을 내리게 될 것이다.

물론 이와 같은 상황은 가정에 불과하다. 그러나 이러한 방향이 현재로서는 피델 사후에 예견되는 변화의 가장 가능성 있는 길이라고 생각된다.

6. 결론

　지금까지 이 글은 쿠바 사회주의체제의 변화 가능성을 전망하기 위해 쿠바의 시민사회를 검토해보았다. 외부적 요인에 사실상 변화가 없는 상황에서 쿠바 체제의 변화는 결국 내부적 요인에 의해 발생할 수밖에 없을 것이다. 내부적 요인으로는 우선 시민사회를 들 수 있는데 본문에서 살펴본 바와 같이 쿠바 시민사회는 정치적 억압 등의 이유로 미약하거나 파편화되어 있기 때문에 이들 시민사회의 힘으로 변화를 기대하기는 어렵다고 판단된다.

　따라서 쿠바 체제의 변화도 결국은 권력층 내부로부터 올 수밖에 없을 것이다. 그러나 권력층 내부로부터 개혁의 바람이 불기 시작하면 엄연히 존재하는 시민사회가 다시 활성화될 것이고 이런 상황에서 기존의 시민사회는 변화의 주역으로 등장할 것이다. 이때 시민사회는 권력층 내부의 점진적인 온건 개혁 시도를 좀 더 급진적이고 근본적인 개혁으로 끌고 나가는 역할을 맡게 될 것이다.

참고문헌

김기현. 2004. 「미국의 대쿠바정책: 변화와 전망」. ≪라틴아메리카 연구≫, Vol.
17, No. 2, pp. 117~144.

쉐보르스키, 아담. 1993. 『민주주의와 시장(Democracy and the Market)』. 임혁백·
윤성학 옮김. 한울아카데미.

Bond, Theresa. 2003. "The Crackdown in Cuba." *Foreign Affairs*, Vol. 82, Issue
5, sep.-oct., pp. 118~130.

Colmer, Josep M. 2003. "After Fidel, What?: Forecasting Institutional Changes in
Cuba." in Irving Louis Horowitz and Jaime Suchlicki(ed.), *Cuban Com-
munism 1959-2003*, 11th edn., New Brunswick: Transaction, pp. 523~537.

Contreras, Joseph. 2002. "After Fidel, What next?" *Newsweek*, Vol. 139, Issue 21.

Dilla, Harold. 1999. "The Virtues and Misfortunes of Civil Society." *NACLA Report
on the Americas*, Vol. 32, Issue 5, pp. 30~38.

Falcoff, Mark. 2003. *Cuba. The Morning After. Confronting Castro's Legacy*,
Washington, D.C.: The AEI Press.

Fernandez, Damian J. 2003a. "Searching for Civil Society in Cuba." in Irving Louis
Horowitz and Jaime Suchlicki(ed.). *Cuban Communism 1959-2003*, 11th
edn., New Brunswick: Transaction, pp. 225~240.

_____. 2003b. "La disidencia en Cuba: entre la seducción y la normalización."
Foro Internacional, Vol. 18, No. 3, jul.-sep., pp. 591~607.

Giuliano, Maurizio. 1998. *El Caso CEA. Intelectuales e Inquisidores en Cuba.
¿Perestroika en la Isla?* Miami: Ediciones Universal.

Gonzalez, Eduardo. 2003. "Three Variations on Communist Successor Regimes."
in Irving Louis Horowitz and Jaime Suchlicki(ed.). *Cuban Communism
1959-2003*, 11th edn., New Brunswick: Transaction, pp. 569~589.

Hernández, Rafael. 2002. *Mirar a Cuba. Ensayos sobre Cultura y Sociedad Civil.*
México: F.C.E.

Mora, Frank O. 2001. "Cuba: Prevailing in Uncertainty." *Problems of Post-Communism*, Vol. 43, No. 5, nov.-dec., pp. 3~5.

Mujal-León, Eusebio and Joshua W. Busby. 2001. "Much Ado about Something? Regime Change in Cuba." *Problems of Post-Communism*, nov.-dec., pp. 6~18.

Oppenheimer, Andres. 1992, *La Hora Final de Castro. La Historia Secreta Detrás del Gradual Derrumbe del Comunismo en Cuba.* Argentina: Javier Vergara Editor S.A.

Otero, Gerardo and Janice O'Bryan. 2002. "Cuba in Transition? The Civil Sphere's Challenge to the Castro Regime." *Latin American Politics and Society*, Vol. 44, No. 4, winter, pp. 29~57.

Padgett, Tim. 2003. "Cuba's Catholic Dissident. The Saga of Oswaldo Payá." *America*, vol. 189, Issue 12, pp. 11~14.

Parker, Dick. 1999. "The Cuban Revolution." *NACLA Report on the Americas*, Vol. 32, Issue 5, mar.-apr. pp. 17~22.

Piggott. 1999. "What if Castro died?" *World Link*, Nov.-dec. pp. 112~113.

Pérez-Stable, Marifeli. 2003. "Cuba, ¿sucesión o Transición?" *Foro Internacional*, Vol. 18, No. 3, jul.-sep., pp. 550~565.

Radu, Michael. 2000. "Festina Lente: United States and Cuba After Castro. What the Experience in Eastern Europe Suggests. Probable Realities and Recommendations." *Studies in Comparative International Development*, Vol. 34, Issue 4, pp. 7~23.

Saney, Isaac. 2004. *Cuba. A Revolution in Motion.* Canada: Fernwood Publishing.

Suchlicki, Jaime. 2000. "Castro's Cuba: More Continuity than Change." *Studies in Comparative International Development*, Vol. 34, Issue 4, pp. 123~136.

1492	콜럼버스 쿠바 발견
1511	디에고 벨라스케스(Diego velázquez) 총독의 리더하에 식민지화 시작
1526	아프리카로부터 노예 수입 시작
1762	영국군 아바나 점령
1763	파리조약에 따라 영국은 아바나를 스페인에 반환
1868~1878	독립을 위한 '10년 전쟁'
1886	노예제 폐지
1895~1898	호세 마르티가 주도한 2차 독립전쟁
1895	미국 스페인에 전쟁 선포
1898	미국 스페인에 승리. 쿠바에 대한 모든 권리 미국에 양도
1902	쿠바 독립국이 됨. 그러나 플랫 수정안에 따라 쿠바는 미국의 보호하에 들어감. 미국은 쿠바 내정에 개입할 권리를 가짐. 토마스 에스트라다 팔마(Tomás Estrada Palma)가 초대 대통령으로 선출됨.
1906~1909	에스트라다 대통령 사임. 호세 미겔 고메스(José Miguel Gómez)가 이끄는 반란으로 미국은 쿠바 영토 점령
1909	호세 미겔 고메스 대통령으로 선출됨
1912	인종차별에 반대하는 흑인들 시위로 미군 쿠바에 다시 개입
1924	제라도 마차도 독재정권 수립
1925	쿠바공산당의 전신인 사회주의당 설립
1933	풀헨시오 바티스타 하사가 이끄는 쿠데타에 의해 제라도 마차도 정권 전복

1934	미국의 쿠바 내정 간섭권 폐지
1944	바티스타 사퇴. 라몬 그레이 산 마르틴 대통령으로 선출
1952	바티스타 다시 정권 장악
1953	피델 카스트로 반바티스타 봉기
1956	피델 카스트로와 체 게바라 혁명운동 시작
1958	미국 바티스타에 대한 군사적 지원 철회
1959. 1. 1	혁명군 바티스타 대통령 타도하고 쿠바 혁명 승리로 이끎
1960	쿠바에 있는 모든 미국 기업들 보상 없이 국유화됨
1961	워싱턴 아바나와 외교관계 단절. 미국 지원하의 쿠바 망명자들 피그만 침공. 미국 쿠바에 대해 무역제재조치를 가함. 카스트로 쿠바를 공산국가로 선언함. 소련과의 동맹을 공식화함.
1962	미국의 침공을 우려한 카스트로 쿠바에 소련 핵미사일 배치 허용. 쿠바 미사일 위기 발생. 미국이 터키에서 핵미사일을 철회하고, 쿠바를 침공하지 않는다는 조건으로 소련은 쿠바에 미사일 배치 계획을 철회하기로 함. 미주기구(OAS)는 쿠바의 회원 자격 박탈함
1963	토지개혁 단행
1964	미주기구 쿠바에 대한 제재조치 강화
1965	쿠바 통합혁명조직(ORI) 쿠바공산당으로 개명
1967	체 게바라 볼리비아에서 살해됨
1968	모든 민간 음식점과 상점들 최종적으로 폐쇄됨
1972	쿠바는 공산권 경제상호협의회(COMECON)의 회원이 됨
1975	미주기구 쿠바에 대한 무역제재조치 철회. 쿠바군 앙골라 파견
1976	남아프리카군의 앙골라 철수는 쿠바군의 승리로 간주됨.
1977	쿠바 14개 주, 168개 시와 이슬라델라후벤투드 특별시로 행정 구역 설정. 쿠바 군사고문단 에티오피아 파견

1980	쿠바 정부는 쿠바를 떠나기를 원하는 사람들에게 마리엘 항구에서 보트를 타고 나가는 것을 허용함. 약 12만 5,000명 정도가 쿠바를 떠나 미국으로 탈출함
1983	미국 카리브의 그레나다 침공. 쿠바 군대와 충돌
1984	쿠바 에티오피아에 파견한 군대 1만 2,000명에서 3,000명으로 감축
1989	쿠바 군부 내 저명한 장군인 아르날도 오초아(Arnaldo Ochoa)가 마약 밀매 혐의로 처형됨
1989	쿠바군 에티오피아에서 완전 철수
1990	미국 반카스트로체제 방송인 TV마르티 개국
1991	쿠바군 앙골라에서 철수. 소련 대통령 미하일 고르바초프 쿠바에서 소련 군사고문단 철수를 발표.
1992. 2.28.	쿠바 가수 라루페(La Lupe, 53) 심장병으로 사망
2.	쿠바로 침투하려고 했던 쿠바인 망명자 처형
5.25.	진도 7.0 지진 발생
1993.12.20	-피델 카스트로의 딸 알리나 페르난데스 레부엘타(Alina Fernández Revuelta) 스페인으로 탈출. 미국 대사관에 의해 정치적 망명자 자격 부여됨 -피델 카스트로의 정부였던 마리타 로렌스(Marita Lorenz) 자서전 출판. 그녀는 카스트로를 암살하려는 음모에 개입한 것으로 추정됨. 그녀의 삶에 기반을 둔 TV 영화 <나의 어린 암살자(My little Assassin)> 1999년 방영됨 -157개 영역에서 소규모 개인 자영업 제한적 허용 -국가의 통제를 거치지 않고 달러로 거래되는 암시장의 증가를 막기 위해 공식적 달러 거래 상점 개설 -페르노리카(Pernod Ricard) 사가 쿠반 럼 아바나 클럽(Cuban Rum Havana Club)을 쿠바 정부와 50대 50 합작투자로 매입함
1994. 5.	쿠바 전국 시민권위원회(CNCCR) 회장인 프란시스코 차비아노(Francisco Chariano) 체포됨. 그는 쿠바를 탈출하려다 실종되거나 혹은 죽은

뗏목 탈주자들의 사례 자료를 수집한 사실을 이유로 군사법정에 의해 국가기밀 누설죄로 15년형을 선고받음. 그는 2007년에야 남은 2년을 감형받고 석방됨

6.29   미국은 난민 처리를 위해 관타나모 해군기지를 재가동

8. 5   일부 절박한 쿠바인들 망명을 요구하면서 외국대사관 침입. 다른 이들은 아바나 만에서 페리선을 납치해 미국으로 탈출시도. 수백만 명의 쿠바인들 말레콘 거리로 나와, 무너진 건물의 잔해를 집어 들고 경찰을 향해 던짐. 피델 카스트로가 그 소동을 진정시키기 위해 군대 지프차를 타고 도착함. 그의 출현으로 시위대는 돌을 손에서 놓았고, 그에게 박수를 보냄. 1994년 여름 동안 음식과 연료가 부족했고, 수 시간 동안의 정전으로 선풍기, 에어컨, 물 펌프 등이 중단됨에 따라 쿠바인들은 더위로 땀을 흘려야만 했음

8.19   클린턴 대통령 쿠바 난민에 대해 30년 동안 유지해온 개방정책 중단함

8.20   클린턴 대통령 쿠바계 미국인들이 쿠바에 있는 자신의 친척에게 송금하는 것을 금지하는 제재조치 단행

8.27   미국국무성은 플로리다로 향하는 쿠바 난민의 유입에 제동을 걸기 위해 미국과 쿠바가 쿠바이민자에 대해 대화를 시작했다고 발표함

9. 7   짧은 만남 이후 미국과 쿠바는 쿠바 난민 관련 대화를 일시적으로 중단함

9. 9   미국은 쿠바가 피난민의 탈출을 막는다는 약속의 대가로 연간 최소 2만 명의 쿠바 이민을 받아들일 것에 동의함

10.15   -한 쿠바 망명자가 쿠바 침투작전에 참여함. 그 작전에서 쿠바 장교가 사살됨. 움베르토 레알 수아레스(Humberto Real Suárez)와 다른 6명은 보트로 상륙한 지 7시간 만에 체포됨. 움베르토는 1996년 사형선고를 받았고, 다른 사람들은 30년형을 선고받음. 2010년 쿠바 대법원은 쿠바 최후의 사형수였던 움베르토의 죄를 감형해줌
  -소련의 붕괴로 인한 대대적 식량 부족 사태 이후 농민의 사적 생산물 판매시장이 허용됨
  -UNESCO는 라틴아메리카와 카리브 국가들의 통합에 기여하는 개인과 기관에 수여될 마르티상을 쿠바의 제안으로 제정함

| 1995. 5. | -로버트 리 베스코(Robert Lee vesco)가 쿠바 정부의 허가 없이 암과 관절염 치료약 판매한 죄로 체포됨 |
| | -카스트로 대통령과 그의 장관들은 쿠바 의약품 발전을 위해 York Medical Inc.와의 합작기업 설립 계약을 맺음 |

1996. 2.23 쿠바 탈주자이자 『망명자(The Deserter)』의 저자이기도 한 후안 파블로 로케(Juan Pablo Roque)가 마이애미에서 사라져 쿠바로 돌아감

2.24 쿠바 전투기가 플로리다의 쿠바 난민 그룹이 조정한 두 대의 비무장 민간 항공기를 격추함. 그로 인해 미국시민권자 3명을 포함해 4명이 사망함. 쿠바는 이들 비행기가 쿠바 영공을 침범했다고 주장함

2.26 클린턴 대통령 쿠바계 미국인 망명자 그룹인 '구조를 위한 형제들 (Brothers to the Rescue)' 소속의 비무장 민간 항공기 격추에 대한 응답으로 쿠바에 대한 경제제재조치 강화

3.12 클린턴 대통령 「헬름스-버튼법」에 사인함. 이 법은 쿠바에서 미국인으로부터 몰수한 자산에서 사업을 하는 기업인이나 관련 회사 주주에게 미국 비자를 정지한다는 내용을 담고 있음

5. 1 쿠바인들 혁명 이후 처음으로 소득세를 내기 시작함

6. 3 칠레 국영은행은 쿠바에 대한 칠레의 수출에 신용을 제공하기 위해 쿠바국립은행에 1만 5,000달러 추가 신용을 공여함

6. 6 쿠바 자유무역지대 설립 계획 발표

6.12 이슬람 민족 지도자 루이스 파라칸(Louis Farrakhan)은 쿠바의 보건과 교육 시스템을 연구하기 위한 팀을 파견. 그는 카스트로 체제의 문맹 제거에 대해 칭찬함

8.26 로버트 베스코(Robert Vesco) 반국가적 경제범이라는 죄목으로 13년형을 선고받음

8. 미국인 월트 반 드 빌(Walter Van Der Veer, 52) 쿠바에 반대하는 무장활동을 조장한 혐의로 체포됨. 1997년 그는 15년형을 선고받음

10.21 한 미국 농약살포기가 콜롬비아의 보고타로 가는 도중 쿠바 상공을 비행함. 쿠바는 UN에서 이 비행기가 쿠바의 경작지에 해충을 살포했다

고 비난함

10.24 -클린턴 행정부는 쿠바로의 항공운항 금지를 철회하고, 구조물품 수송
을 위한 전세기 운항을 허용함
-라이 쿠더(Ry Cooder)와 닉 골드(Nick Gold)가 조직한 쿠바 음악 그룹
인 부에나 비스타 소셜 클럽이 그의 데뷔 앨범을 아바나에 있는
EGREM 스튜디오에서 녹음함(1997년 출시됨)

1997. 1.22 캐나다와 쿠바는 14개 항의 협정에 서명함. 그들은 인권문제에 협조할
것을 약속하고, 워싱턴의 처벌 대상이 될 외국인 투자가들을 보호하는
방법을 찾음

2.12 클린턴 행정부는 12개 미국 뉴스 기관이 쿠바에 사무실 개소하는 것을
허용함

4~9월 마이애미의 쿠바 망명자들에 의해 1만 5,000달러에 고용된 엘살바도르
자동차 도둑들이 쿠바에서 폭탄 테러 수행

5. 5 로마델가토의 농민들은 'Transición(이전)'이라는 이름의 협동농장을 설
립하고, 국가의 간섭을 더 이상 받지 않을 것을 선언함

7.11 44명의 승객을 태운 쿠바 여객기 산티아고데쿠바에서 아바나로 가기
위해 이륙 후 바다로 침몰

7.16 블라디미로 로카(Vladimiro Roca)를 포함한 일부 반대파 인사들 정치
체제를 비판하는 "조국은 모두의 것이다"라는 인쇄물을 출판한 죄로
체포됨

8. 4 아바나의 호텔에서 소규모 폭발 사고 발생. 미국에 기반을 둔 반 쿠바
그룹에 혐의가 씌워짐

9. 4 3개의 관광호텔 폭발사고 발생. 이탈리아인 관광객 1명 사망. 쿠바계
미국인 전국위원회(CANF)의 지지를 받는 루이스 포사다 카릴레스(Luis
Posada Carriles)가 사주한 엘살바도르인 라울 에르네스토 크루스 레온
(Raúl Ernesto Cruz León)이 범인으로 체포되어 1999년 사형선고를 받음

10.10 피델 카스트로 제5회 전국인민대회에서 국가평의회 의장으로 재선됨

10.22~28 피델 카스트로 고혈압으로 인한 뇌졸중으로 입원

12.14 피델 카스트로는 다음 해 1월 교황 요한 바오로 2세의 방문을 앞두고 그 해 크리스마스를 공식 휴일로 지정

12.17 미국 법정은 1996년 쿠바 공군기에 의해 미국 민간항공기가 격추될 때 죽은 세 명의 보상금으로 1억 8,760만 달러를 지불할 것을 요구함

1998. 1.17 미 해군 관타나모 기지 주변의 지뢰 제거 작업 시작

1.21~25 교황 요한 바오로 2세 쿠바 방문. 가톨릭 국가 쿠바에 대한 미국의 경제제재조치 비판. 쿠바에 '양심수' 석방과 표현과 집회의 자유 보장 요구. 카스트로에 인권존중 요구함

2.12 쿠바 정부 200명 이상의 정치범과 그 외 범죄자 석방 발표

3.12 쿠바정보국의 수장인 마누엘 피네이로(Manuel Pineiro) 교통사고로 63세의 나이에 사망

3.19 클린턴 대통령 쿠바에 대해 인도적 지원을 확대하고 여행 제한을 완화함. 쿠바계 미국인 연간 1만 2,000달러까지 쿠바 송금 허용

4.26 캐나다 총리 잔 크리티엔(Jean Chretien) 쿠바 방문. 피델 카스트로와 함께 신아바나 공항 개항식 참가

4.27 캐나다 총리 피델 카스트로에게 정치범 석방 요구. 약 350명의 정치범이 수용된 것으로 보고됨

7. 2 캘리포니아 주의 오클랜드 청년 오케스트라 쿠바 아바나 대강당에서 연주함

7.15 미국과 쿠바 간의 직접 비행기 운항 2년 만에 재개됨

8.29 에콰도르 키토에서 90명의 승객을 태운 쿠바 비행기 사고로 80명 사망

10.14 UN 쿠바에 대한 미국의 경제제재조치 폐지 요구. 미국과 이스라엘만 반대

11. 7 일본은 쌀 구입을 위한 직접 기부 형태로 쿠바에 900만 달러 제공

12. 1 쿠바의 유일한 일간지 ≪그란마≫는 크리스마스를 영구 휴일 지정을 요청함

1999. 2.25　쿠바는 지불 미수를 이유로 AT&T와 MCI WorldCom사의 쿠바에서의 전화서비스를 중단시킴

　　3.18　미국 연방 법원은 미국 전화사의 쿠바에 대한 미수금 620만 달러를 1996년 비행기 격추로 사망한 쿠바계 미국인 3명의 가족에게 지불할 것을 명령함

　　5. 3　쿠바 야구팀 미국 볼티모어에서 열린 볼티모어 오리올스와의 경기에서 12대 6으로 승리함

　　5.14　쿠바와 러시아는 쿠바 후라구아의 핵발전소 완성을 위한 합작 투자에 동의함

　　5.28　카스트로, 외무장관에 펠리페 페레스 로케(Felipe Pérez Roque, 34)를 임명함

　　6. 1　쿠바는 카스트로 정권에 반대하는 40년간에 걸친 미국의 '더러운 전쟁'에 대한 보상으로 1,811억 달러를 요구함

　　6. 7　오스카르 엘리아스 비스셋(Óscar Elíaz Biscet) 박사가 주도하는 25명의 반대파 그룹은 단식 투쟁을 통해 정치범 석방을 요구함

　　11.16　이베로아메리카 정상회담이 아바나에서 개최됨

　　11.25　쿠바 탈출을 시도한 14명 중 한 명인 5세의 어린이가 플로리다 해안에서 한 민간인 낚시꾼에 의해 구출됨. 엘리안 곤살레스라는 소년의 운명은 쿠바로의 송환을 요구하는 그의 아버지와 마이애미에 있는 그의 친척 간의 양육권을 둘러싼 국제적 분쟁으로 발전됨

　　12. 3　뉴욕에서 아바나로 가는 정기적 그러나 제한적 승객 서비스가 마르아술 전세기(Marazul Chaters)에 의해 40년 만에 처음으로 개시됨

2000. 1. 5　미국정부는 6세의 엘리안 곤살레스를 쿠바로 돌려보낼 것을 결정함. 마이애미의 쿠바계 미국인들은 분노해서 시위를 벌임

　　1.14　엘리안 곤살레스의 쿠바 송환을 요구하는 수십만 명의 쿠바 여성 시위대가 아바나에 있는 미국 사절단 건물 앞에서 행진을 벌임

　　2.27　워싱턴에 있는 쿠바 대사관 부영사 호세 임페라토리(José Imperatori)는 스파이 혐의로 미국에서 추방됨

3.21	미연방법원 판사는 엘리안 곤살레스를 아버지가 있는 쿠바로 송환할 것을 판결함
4.14	개도국 지도자들의 모임인 77개국 그룹은 아바나에서 열린 정상회담에서 세계의 부와 권력을 나누기 위해 '인간적인 새로운 세계 질서'를 요청함.
7.26	백만 명의 시위대가 미국의 경제제재조치에 반대해 아바나에서 행진
9.25	수천 명의 쿠바인이 미국의 이민정책에 반대해 카스트로와 함께 시위에 참여
10.26	베네수엘라 대통령 차베스와 피델 카스트로 석유공급에 대한 협정에 서명
10월	클린턴 대통령 무역제재조치의 개혁과 수출 강화 법률(TSRA)에 서명함. 그로 인해 미국 회사들은 쿠바에 농산물, 의약품, 식료품 등을 현금거래를 통해 쿠바에 직접 수출할 수 있게 됨
12.14	푸틴 소련 붕괴 이후 러시아 대통령으로는 처음으로 쿠바 방문
12.17	쿠바와 러시아는 후라구아 핵발전소 건설 포기할 것에 합의함
2001. 4.19	미국의 정기화물선 40년 만에 처음으로 쿠바를 향해 출발
5.31	라울 리베로(Raúl Ribero)가 이끄는 언론인 그룹이 카스트로 통치하에서 처음으로 독립적 집회를 가짐
7.13	부시 대통령 쿠바에 대한 제재조치 강화 명령. 인권활동가에 대한 지지 확대 약속
12.14	옥수수를 실은 미국 배 쿠바로 출항. 1963년 이후 식료품을 실은 배로는 최초
2001~2004	기독교 해방운동의 활동가 오스왈도 파야는 쿠바의회에 다당제 민주주의를 허용하는 헌법 개혁을 촉구하기 위해 2만 5,000명의 서명을 받음
2002. 1. 6	관타나모 기지에 아프카니스탄 포로들을 수용하기 위한 X-Ray 캠프 건설 시작
5.10	발레라 프로젝트의 활동가 카스트로에게 더 많은 자유를 요구하는 1만

1,000장의 탄원서 제출

5.12 지미 카터 전 대통령 쿠바 혁명 이후 전직 혹은 현직 미국 대통령으로는 처음으로 쿠바 방문

5.14 카터 전 대통령은 미국은 경제제재조치를 철폐하고, 쿠바는 더 많은 자유를 허용할 것을 요구함

6.12 피델 카스트로는 쿠바 사회주의 국가는 "건드릴 수 없는(untouchable)" 것으로 선언

9.29 쿠바는 6,600만 달러에 해당하는 미국 식료품을 구입하는 계약에 서명함

2003. 1.19 97% 이상의 유권자가 쿠바 사회주의 체제에 대해 압도적 지지를 보냄

3. 2 피델 카스트로는 북한의 핵 문제에 대해 중재를 제의함

3.10 유럽연합 쿠바에 새 사무소 개설

3.20 피델 카스트로의 대리인들은 쿠바 사회주의 체제를 훼손하기 위해 미국 외교관과 접촉했다는 혐의로 주요 정치적 반대자들을 체포함

4. 7 쿠바는 최근에 체포된 정치적 반대자들 중 먼저 7명에게 15년에서 27년 형을 선고함. 이들 대부분은 오스왈도 파야의 기독교 해방운동과 관련된 활동가들임. 그에 대응해 유럽연합은 외교적 제재조치를 취함. 그에 대해 쿠바도 그들의 대사관 기능을 중지시킴. 유럽의 쿠바에 대한 제재조치는 2005년에 중단되었고, 2008년에 폐지됨

7.11 캐나다 정부는 에어 캐나다 항공사에 쿠바 정기 항공노선 운영권 부여

7.26 카스트로 혁명 시작 50주년 기념

9.26 브라질 대통령 룰라 다 시우바(Lula da Silva)는 카스트로와 4,000만 달러 채무와 관련된 재협상을 포함하는 경제협력 협약에 서명함

9.27 브라질과 쿠바 2억 달러 상당의 사업 계약에 서명함. 브라질 민간 기업들 쿠바에서의 사업에 진출

10. 3 쿠바의 민주주의 운동가 오스왈도 파야(Oswaldo Payá)는 발레라 프로젝트의 일환으로 카스트로 정부에 새로운 도전을 시작함. 반대파에 대한 탄압이 있은 지 6개월 후 인권을 위한 국민투표실시를 요구함

11. 2	미국의 경제제재조치 이후 42년 만에 처음으로 71개의 미국 회사가 아바나에서 열린 무역전시회에서 자신의 상품들을 전시함
2004. 2.26	부시 대통령 쿠바에 대한 여행 제한 강화
2월	UNESCO는 수감 중인 쿠바 독립 언론인에게 언론자유상을 수여함
4.13	쿠바는 미국회사로부터 1,300만 달러 상당의 식료품을 구입하는 계약에 서명함
5.11	쿠바의 달러 통용 상점 재고부족으로 문 닫음
6월	미국재무부 쿠바에 대한 학술적 여행은 최소 10주 이상이 되어야 한다는 제한을 부과함. 그로 인해 미국 대학들이 제공하는 1~2주 쿠바 방문 프로그램들이 제한됨
8.26	쿠바는 파나마 대통령 미레야 모스코소(Mirey Moscoso)가 카스트로 암살 혐의를 받고 있는 루이스 포사다 카릴레스(Luis Posada Carriles)를 포함한 4명의 쿠바인 망명자들을 사면한 이유로 파나마와 외교관계를 단절함
9.29	러시아 외교부 장관 피델 카스트로와 만나 정치적 경제적 동맹을 재강화할 것을 요청함
10.25	쿠바 내의 사업이나 상점 거래에서 달러 사용 금지 결정
11.15	라스베가스에서 43명의 '아바나 나이트 클럽' 극단원들 망명을 요청함. 2005년 미국은 그들의 망명을 허용
11.19	쿠바와 파나마 외교관계 회복
11.22	중국 주석 후진타오 아바나에서 피델 카스트로와 만나 양국 간의 관계 확대 논의
11.30	쿠바공산당, 정부 반대파 작가 라울 리베로(Raúl Ribero) 등 정치적 반대자 일부 석방함
12.25	피델 카스트로 국가 평의회 의장은 쿠바 연안에서 캐나다 회사가 1억 배럴의 원유매장을 발견했음을 알림
2005. 1.10	쿠바는 2003년 반대파 억압 이후 멀어졌던 유럽과의 관계를 정상화함

3.17   카스트로 쿠바 국내 화폐 7% 평가절상 발표

4.17   수백만 명의 쿠바인들 카스트로가 "세계에서 가장 민주적"이라고 명명한 선거를 통해 시의회 의원 선출

5.21~22일   약 160명의 쿠바 반대파 운동 대표들 아바나에서 정부의 개입 없이 집회를 가짐

6.19   쿠바 지역 언론 공산당 정부가 약 2,000건의 자영업 허가권을 폐기했다고 보고함

6.28   피델 카스트로 베네수엘라 방문

11.23   쿠바는 국가 공무원 임금을 대폭 상승함. 높은 생산성이 있고 학력이 높은 사람들에게 더 많은 혜택을 부여함

12.22   쿠바는 심각한 재정위기에서 벗어났음을 선포함. 2005년 성장률 11.8% 기록

2006. 1.18   피델 카스트로 쿠바 에너지 시스템 개혁 발표

2. 3   약 20만 명의 쿠바인들 우고 차베스의 2005년 호세 마르티 수상을 축하하기 위해 혁명 광장에 모임

3.18   약 20명의 정치범 부인과 어머니들이 정치범의 사면을 요구하면서 아바나 시 주요 거리를 행진함

4.10   쿠바와 베네수엘라 구소련 시기의 정유공장을 재가동하기 위한 합작투자에 서명함

4.29   볼리비아의 좌파 대통령 에보 모랄레스(Evo Morales)는 쿠바, 베네수엘라와 함께 미국이 추진하는 아메리카자유무역협정을 거부하고, 대신 사회주의적 성격의 지역적 연합인 ALBA를 지지함. 볼리비아는 ALBA의 세 번째 회원국이 됨

7.31   피델 카스트로 위장 수술을 위해 일시적으로 권력을 동생인 라울에게 이전함

9.10   116개국 개발도상국들의 모임인 비동맹운동의 지도자들이 쿠바에 모여 6일간의 정상회담을 가짐

9.28 러시아는 쿠바에 3억 5,000만 달러의 새로운 신용공여에 합의함. 양국은 군사적 협력에도 서명함

12. 5 10명의 미 국회의원들 쿠바를 방문해서 40년간의 상호 적대감을 끝내기 위해 노력할 것을 약속함

2007. 1. 6 미국인 '평화의 어머니'라 불리는 신디 쉬한(Cindy Sheehan)은 테러 혐의자들을 수용하고 있는 관타나모의 미군 군사 감옥을 폐지할 것을 요청함

4.16 쿠바 반대파 그룹의 인사들은 쿠바의 민주주의를 향한 평화적 변화를 위한 투쟁을 위해 힘을 합할 것을 선언하는 공동 성명서를 발표함

4. 28 우고 차베스 대통령은 베네수엘라가 쿠바의 확고한 에너지 공급처가 될 준비가 되어 있음을 선언함

5.30 쿠바는 1억 1,800만 달러에 달하는 미국 식료품 수입에 동의함

6. 1 베트남이 멕시코 만 쿠바 영해의 석유 탐사에 참여하기로 결정함

12.21 카리브 국가 정상들 지역 석유정상회담을 위해 쿠바에 모임

2008. 1.15 브라질이 쿠바에 경제적 원조를 제공하고, 영해의 석유 개발에 참여한 다는 협정에 서명함

1.20 840만 명의 쿠바인들이 병중인 피델 카스트로를 포함한 인민회의 후보들을 인준하는 투표를 실시함

2.19 병중인 81세의 피델 카스트로가 쿠바 국가평의회 의장 자리를 사임함

2.24 라울 카스트로가 새로운 쿠바 국가평의회 의장이 됨

2.28 쿠바 정부는 피델 카스트로가 오랫동안 반대했던 두 개의 주요 국제인권 조약에 서명함

3.28 라울 카스트로 정부는 쿠바의 일반인도 휴대전화를 사용할 수 있도록 허가함

3.31 라울 카스트로 정부는 쿠바 일반인도 호텔을 사용할 수 있도록 허용함

4. 2 라울 카스트로 정부가 소비재에 대한 통제를 완화함에 따라 쿠바인들

이 DVD, 오토바이, 압력밥솥 등을 구입할 수 있게 됨. 농민들은 사용되지 않는 국가 소유지에서 사적으로 담배, 커피 등을 재배할 수 있도록 허용됨

4.11 수천 명의 쿠바인에게 국가 소유 거주지에 대한 개인 소유권을 부여함

5. 2 컴퓨터가 일반 대중에게 판매됨

6. 6 쿠바의 한 정부 인사는 쿠바에서 성전환수술이 허용되었다고 말함

6.19 유럽연합은 쿠바에 대한 2003년의 외교적 제재 조치를 철회하는 데 동의함

7.11 라울 카스트로는 평등을 위한 과도한 국가보조를 완화하는 경제적으로 유효한 '현실적'인 공산주의 체제를 준비할 것을 선언함

11.19 중국 주석 후진타오는 최소한 7,800만 달러의 기부금, 신용, 구호금을 쿠바에 제공할 것을 약속함

12.13 라울 카스트로 베네수엘라 방문. 국가평의회의장 선출 이후 첫 외국 공식 방문

2009. 1.12 구식 자동차 소유주들에게 택시 개인영업 허가권을 부여함

1.28 라울 카스트로 러시아 방문

3. 2 라울 카스트로는 그의 형 피델과 가장 가까운 정부 인사들을 국가 요직에서 축출함

3.11 오바마 대통령은 부시 행정부가 금지한 쿠바계 미국인들의 쿠바 친지 방문을 다시 허용하는 법안에 서명함

4.13 오바마 대통령 쿠바에 대한 여행과 송금 제한 완화

5.16 라울 카스트로의 딸이 쿠바 게이들의 집회를 주도함

5.30 쿠바는 미국과 이민과 우편 서비스에 대한 협상을 개시함

6. 3 미주기구는 쿠바의 회원자격 회복을 논의함

6. 8 쿠바는 미주기구 가입 제안을 공식적으로 거부함

7.29   러시아와 쿠바는 멕시코 만에서 석유 탐사 협정에 동의함

8. 1   경제적 위기에 직면하여 라울 카스트로는 교육과 보건에 대한 지출을
       감소할 것을 선언함

10.12 쿠바의 한 블로그인 요아니 산체스(Yoani Sánchez)는 언론상을 수상하
       기 위해 뉴욕으로 여행하고자 했으나 거부당함. 시사주간지 ≪타임≫은
       그녀를 세계 100대 영향력 있는 언론인으로 평가함

11. 6 요아니 산체스 정체불명의 사람들에 의해 테러 당함

2010. 2.23 2003년에 수감된 반대파 정치 활동가 오르란도 사파타 타마요(Orlando
           Zapata Tamayo, 42)가 단식투쟁 후에 사망함. 그는 최초에 3년형을 선고
           받았으나 수감 중 정치활동으로 인해 25년으로 형이 연장됨. 라울 카스
           트로 그의 죽음에 대해 유감을 표시함

3.17   정복 차림의 쿠바 보안요원들이 정치범 아내와 어머니들의 시위행진을
       진압함

4. 1   소규모 국영 이발소와 미용실 등이 시험적으로 피고용인들의 손에 맡겨
       짐. 국영 소매 부문에 대한 통제 완화를 위한 의미 있는 진전

4.15   역사가 에스테반 모랄레스(Esteban Morales) 국영 웹사이트에 고위직의
       부패를 고발하는 글을 올림

4.25   시의회 의원 선거 실시

5. 2   쿠바는 소규모 반대 그룹들의 시위행진을 허용함

5. 5   1905년 이래 최악의 사탕수수 수확

5.15   수백 명의 쿠바 게이와 레즈비언들 거리 행진

7. 7   쿠바 정부는 로마 가톨릭교회에 52명의 정치범 석방을 약속함

7. 8   반대파 활동가 기예르모 파리냐스(Guillermo Foriñas)는 134일간의 단식
       을 끝냄

7.13   7명의 정치범들이 우선적으로 석방됨

8. 1   라울 카스트로는 더 많은 쿠바인들이 자영업에 종사하게 될 것이라고

말함

9.13 쿠바노동자 연맹은 쿠바가 50만 명의 국영노동자들을 해고하고, 민간
      고용을 확대할 것이라고 말함

10. 9 쿠바 정부는 추가로 정치범들의 석방을 알림

10.26 체코공화국은 스페인에 이어 유럽에서 두 번째로 쿠바 정치범들의 망명
      을 받아들이는 국가가 됨

11.13 2003년의 반대파 억압으로 투옥되어 아직도 수감되어 있는 13명 중
      일부가 석방됨

12.18 라울 카스트로는 쿠바 혁명의 미래가 급속하게 번지는 경제개혁을 제도
      화하려는 정부의 노력에 달려 있고, 따라서 변화는 사회주의를 강화하
      기 위해 필요하다고 말함

2011. 1.14 오바마 대통령은 쿠바에 대한 여행과 송금에 대한 규정을 완화하라는
      지시를 내림

1.21 쿠바는 미국으로 가는 모든 우편서비스를 무한정 중단시킴

2. 4 쿠바 정부는 저명한 정치범 기도 시글러(Guido Sigler)를 석방함

2. 8 쿠바 정부인사는 베네수엘라에서부터 오는 1,600km의 광섬유케이블
      설치를 축하함. 베네수엘라 정부는 이를 위해 7,000만 달러를 투자함

2.11 쿠바는 마지막까지 스페인으로의 망명을 거부했던 두 명의 저명한 정치
      범 엑토르 마세다(Hector Maseda)와 앙헬 모야(Angel Moya)의 석방을
      알림

3. 8 미국 정부는 쿠바로 가는 전세기 운항을 위해 8개의 공항에 추가로
      허가를 내줌

3.11 쿠바의 반대파 리더인 오스카 엘리아스 비스셋(49)이 석방됨

3.12 쿠바는 2003년 정치적 박해로 투옥된 73명 중 마지막 두 명을 석방함

3.28 미국의 전 대통령 지미 카터가 경제정책과 미국과 아바나 관계의 개선을
      논의하기 위해 쿠바 방문

3.30 쿠바 국영언론은 정부가 국영은행을 통해 농민과 소규모 자영업자들에게 대출을 허용하기로 했다고 알림

4. 7 스페인은 약 30명의 전 쿠바 정치범들과 그들의 가족 약 200명이 마드리드로 올 것이라고 말함

4.16 쿠바는 4일간에 걸친 공산당대회를 개최함. 라울 카스트로(79)는 쿠바 지도자들의 임기제한을 제안했고, 젊은이들이 더욱 많이 정치계급에 참여할 수 있도록 하겠다고 약속함

4.18 공산당 대표회의는 300개의 경제적 제안을 만장일치로 인준함. 여기에는 개인 자산의 매매를 합법화하는 처방도 포함됨

4.19 쿠바공산당 대표자들은 라울 카스트로가 병중인 그의 형을 대신할 것을 공식적으로 인정함. 나이 많은 혁명지도자들이 두 번째, 세 번째 자리를 차지함. 라울은 젊은 지도자들의 부상이 필요함을 인정함

5. 5 쿠바 법원은 오랜 기간 피델 카스트로의 친구였던 칠레 기업인 막스 마람비오(Max Marambia)에게 뇌물과 사기죄로 20년형을 선고함

5.14 쿠바인들은 국제 동성애 혐오 반대의 날을 기념하고 성적 다양성을 표현하기 위해 짧지만 다양한 색채를 지닌 퍼레이드를 펼침

8.13 쿠바 최초의 게이 결혼식 거행됨. 쿠바는 법적으로 동성연애가 금지되어 있으나 신부는 성전환자로서 법적 문제는 없었음. 신부는 2007년 쿠바 최초로 국가의 지원으로 성전환 수술을 받음

9. 3 혁명전사였던 국방부 장관 훌리오 카사스 레게이로(Julia Casas Regueiro)가 75세의 나이에 심장병으로 사망함

9.30 피델 카스트로는 쿠바와 미국 간의 관계 개선을 위해서 쿠바 내부의 변화가 필요하다는 오바마의 말을 '어리석다'고 평함

11. 3 혁명 이후 처음으로 일반인들의 집 매매를 허용하는 법이 통과됨

12.23 정치범을 포함한 2,900명의 죄수를 특별 사면함

2012. 3.19 쿠바 경찰은 교황의 방문을 앞두고 수십 명의 반대파 정치 활동가들을 체포함

3.27 교황 베네딕토 16세(Benedict XVI) 14년 전 요한 바오로 2세 이어 3일간 쿠바 방문. 라울 카스트로 만남

6월 쿠바 정부는 모든 식료품 수입에 관세를 재부과함. 정부 당국은 2008년 허리케인 이후 해외 친지로부터 식료품 원조를 받는 가족들에게 관세를 면제해주었다가 다시 관세를 부과하기 시작함

7.23 쿠바의 저명한 반체제 인사 오스발도 파야가 자동차 사고로 사망

7.27 쿠바 혁명 기념일에 라울 카스트로는 민주주의, 언론 자유, 인권 등 정치적 문제와 관련하여 미국과 대화할 의지가 있음을 표명함

9.10 쿠바 서부 대부분의 지역에 정전사태 발생. 아바나 시에서만 약 200만 명이 밤새 전기 없이 지냄

10. 5 반대파 블로그 요아니 산체스와 그녀의 동료 두 명 체포됨

10.16 쿠바인 외국여행 허가제 폐지. 2013년 1월부터 출국허가 없이 해외여행 가능해짐

10.22 피델 카스트로 몇 달 만에 처음으로 대중 앞에 모습을 드러냄. 위독하다는 루머를 잠재움

2013. 1.15 쿠바 정부 당국은 작년 8월 발생한 콜레라가 다시 아바나에 확산되고 있음을 알림

2.24 라울 카스트로(81)는 자신의 2기 임기가 완료되는 2018년 정치에서 은퇴할 것을 선언함. 수석 부통령 미겔 디아스-카넬(Miquel Díaz-Canel, 52)이 그를 계승할 것으로 예상됨

4.23 2003년 75명 정치포로의 아내들로 구성된 '백의(白衣)의 여인들'이 민주주의와 인권 투쟁으로 인해 8년 전인 2005년에 유럽연합에 의해 선정된 사하로프 인권상을 받기 위해 출국

5.21 8년 전 에너지 위기 시 중단되었던 가전제품의 개별적 수입에 대한 제한 철폐

5.25 쿠바 정부 골프장 건설 허용

6.24 쿠바 대표적 반체제 인사 기예르모 파리냐스 오랜 거부 끝에 마침내

미국여행 실현

7. 4   라울 카스트로는 순조로운 경제 개혁으로 인해 금년 GDP 3% 성장 달성할 것으로 전망

12.10   라울 카스트로와 오바마 미국 대통령 만델라 장례식에서 악수를 나눔

2014. 1. 3   혁명 이후 최대 수준의 자동차 수입 자유화 조치 발표

SNUILAS
서울대학교 라틴아메리카연구소

서울대학교 라틴아메리카연구소(SNUILAS)는 1989년 스페인중남미연구소로 발족하여 2008년 확대 재편된 국내 라틴아메리카 연구의 산실이다. 라틴아메리카의 33개 독립국과 1개 준독립국, 인구 약 5억 5,000만 명의 광대한 지역을 연구대상으로 하는 서라연은 총서, 학술지, 웹진, 이슈 등을 발간하고 있으며, 다양한 분과학문 출신의 연구진이 학제적 연구를 통해 지식의 식민성 극복과 학문의 대중적 소통을 지향하고 있다.

역저자 김기현

한국외국어대학교 서반아어학과를 졸업하고, 멕시코 국립자치대학교 (UNAM) 정치사회과학대학에서 중남미지역학 석사와 박사 학위를 받았다. 현재 선문대학교 스페인어중남미학과 교수로 재직하고 있으며, 동 대학 중남미연구소장직을 맡고 있다. 대외적으로는 한국라틴아메리카학회 부회장직을 수행하고 있으며, 외교부 중남미국 정책자문위원으로도 활동하고 있다. 또한 서울대 라틴아메리카연구소 HK 연구팀에 초빙연구원으로도 참여하고 있다.

주요 저서 및 역서

『라틴아메리카 경제의 이해: 자원, 불평등, 그리고 개혁』(공저, 한울, 2011),

『라틴아메리카 인종과 정치』(한국학술정보, 2012),

『라틴아메리카 자본주의 발달사』(역서, 지만지, 2009)

『라틴아메리카에서 아시아계(아랍계, 유대계, 동아시아계)의 부상』(근간)

한울아카데미 1674

쿠바: 경제적·사회적 변화와 사회주의의 미래

ⓒ 서울대학교 라틴아메리카연구소, 2014

역저자 ㅣ 김기현
펴낸이 ㅣ 김종수
펴낸곳 ㅣ 도서출판 한울
편집책임 ㅣ 김현대
편집 ㅣ 조수임

초판 1쇄 인쇄 ㅣ 2014년 3월 25일
초판 1쇄 발행 ㅣ 2014년 3월 31일

주소 ㅣ 413-756 경기도 파주시 광인사길 153 한울시소빌딩 3층
전화 ㅣ 031-955-0655
팩스 ㅣ 031-955-0656
홈페이지 ㅣ www.hanulbooks.co.kr
등록번호 ㅣ 제406-2003-000051호

Printed in Korea.
ISBN 978-89-460-5674-9 93950

* 책값은 겉표지에 있습니다.